LOUIS GUIBERT

LA COMMUNE

DE

SAINT-LÉONARD-DE-NOBLAT

AU XIIIe SIÈCLE

LIMOGES

IMPRIMERIE-LIBRAIRIE Ve DUCOURTIEUX

Libraire de la Société archéologique et de la Société Gay-Lussac

7, RUE DES ARÈNES, 7

PARIS

LIBRAIRIE ALPHONSE PICARD

Libraire des Archives nationales et de la Société de l'École des Chartes

82, RUE BONAPARTE, 82

1891

LA COMMUNE

DE

SAINT-LÉONARD-DE-NOBLAT

AU XIIIe SIÈCLE

LOUIS GUIBERT

LA COMMUNE

DE

SAINT-LÉONARD-DE-NOBLAT

AU XIII⁰ SIÈCLE

LIMOGES

IMPRIMERIE-LIBRAIRIE Vᵉ DUCOURTIEUX

7, RUE DES ARÈNES, 7

PARIS

LIBRAIRIE ALPHONSE PICARD

Libraire des Archives nationales et de la Société de l'École des Chartes

82, RUE BONAPARTE

1890

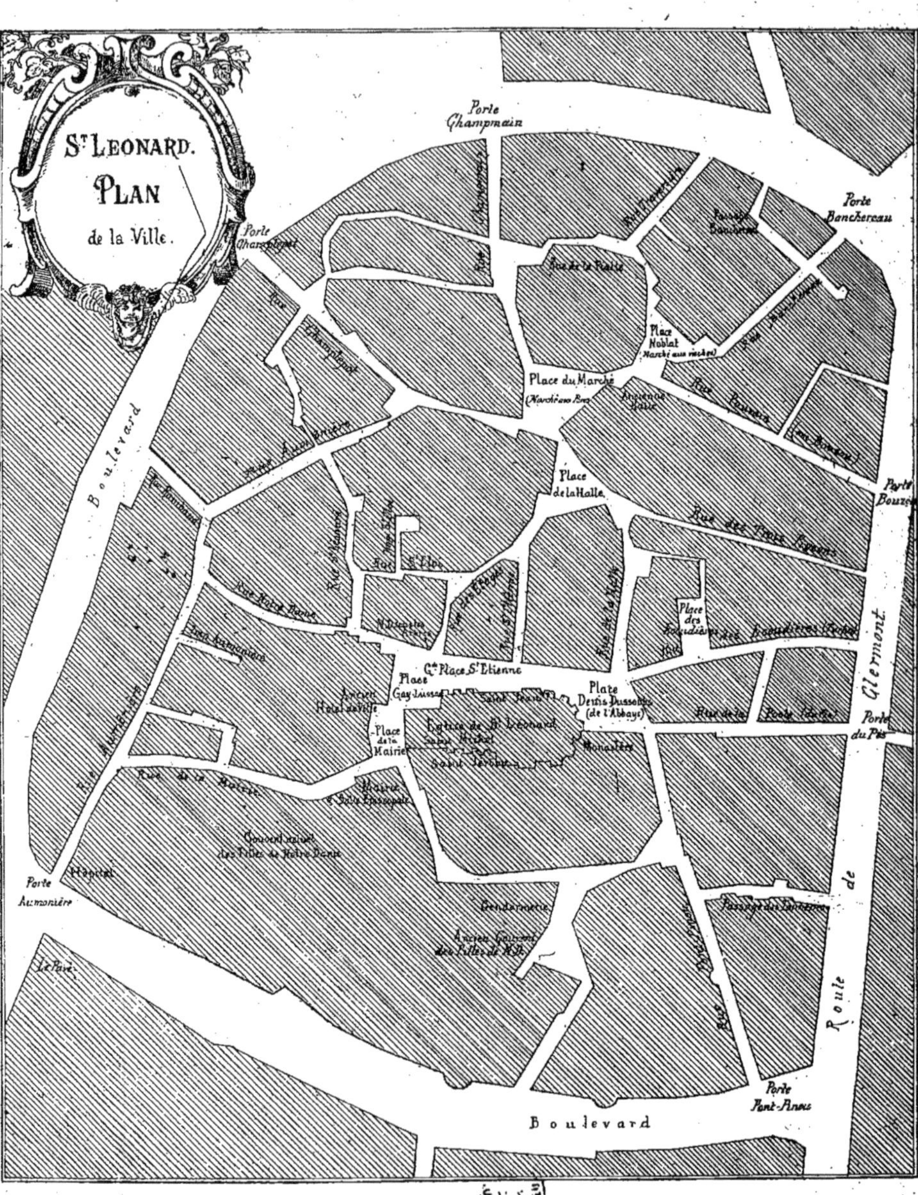

St. LEONARD.
PLAN
de la Ville.
Porte Champmain
Porte Banckereau
Porte Charroignat
Rue de la Paix
Place Nablat
(Marché aux vaches)
Place du Marché
(Marché aux Porcs)
Place de la Halle
Porte Bourze
Rue des Trois Epeux
Boulevard
Place des
Place Gay Lussac
G.d Place St Etienne
Place Denis Dussoubs
(de l'Abbaye)
Place de la Mairie
Eglise de St Leonard
Monastère
Porte du Pré
Rue de la
Mairie
Salle Laussade
Couvent actuel
des Filles de Notre Dame
Porte Aumonière
Hôpital
Gendarmerie
Ancien Couvent
des Filles de Dieu
Le Pré
Clermont
Route de
Porte Pont-Pineu
Boulevard

LA

COMMUNE DE SAINT-LÉONARD DE NOBLAT

AU XIIIe SIÈCLE.

Les personnes qui étudient avec attention et sur documents de première main l'histoire de nos communes limousines, de la fin du xiie siècle aux premières années du xive, se trouvent en présence de contradictions incessantes dans les témoignages et dans les faits. Les affirmations les plus graves, les récits les moins suspects et les plus précis ont tous leur contre-partie. L'embarras est parfois grand, et on hésite entre ces deux courants opposés, entre ces affirmations et ces négations qui semblent se détruire réciproquement et ne rien laisser debout des thèses émises dans quelques ouvrages par les meilleurs historiens de notre province.

Les communes du Limousin — et nous entendons parler ici tout particulièrement des agglomérations bourgeoises échelonnées le long du cours supérieur de la Vienne : Saint-Léonard, la Cité de Limoges, le Château de Limoges, Saint-Junien — ont à cette époque, une existence de fait qu'on ne saurait mettre en doute. De nombreux documents nous montrent la population de ces villes dotée, au début du xiiie siècle, d'une organisation plus ou moins développée, mais forte déjà et vivace. Tous ces groupes sont reconnus et protégés par le pouvoir royal ; ils jouissent dès lors d'une autonomie que pourrait envier la commune française de notre temps, possèdent une sphère d'action quelquefois mal définie, mais assez large, et font sentir autour d'eux leur influence dans un rayon souvent fort étendu.

1

Et cependant les seigneurs des villes où se sont fondées ces communes ne se bornent pas à revendiquer la plénitude, ou peu s'en faut, de leurs prérogatives féodales sur les personnes et les biens des membres du groupe bourgeois : ils nient, d'une façon catégorique et absolue, non-seulement le droit de la commune, mais son existence même. Leurs revendications ne sont pas de vains appels à un passé reculé : ils réussissent à prouver qu'à cette même époque où des documents incontestables établissent le fonctionnement régulier et libre de l'organisation municipale, ils ont eux-mêmes, dans ces villes où les consuls nous apparaissent comme les chefs presque souverains d'une petite république indépendante, exercé les droits qu'ils affirment tenir de leurs aïeux et n'avoir jamais ni cédés ni abandonnés. Ils montrent que leur possession, si elle a pu être troublée, n'a pour ainsi dire jamais été interrompue. Et des témoignages nombreux, concordants, considérables, attestent qu'au sein de populations liées par le serment de la commune, ces personnages ont, en effet, sinon d'une façon permanente, du moins à des intervalles très rapprochés et à des dates récentes, exercé les droits les plus caractéristiques du seigneur sur l'homme lige, du propriétaire noble sur le manant.

Comment expliquer cette contradiction, dont on ne peut pas ne pas être frappé? Comment concilier ces témoignages et ces récits énonçant des situations, des faits qui devraient s'exclure les uns les autres, récits et témoignages dont l'exactitude respective semble pourtant, dans une certaine mesure au moins, être bien démontrée? Les vicissitudes qu'a éprouvées la province durant cette période tourmentée, et les événements politiques dont elle a été le théâtre, peuvent seuls jeter quelque lumière sur un état de choses aussi confus et fournir des éléments pour la solution du problème.

I. — LES PLANTAGENETS ET LES COMMUNES LIMOUSINES.

A l'époque où l'héritière d'Aquitaine porta au comte d'Anjou, élevé peu après au trône d'Angleterre, les vastes domaines des comtes de Poitiers, les agglomérations bourgeoises du cours de la Vienne étaient, on n'en peut douter, déjà constituées. Les habitants avaient des intérêts communs et des affaires communes, des assemblées, des magistrats; mais ils vivaient sous l'autorité de leurs seigneurs directs : l'évêque, l'abbé de Saint-Martial, le vicomte de Limoges. Leurs libertés, nées de la force des choses, de la coutume, de l'impossibilité où se trouvait un seigneur féodal de rang secondaire de pourvoir à tous les besoins d'une nombreuse population et de veiller à tous ses intérêts, étaient limitées, précaires, sans autre garantie que le bon vouloir, la modération et la prudence du seigneur. On ne connaît de charte octroyée ou acceptée par celui-ci pour aucune des communes dont nous nous occupons ici. C'est là, nous semble-t-il, une preuve de l'ancienneté de leur existence.

Le mariage d'Aliénor avec Henri d'Anjou implantait dans la contrée une famille étrangère, puissante, remuante, à passions fougueuses, qui justifiait, peu d'années après, en bouleversant tout le pays, les appréhensions et la défiance dont elle avait été l'objet dès le premier jour. Henri II et ses fils manifestèrent, en toute occasion, un esprit de caprice et une violence qui leur valurent de nombreuses inimitiés. Ils eurent leurs candidats attitrés aux prélatures importantes, aux riches abbayes, et les prétentions de ces candidats portèrent plus d'une fois le trouble dans l'Eglise. Les entraves que suscita le roi d'Angleterre à l'élection de Sébrand Chabot à l'évêché de Limoges, puis à la prise de possession de son siège par le nouveau prélat, l'hostilité constante qu'il témoigna à celui-ci par la suite, eurent pour conséquence de rattacher plus étroitement Sébrand au parti français, auquel appartenait déjà sa famille. Lors de la guerre entre Henri II et ses enfants, la noblesse de la province suivit avec une sympathie marquée Henri-le-Jeune. Richard, à qui sa mère avait donné le duché d'Aquitaine, s'était en peu de temps, par son caractère altier, sa brutalité et sa cruauté, aliéné le cœur de ses vassaux. Les routiers appelés dans la contrée par les princes commirent des excès de toute sorte. Il fallut prêcher contre eux de véritables croisades. Écrasés à Malemort, en 1177, par une petite armée, au milieu de laquelle on voyait chevaucher l'évêque Gérald du Cher, vieux et aveugle, et qui marchait sous les ordres d'Adémar de Limoges, d'Archambaud de Comborn, d'Olivier de Lastours et d'Eschivat de Chabanais, les Brabançons furent de nouveau battus et dispersés près d'Ahun, par quelques troupes réunies à la hâte par Sébrand Chabot. Celui-ci, comme le vicomte de Limoges et plusieurs autres seigneurs du pays, entretint constamment des intelligences avec Philippe-Auguste. Son successeur, Jean de Veyrac, suivit la ligne de conduite des deux prélats qui avaient avant lui occupé le siège de saint Martial. On le vit, comme eux, adresser de chaleureux appels à la noblesse limousine pour la décider à réunir ses forces contre les bandes qui, après la mort de Richard, s'étaient répandues dans le pays et le parcouraient en tous sens, pillant, saccageant et brûlant tout sur leur passage.

Les évêques et les vicomtes de Limoges avaient été presque constamment les adversaires des Plantagenets en Limousin. La politique commandait à ces derniers de leur susciter des embarras dans leurs propres domaines et de chercher des appuis parmi leurs vassaux. En favorisant le développement des libertés de nos communes, déjà importantes, et dont les aspirations grandissaient avec le nombre de leurs membres et la prospérité de leur commerce, les héritiers des anciens ducs d'Aquitaine s'assuraient un concours précieux sans rien abandonner qui leur appartînt. C'étaient leurs adversaires qui payaient les frais de ce concours, et les princes affaiblissaient ainsi leurs ennemis en augmentant leurs propres forces.

Les communes de la Vienne avaient vu autour d'elles s'accentuer le grand mouvement d'émancipation qui marque la première moitié du xiie siècle. Les lents progrès qu'elles avaient réalisés les laissaient bien en arrière de leurs jeunes sœurs. Nos communes auraient pu sans doute acquérir, à prix d'argent, de leurs seigneurs, une charte fixant, augmentant et assurant leurs libertés ; mais il ne paraît pas qu'aucune ait tenté d'arriver par cette voie à la possession tranquille d'un ensemble d'institutions et de garanties analogues à celles dont jouissaient déjà beaucoup de villes du nord et du midi de la France. Les chartes coûtaient le plus souvent très cher. Le moment sembla favorable aux chefs de nos groupes bourgeois pour obtenir, sans bourse délier, les plus larges libertés avec les garanties les plus solennelles.

Les troubles, les guerres, les divisions entre les princes, avaient relâché tous les liens féodaux. Il est permis de penser que les juges seigneuriaux, les baillis et les autres officiers ne remplissaient pas très exactement les devoirs de leur charge. Des obstacles, parfois insurmontables, les empêchaient de les exercer. Les communes, par des usurpations successives, et à la faveur souvent de l'absence du seigneur ou de l'impuissance où il se trouvait réduit par ses démêlés avec le duc d'Aquitaine (1), s'arrogèrent peu à peu la

(1) Il y eut toutefois, en Limousin même, des révoltes, et une chronique contemporaine nous a conservé le souvenir de celle des bourgeois de La Souterraine contre l'abbé de Saint-Martial, leur seigneur, en 1181 : Burgenses de Subterranea ad invicem juraverunt ut nullum omnino monachis darent expletum quod vocatur taillada. Agebant vero ista consensu comitis Audeberti, qui pro lucro deputabat dissidium tale... Expetunt

plupart des prérogatives jusque là exercées par lui. Leur organisation se compléta : la vie municipale acquit plus d'indépendance, d'ampleur et de régularité. Insensiblement, malgré les revendications des seigneurs et les retours offensifs de l'autorité féodale, retours fréquents et plus d'une fois violents, de nouvelles coutumes municipales se substituèrent aux anciennes traditions ; au profit de ces conquêtes récentes, les bourgeois invoquèrent bientôt l'antique possession de leurs premières coutumes : ainsi s'établit une confusion qui ne pouvait être que favorable aux progrès de la commune. Les princes anglais encouragèrent ces progrès et y aidèrent de tout leur pouvoir. Ils entretenaient avec les magistrats municipaux une correspondance cordiale, leur envoyaient des personnes de confiance pour les assurer des bonnes dispositions de leurs suzerains et leur promettre un puissant patronage. Ils les traitaient en alliés, et Jean-sans-Terre, écrivant aux bourgeois du Château de Limoges, se servait, pour désigner le vicomte, de ces termes significatifs : « Votre ennemi et le mien ». Les communes, de leur côté, ne ménageaient pas au duc d'Aquitaine les témoignages de leur obéissance et de leur dévouement. Dans les conjonctures graves, elles députaient auprès de lui un de leurs notables, pour entendre de sa bouche même ses instructions ; et l'envoyé ne quittait pas la Cour sans recevoir quelque marque de la libéralité du prince.

A plusieurs reprises, les ducs d'Aquitaine reçurent directement le serment de fidélité des communes (1). Ils profitèrent de ces occasions pour confirmer solennellement les libertés des bourgeois. Ceux-ci paraissent n'avoir sollicité des princes anglais aucun octroi nouveau. Le seigneur se bornait à reconnaître et à homologuer la coutume en vigueur, sans distinguer, bien entendu, entre l'organisation traditionnelle, séculaire, et les usurpations progressives, qui, elles aussi, devenaient insensiblement la coutume.

Tel fut, croyons-nous, le caractère du mouvement communal en Limousin, de 1180 à 1250, et celui de la protection accordée

regem burgenses perterriti. Clocarium munierunt,.. Abbas expetit regem, qui eos valde oppressit, sicque coacti servitia monachis solita reddunt : homicidæ vero fugati sunt, domusque illorum anathemati tradita est. » (LABBE, *Bibliotheca nova manuscriptorum librorum*, t. II, p. 318).

(1) Cette prestation de serment, signalée par les chroniqueurs, est attestée par un acte du Parlement de la Chandeleur (1269) : « *Cum... Reges quondam Angliæ, Henricus et Richardus, unus post alium, successive, jure suo tanquam duces Aquitaniæ, hujusmodi habuerint juramentum. (Olim, t. I, p. 332).*

à nos communes par les Plantagenets : on ne saurait affirmer qu'ils en aient créé une seule (1) ; mais ils encouragèrent les usurpations et leur donnèrent une consécration solennelle.

Quand Philippe-Auguste, en 1204, confisqua les états continentaux de Jean-sans-Terre, et quand, en 1224, Louis VIII, après la prise de Niort et celle de La Rochelle, reçut l'obéissance des communes limousines, celles-ci étaient en possession de larges libertés. Les princes français durent accepter la situation telle qu'ils la trouvaient, et, pour ne pas exciter de mécontentements et peut-être de révoltes dans des villes comblées par les princes anglais, le dernier surtout, de marques de sollicitude et de protection, ils reconnurent à ces villes, en termes généraux, les privilèges, libertés et coutumes dont elles jouissaient à ce moment et dont elles avaient joui sous Henri Plantagenet et ses fils. Ainsi s'expliquent et la confirmation donnée par les rois de France à ces nouvelles institutions, et les expressions vagues qu'on rencontre aux chartes de 1212 et de 1224.

Ce n'est pas que les seigneurs dépouillés n'eussent protesté. Le départ de Richard pour la Croisade leur avait laissé le champ libre. Ils en profitèrent pour travailler à rétablir leur autorité. Y réussirent-ils complètement ? On peut en douter. Les communes avaient grandi : il fallait compter avec ces magistrats de bourgeoisie qui pouvaient, en quelques heures, mettre des centaines, des milliers d'hommes sous les armes, et qui avaient fortifié leurs remparts sous la protection du roi d'Angleterre, parfois même, comme un peu plus tard, sous Jean-sans-Terre, les consuls de la Cité de Limoges, avec son argent.

Richard, à son retour, trouva une partie de sa noblesse soulevée contre lui et ouvertement alliée à Philippe-Auguste, qui avait su mettre à profit le temps de la captivité de son ennemi. Il est vraisemblable que la délivrance du roi d'Angleterre et sa rentrée dans ses états rendirent courage aux communes. Nous le voyons faire construire ou réparer les fortifications de certaines villes, de Saint-Léonard entre autres. Ce n'était point contre le roi de France qu'il prenait ces mesures de défense, c'était contre les seigneurs de ces villes, alliés de son adversaire.

La mort de Richard sous les murs de Châlus, place appartenant au vicomte de Limoges, que son seigneur avait voulu

______

(1) Nous verrons toutefois qu'il est parlé de lettres de Henri II relatives à la commune de Saint-Léonard ; mais nous n'en possédons pas le texte et nous avons tout lieu de croire qu'il s'agissait d'une confirmation.

châtier de sa félonie, laissa un moment les communes sans appui ;
mais Jean-sans-Terre renoua presque aussitôt avec les corps de
bourgeoisie les rapports directs qu'avait entretenus avec eux
son frère, et sut resserrer encore les liens qui attachaient ces
groupes à leur suzerain : les nombreux documents conservés aux
riches archives de la Tour de Londres en témoignent. Le nouveau
duc d'Aquitaine ne s'en tint pas à des paroles et à des écrits. On
le vit souvent intervenir dans les démêlés entre les seigneurs et les
Communes, et travailler sans relâche à affaiblir les premiers. Les
bourgeois purent souvent s'imaginer que le roi d'Angleterre était
mû par le désir de venger leurs querelles, alors que Jean songeait
tout simplement à satisfaire ses propres rancunes. Le vicomte
de Limoges Gui V avait, en 1200, fait hommage pour sa vicomté
au duc d'Aquitaine et lui avait prêté le serment de fidélité. Il n'en
continuait pas moins la politique de son père et demeurait l'allié
fidèle de Philippe-Auguste, qui entretenait avec soin ces dispositions. Il essayait sans doute en même temps de ressaisir son autorité
dans le Château de Limoges ; mais les Malemort et les Lastours,
qui tenaient pour le duc d'Aquitaine, réussirent à s'emparer de
lui. Jean se fit remettre le prisonnier et le garda près de trois
ans dans une étroite captivité. Quant à l'évêque Jean de Véyrac,
il le persécuta sans cesse, malgré les sévères avertissements du
pape Innocent III (1) ; le prélat était du reste un des champions
les plus actifs du parti français, et il organisait, en 1204, au
profit de ce parti et au sien propre, et aussi, il faut le dire, dans
l'intérêt général de la province, une expédition pour enlever la
ville et le fort de Noblat à une bande de mercenaires à la solde
du roi d'Angleterre. La prise des deux places et la dispersion de
ces aventuriers produisirent un grand effet dans la contrée, qui
dès lors recouvra une certaine tranquillité.

L'année 1205 marque le triomphe du parti français dans toute
l'Aquitaine. Le vicomte de Limoges, délivré de captivité par les
troupes de Philippe-Auguste, revient dans le pays et on constate
aussitôt une réaction féodale dans les villes. Dans le Château
de Limoges surtout, Gui V réussit, par la terreur des emprison-
nements et des supplices, à soumettre la population à sa puissance,
et la tient quelque temps sous un joug de fer. L'évêque paraît
en avoir usé plus doucement vis-à-vis de la Cité de Limoges, dont
les habitants le choisissent en 1210 pour arbitre, à l'effet de

(1) Voir une lettre d'Innocent III de l'année 1202, au tome XIX des
Historiens de France, p. 416.

régler plusieurs questions litigieuses pendantes entre la commune
et le chapitre de Saint-Etienne.

La sentence de confiscation des états français du roi d'Angleterre, prononcée par le parlement en 1204, avait été, par le fait,
mise à exécution en Limousin. La trève conclue dès 1206 entre
Philippe-Auguste et Jean-sans-Terre, paraît avoir laissé à ce
dernier l'exercice d'une partie au moins de ses droits en Aquitaine. Le parti français demeura toutefois prédominant dans le
pays.

Six années s'écoulent : une grande guerre est sur le point
d'éclater. Le roi de France prépare une expédition pour arracher
à son ennemi le royaume d'Angleterre, comme il lui a déjà
enlevé ses états sur le continent. Jean est abandonné d'une partie
des siens, excommunié, presque sans troupes. Toutefois Philippe-
Auguste, avec sa prudence ordinaire, commence par assurer
son autorité dans les domaines qu'il occupe déjà. Son fils Louis
vient en Aquitaine et reçoit lui-même le serment de fidélité des
seigneurs et des communes (1). Le roi de France prend vis-à-vis
des uns et des autres l'engagement de les protéger et de les défendre, et déclare aux villes « qu'elles sont dans sa main, comme
les autres villes de son royaume ». Il faut noter qu'à cette année
1212 remonte la plus ancienne rédaction connue des coutumes
du Château de Limoges.

Le Souverain Pontife, auprès duquel Jean a réussi a rentrer
en grâce, oblige le roi de France à renoncer à ses projets. Philippe
doit bientôt faire face à son tour à une redoutable coalition.
Pendant que l'empereur d'Allemagne marche vers la frontière
française, le roi d'Angleterre, réconcilié pour un instant avec
ses barons, a réuni une armée et débarque à La Rochelle. Il
traverse l'Angoumois, le Limousin et une partie de la Marche.
Il est à Angoulême le 15 mars 1214, le 17 à Saint-Junien ; les 21,
22 et 23 à Aixe; le 23 on le trouve aussi à Saint-Léonard ; il est
à Saint-Vaury le 25 ; à La Souterraine les 28, 29, 30 et 31 ;
à Grandmont les 1er et 2 avril; à Limoges le 3. Ce jour-là ou le
lendemain matin il regagne l'Angoumois, car le 4 il fait expé-
dier des lettres datées de Montbron, et le 5 il est de retour à
Angoulême (2).

(1) *Annales manuscrites de Limoges*. Limoges, Vᵉ Ducourtieux, 1873,
in-8, p. 189. — BONAVENTURE DE SAINT-AMABLE, *Histoire de Saint-Martial*,
t. III, p. 539.

(2) Pour quelques détails de cette expédition en ce qui a trait au Limousin, voir les *Chroniques de Saint-Martial*, publ. par Duplès-Agier,

Le roi est venu dans le pays pour recevoir la soumission du comte de la Marche et des seigneurs de la contrée. Aucune résistance ne semble lui avoir été opposée. Son apparition a relevé partout le courage de ses partisans. Il établit un sénéchal pour gouverner en son nom la province et commander les troupes dont il prescrit la levée; il fait saisir le château d'Eymoutiers (1) et diverses possessions de l'évêque, et contraint celui-ci à quitter son siège épiscopal et à s'exiler du pays. Quant au vicomte de Limoges, — à qui Jean a, dès le mois de février, envoyé l'évêque de Périgueux, chargé d'entrer en négociations avec les principaux seigneurs de la province, Gui V et le vicomte de Turenne, entre autres, — il est contraint, par la force, de prêter de nouveau au duc d'Aquitaine l'hommage pour sa vicomté, et de lui renouveler le serment de fidélité qu'il a depuis quatorze ans tant de fois violé, — « Sachez, écrivait Gui V au roi de France, que malgré l'hommage que je vous ai fait de mes domaines pour leur assurer votre protection, l'arrivée dans ma terre du roi d'Angleterre, mon seigneur naturel, avec des forces défiant toute résistance, m'a forcé, sans attendre votre secours, à aller trouver mondit seigneur, à lui rendre hommage et à lui prêter serment de fidélité et ligeance contre tout homme. Je vous en informe pour que vous soyez au courant de ce qui s'est passé et pour que vous ne comptiez plus sur moi à l'avenir » (2).

Les communes se fortifiaient et se mettaient en défense. Elles avaient repris possession des privilèges et libertés dont elles jouissaient vers 1200. Peut-être même Jean avait-il confirmé quelques bourgeoisies nouvelles; car nous le voyons, le 2 mai 1214, écrire aux prud'hommes d'Aixe en même temps

p. 89 et 90. Consulter surtout les précieux recueils publiés en Angleterre et reproduisant les milliers de lettres que contiennent les rouleaux conservés aux archives de la Tour de Londres, et en particulier le tome I des *Rotuli litterarum patentium in turre Londinensi asservati*. Londres, 1835.

(1) Nous ne pouvons pas traduire autrement *Castrum de Ahento* : Ayen n'appartenait pas à l'évêque.

(2) Philippo, regi Francorum, G. vicecomes Lymovic. hec subscripta : Sciatis quod, licet homagium vobis fecero pro defensione terrarum mearum, tamen adveniente rege Anglie Johanne, naturali domino meo, in terra mea, cum tantis viribus quod ei indempnis resistere non potui, nec auxilium vestrum expectare, ad eundem, ut naturalem dominum meum, accessi, faciens ei fidelitatem et homagium et liganciam contra omnes mortales. Hec autem vobis significo ut ea sciatis, et de cetero de me non confidatis. (*Rotuli litterarum patentium in turre Londinensi asservati*. Londres, 1835, t. I, p. 115.

qu'à ceux du Château de Limoges, de la Cité et de Saint-Junien, pour leur annoncer l'arrivée de son envoyé Gui de Senziliac, et leur promettre de les secourir si le roi de France ou ses troupes envahissent la province (1).

Le château d'Aixe avait été enlevé, peut-être de vive force, au vicomte de Limoges (2). Nous avons vu plus haut le roi Jean et ses troupes séjourner à Aixe du 21 au 23 mars 1214.

Dans le Château de Limoges, l'autorité du vicomte semble avoir été réduite à néant. A cet égard nos *Annales manuscrites* s'expriment en termes significatifs. La justice fut enlevée à Gui V pour être remise aux magistrats municipaux. Les officiers qu'il avait établis dans la ville pour exercer en son nom ses droits et maintenir les habitants dans l'obéissance furent chassés. L'auteur des Annales raconte même que le duc d'Aquitaine leur « fit finir leurs jours misérablement ». La commune rentra en possession de toutes ses libertés (3). On conçoit dès lors le dévouement des bourgeois pour le roi d'Angleterre, et on ne s'étonne pas de les voir se préparer à défendre la ville contre une attaque de Philippe-Auguste et élever des machines de guerre sur leurs remparts (4).

Jean revient en Limousin dans les premiers jours du mois d'août. Le 2 il est à Limoges : il en part probablement le 3 ; on le trouve aussi ce jour-là à Magnac (5). Mais cette fois il n'apparaît plus aux populations en triomphateur. Il vient d'être défait honteusement, sous les murs de la Roche-au-Moine, par Louis, fils du roi de France, et il se prépare à regagner l'Angleterre.

Ce départ, qui n'était rien moins que glorieux, le peu de succès des alliés de Jean, ses nouveaux démêlés avec ses vassaux d'Angleterre, ne ruinèrent pas sur-le-champ son autorité dans notre province. L'expédition de 1214 avait rendu les seigneurs du Limousin circonspects. Les communes s'appuyaient encore sur le

---

(1) Si Rex Francie venturus sit ad partes vestras vel gentem missurus ut malum vobis inferat, nos continuo succursum vobis mittemus, vel nos in propria persona, si opus fuerit, in succursum vobis veniemus...

Eodem modo scribitur hominibus de Castro Lemovicensi, et probis hominibus Sancti Juvioni (*sic*) et probis hominibus de Eys.

(2) Castrum de Axia rex cepit et sibi retinuit (*Chron. de Saint-Martial*, p. 92).

(3) *Annales manuscrites de Limoges*, p. 181, 182.

(4) Populus Lemovicensis erexit x peireiras metu Philippi Regis, et muros machinis ligneis munivit (*Chron. de Saint-Martial*, p. 92).

(5) *Rotuli litterarum patentium*, t. 1, p. 119 et 120.

duc d'Aquitaine ; celui-ci continuait d'entretenir des relations
avec elles, et on le voit, dans une lettre des plus curieuses, datée
du Temple neuf de Londres, le 19 avril 1215, déclarer à l'arche-
vêque de Bordeaux, au prieur de Grandmont, au comte de la
Marche et aux bourgeois de la Cité de Limoges, qu'il ne consen-
tira à accorder la paix à l'évêque Jean de Veyrac, qu'après que
celui-ci lui aura juré fidélité et se sera engagé à lui rendre les
devoirs et services auxquels les évêques se sont soumis sous ses
prédécesseurs. Et le roi exige que l'accomplissement de ces conditions lui soit attesté par les communes des domaines du
prélat (1). Cette condition n'est-elle pas bien caractérisque et ne
mérite-t-elle pas d'être notée ?

Le débarquement du fils de Philippe-Auguste en Angleterre, l'année suivante, fut le signal d'un nouveau soulèvement
des seigneurs de l'Aquitaine. En Limousin, les châteaux qu'occupaient les officiers ou les partisans du roi d'Angleterre furent
repris par le vicomte de Limoges et ses amis. La Porcherie
est détruit, Royère enlevé ; Châlucet se rend au vicomte, et
celui-ci recouvre le château d'Aixe après un siège de neuf semaines (2).

L'influence anglaise n'est cependant pas détruite ; les conseillers du jeune Henri III n'abandonnent pas la politique
traditionnelle des Plantagenets sur le continent. Le duc d'Aquitaine demeure le patron des communes. Celles-ci lui expédient
des députés. En 1218 Nicolas, en 1220 Pierre de Limoges sont
envoyés en Angleterre par les bourgeois des deux villes. Les
consuls de Saint-Junien écrivent, en 1219, au nouveau duc
d'Aquitaine pour protester contre la construction d'une tour
édifiée par l'évêque, et se recommandent des chefs de la commune
de la Cité (3). En 1220, c'est cette dernière ville qui est l'objet
d'une entreprise de la part du prélat : Bernard de Savène essaie
d'établir ou plus vraisemblablement de rétablir un prévôt pour
l'exercice de sa juridiction. Il demande à Henri III d'intervenir
pour que les bourgeois reçoivent sans difficulté cet officier. Le
duc d'Aquitaine avise aussitôt les habitants de la communication
du prélat, et ne donne aux consuls d'autres ordres que ceux-ci :

(1) Et de hoc nos securos faciet per cives Limovicarum et per homines
aliarum villarum suarum *(Rotuli litterarum clausarum,* etc., t. I).

(2) *Chron. de Saint-Martial,* p. 98, 99.

(3) SHIRLEY : *Royal and other historical letters illustrative of the reign
of Henry III,* t. I, p. 62 : The consulate and commonalty of S. Junien to
Henry III.

« Faites ce qui a été fait du temps de mon aïeul, de mon oncle et de mon père » (1). A cette même époque et un peu plus tard, en 1222 et 1224, les documents des Archives anglaises font mention d'envoyés de l'évêque de Limoges et du vicomte Gui V (2), lequel du reste avait d'importants intérêts en Angleterre à cause de son mariage avec la tante du roi, Sara de Cornouailles (3).

Mais la puissance des ducs d'Aquitaine dans notre province touchait à sa fin. A l'expiration de la trève conclue lors de l'avènement d'Henri III, Louis VIII, qui venait de monter sur le trône et qui avait été trop étroitement associé à la politique de son père pour ne pas la continuer au moins dans ses lignes principales, assembla des troupes et entra en Aquitaine. Niort et Saint-Jean-d'Angély se rendirent ; La Rochelle, assiégée, fut forcée de capituler ; en une année (1224-1225), le pays fut soumis jusqu'à la Garonne et tous les seigneurs jurèrent fidélité au roi de France (4). Nos communes limousines envoyèrent à La Rochelle des députés chargés de présenter à Louis VIII les clés de leurs villes et de prêter serment au vainqueur. Les lettres royales qui constatent l'accomplissement solennel de cette formalité, confirment les corps de bourgeoisie dans la jouissance des coutumes et privilèges dont elles étaient en possession sous les ducs d'Aquitaine de la famille Plantagenet. Ce sont les chartes les plus anciennes ayant trait à la confirmation de nos libertés communales dont le texte ait été conservé.

Ces chartes donnaient aux corps de bourgeoisie quelques garanties pour le présent. Les seigneurs se trouvaient du reste occupés d'un autre côté. Tous les regards se tournaient vers le

---

(1) Faciatis sicut temporibus Henrici regis, avi nostri ; Richardi regis, avunculi nostri, et Johannis regis, patris nostri, fieri consuevit (*Rotuli litterarum clausarum*, t. I, p. 418).

(2) *Rotuli litterarum clausarum*, t. I, p. 408, 443, etc.

(3) *Rotuli litterarum patentium*, t. I, p. 429, 437, 456, 508, etc.

(4) Lemovicenses et Petragoricenses et omnes Aquitaniæ principes, exceptis Gasconibus qui ultra Garonnam fluvium erant, fidelitatem Regi promiserunt (Guillaume DE NANGIS, *ap. Historiens de France*, t. XVIII, p. 763).

Ludovicus rex, anno 1° regni sui, cepit ad se trahere totum ducatum Aquitaniæ, et habuit secum comitem *d'Engoleime e de la Marcha* et vicecomitem Lemovicensem *e de Torena*. Major querela de Henrico rege fuit quia Johannes, pater ipsius, Arturum.... occiderat in occulto. Prima obsessio fuit a *Niort*, sed die septima se dederunt. Secunda *La Rochela* sese dedit. S. J. similiter (*Chron. de Saint-Martial*, p. 119).

midi, où une nationalité vivace résistait à une guerre d'extermination et où la lutte recommençait, plus acharnée, plus impitoyable que jamais. Louis VIII, alors qu'il n'était encore que le général des armées de son père, avait traversé le Limousin à la tête de troupes nombreuses pour aller à Toulouse recueillir les fruits de la politique paternelle et avait séjourné, à la Pentecôte 1219, dans la Cité de Limoges. Devenu roi à son tour, il marchait avec de nouvelles forces contre le Midi où l'attendait une mort prématurée. Un certain nombre de seigneurs limousins l'accompagnaient; l'évêque Bernard de Savène suivait l'expédition. Le prélat fut atteint de l'épidémie qui sévissait et succomba sous les murs d'Avignon, au mois de juillet 1226. Son prédécesseur, Jean de Veyrac, qui n'avait pu rentrer en grâce auprès du roi d'Angleterre et dont le temporel avait été séquestré durant cinq ans par ordre de ce prince (1), était allé mourir en Palestine. Nous avons vu plus haut Bernard essayer de rétablir dans la Cité ses officiers, mais avec une certaine timidité. Il ne paraît pas qu'à ce moment ce projet ait abouti. Les évêques de Limoges, contenus par la crainte du duc d'Aquitaine, distraits d'un autre côté par des préoccupations de diverse nature, laissèrent les communes jouir de leurs libertés, tout en maintenant, semble-t-il, pour la forme leurs officiers. Nous entendrons un témoin, aux enquêtes du procès entre Gilbert de Malemort et les bourgeois de Saint-Léonard, déclarer que l'évêque avait bien dans cette ville un prévôt, mais que le déposant, ancien bourgeois de Saint-Léonard, mêlé aux affaires de la commune, ignorait absolument à quoi cet agent pouvait être employé.

Quant aux vicomtes, ils étaient sans cesse en guerre avec leurs vassaux ou leurs voisins, et leur intérêt leur commandait de ne pas se brouiller avec les bourgeois.

Au surplus, les alternatives de la politique, l'incertitude qui régnait encore sur l'issue définitive de la lutte engagée depuis si longtemps déjà entre le roi de France et le roi d'Angleterre, préservaient les communes d'une réaction violente. Elles jouirent donc, durant un quart de siècle après la conquête française, des libertés qu'elles avaient usurpées à la faveur des événements, libertés dont on perdait peu à peu de vue l'origine et qui se fondaient de plus en plus dans ces anciennes coutumes possédées

---

(1) Huic enim Johanni episcopo rex Angliæ Johannes omnia jura regalia episcopatus Lemovicensis abstulit, et idcirco ipse episcopus, quasi exheredatus, ultra mare ivit (*Chron. de Maleu*, publ. par M. l'abbé Arbellot, p. 63).

déjà par les populations agglomérées de la province à l'avénement des Plantagenets.

Entre 1225 et 1250, les relations des bourgeoisies limousines avec le roi d'Angleterre s'éteignirent complètement : le roi de France, sans doute, ne les eût pas tolérées; mais elles étaient devenues inutiles. Les communes, qui s'habituaient du reste à la domination française, n'avaient pas à se plaindre des seigneurs. Ceux-ci leur laissaient, par une tolérance tacite, la jouissance de leurs libertés et entretenaient avec elles des rapports empreints de part et d'autre de bienveillance. C'est ainsi qu'à diverses reprises le vicomte de Limoges demanda l'aide des bourgeois dans ses expéditions contre ses vassaux ou les seigneurs voisins. Nous voyons Gui VI, au mois d'octobre 1240, déclarer et reconnaître que les troupes de la commune du Château l'ont suivi volontairement, à titre d'alliés et non à titre de vassaux, dans son expédition contre la forteresse de Bré (1).

Vers le milieu du siècle, cette entente est troublée. Deux communes au moins entrent en lutte avec leur seigneur : celle du Château de Limoges en 1252; celle de Saint-Junien un peu avant 1250. De quel incident naît la querelle et à qui remonte la responsabilité de la rupture? Il est difficile de le dire. Toutefois il ne semble point que les bourgeois aient entamé la lutte. Contrairement à l'opinion émise par l'auteur du livre le plus solide et le plus remarquable qui ait été écrit depuis le commencement de ce siècle sur l'histoire limousine (2), nous ne croyons pas que « le milieu du XIIIe siècle ait été une époque de soulèvement général des communes limousines contre les seigneurs ». Nous estimons, au contraire, qu'il s'est produit alors un mouvement de réaction contre les usurpations successives et déjà anciennes des corps de bourgeoisie, un retour offensif de l'autorité féodale personnifiée dans l'évêque et le vicomte de Limoges, et qu'à la date où nous sommes arrivé, les communes, loin d'attaquer, sont toutes en état de défense. Il nous paraît que les libertés qu'on leur conteste ne sont pas de conquête récente, mais que les bourgeois en jouissent depuis longtemps déjà. Cette thèse nous semble vraie pour toutes les villes limousines du cours de la Vienne (à l'exception d'Eymoutiers, qui ne paraît pas avoir pris beaucoup de

(1) Archives des Basses-Pyrénées, E, 738.
(2) Achille Leymarie, *Histoire du Limousin*, Bourgeoisie. Paris, Dumoulin, et Limoges, Ardillier fils, 2 vol.

— 15 —

développement avant le xive siècle), et la plupart des documents
qui nous ont passé sous les yeux la confirment.

Le roi d'Angleterre, il faut le rappeler pour compléter ce rapide
aperçu, chercha à intervenir dans les luttes qui éclatèrent après 1250
entre les communes et leurs seigneurs : le traité de Paris et de
Londres (souvent aussi appelé traité d'Amiens), en lui rendant, en
1259, l'exercice de ses droits dans les diocèses de Limoges, de Périgueux, d'Agen et de Cahors, semblait autoriser son intervention.
Toutefois Saint Louis avait excepté de cette restitution, outre les
états d'Alphonse son frère, les terres que lui et ses prédécesseurs
s'étaient interdit de mettre hors de leurs mains, et elles formaient
une bonne partie des trois diocèses. Malgré l'assurance du contraire que le sénéchal anglais donnait à son maître, dans une
curieuse lettre du 29 novembre 1262 (1), Philippe-Auguste avait
pris un engagement formel dans ce sens vis-à-vis de l'évêque de
Limoges, et le Parlement le proclama à plusieurs reprises.

Ainsi se trouvèrent soustraites à l'autorité d'Henri III toutes
les communes des bords de la Vienne, sauf le Château de Limoges
et Aixe. Cette dernière ville n'a pas d'histoire municipale. Les
consuls du Château, dans leur lutte désespérée contre le vicomte,
qui eut dans une certaine mesure l'appui de Louis IX, et surtout
celui de son successeur, firent les plus grands efforts pour inté-
resser Henri III et son fils Edouard I à leur cause. Deux
sénéchaux du roi d'Angleterre vinrent successivement à Limoges
pour essayer de réconcilier Gui VI et la commune, sans pouvoir
poser les bases d'une entente acceptée par les deux parties.
Le dernier, Jean de Lalinde, réussit à grand peine, au mois de

(1) De episcopo isto, sum certus [quod] ipse non habet privilegium
Domini Regis Francie, et quod in registris Regis Francie non poterit
inveniri quod iste episcopus privilegium habeat vel habuerit tempore
retroacto. Et hoc intellexi per quandam magnam et bonam personam
istarum partium qui bene novit super hoc veritatem (RYMER : *Royal and
other*, etc., t. II, p. 224).

Un autre document, cité par Baluze (*Armoire I*, t. XVII, p. 92), affirme
le contraire : « Item sunt privilegiati in Lemovicensi ab antiquo, et ante
tempus dicte pacis, episcopus Lemovicensis et ejus capitulum, et consulatus civitatis ejusdem, et abbatissa de Regula, in eadem civitate, abbas
de Solmynhaco prope Lemovicas, et consulatus sancti Geminiani (*sic*), et
consulatus Brivæ. »

(2) Dominus Johannes de Lalinda in castro Lemovicensi per dies aliquos
presens fuit et pro vestris juribus et pro pace inter nos et dictum vicecomitem ... fideliter laboravit ; sed tandem non potuit aliud obtinere, nisi

septembre 1261, à obtenir la prolongation des trèves jusqu'à
l'Epiphanie de l'année suivante. Le jour même où expirait le délai
fixé par le vicomte, celui-ci tentait une attaque de vive force
contre la ville ; mais elle était repoussée avec une énergie qui ôta
au seigneur l'envie d'en essayer une seconde. Pendant plus
de dix ans, les bourgeois eurent à subir une sorte de blocus dont
leur commerce et leurs intérêts de tout genre eurent beaucoup
à souffrir. Ils se défendirent avec un courage indomptable,
tantôt les armes à la main, tantôt devant la cour du Parlement.
Edouard, touché de leurs maux, se décida à intervenir en leur
faveur. Voyant ses ordres méprisés par la veuve de Gui VI, il
envoya quelques troupes pour aider les bourgeois et reçut
solennellement de la commune le serment de fidélité. Mais le
Parlement déclara qu'il n'avait pas le droit de prendre ce serment,
celui-ci appartenant au seul vicomte. Le roi de France prescrivit
au duc d'Aquitaine de délier les habitants de la fidélité qu'ils lui
avaient jurée. Les consuls envoyèrent un député à Edouard pour
le supplier de ne pas les abandonner. Le roi d'Angleterre vint en
mai 1274 à Limoges. Les chefs de la commune et les notables se présentèrent devant lui, se prosternèrent à ses genoux et jetèrent à ses
pieds les clés de la ville. — « Seigneur, s'écrièrent-ils, nous avons
été vôtres dès longtemps ; vôtres nous sommes encore et nous
voulons à toujours rester à vous et à vos successeurs » (1)! Leurs
supplications arrachèrent des larmes à Edouard et à sa suite ; mais
le prince leur déclara qu'il ne violerait pas la défense de son suzerain et il leur rendit leur serment. Néanmoins il revint sur sa
détermination peu de jours après et envoya son oncle à la tête
d'une petite armée mettre le siège devant Aixe, où la vicomtesse
tenait garnison ; mais un héraut du roi de France se présenta,
somma les gens du duc d'Aquitaine de cesser toute hostilité et
cita Edouard à comparaître au plus prochain Parlement. Le roi
d'Angleterre se décida à abandonner les bourgeois, et dut payer
plus de vingt-deux mille livres en réparation des dommages
causés par ses troupes.

quod quædam securitas, de qua non multum confidimus, fuerit inter nos
et dictum vicecomitem usque ad festum Epiphaniæ (RYMER : *Royal and
other historical letters*, t. II, p. 184).

(1) Burgenses attulerunt claves villæ, supplicantes quod villam defen-
deret, claves coram ipso projicientes (Pierre CORAL : *Hist. de France*,
t. XXI, p. 783). — Domine, ab antiquo vestri eramus, et adhuc sumus, et
esse in perpetuum volumus et vestrorum (*Armoires de Baluze*, arm. I,
t. XVII, p. 91 et 92.

Telle est l'issue de la dernière intervention du roi d'Angleterre en faveur des communes limousines. A dater de ce jour, le duc d'Aquitaine perd toute action en Limousin, et le Parlement seul et les sénéchaux des rois de France, dont l'influence et l'autorité grandissent de jour en jour, tranchent les débats qui s'élèvent entre les corps de bourgeoisie et leurs seigneurs. Ces faits inaugurent une nouvelle phase de notre histoire municipale.

Il nous a paru indispensable de placer cet aperçu sommaire de l'histoire de nos communes au début de notre étude sur les institutions municipales de Saint-Léonard au xiiie siècle. Les annales d'aucune de nos bourgeoisies limousines n'offrent plus de confusion et d'obscurité : Nulle part on ne se trouve en présence de témoignages aussi contradictoires, aussi inconciliables à première vue. Le lecteur pourra en juger en parcourant les pièces servant de preuves à notre travail. Nous nous flattons pourtant qu'après un examen attentif des choses, il n'hésitera pas à se ranger à notre opinion : à savoir que le milieu du xiiie siècle a été marqué non par une poussée de l'esprit d'émancipation communale, mais au contraire par une réaction bien caractérisée du pouvoir féodal contre les libertés des bourgeoisies.

II. — LE CHATEAU DE NOBLAT ET LA VILLE DE SAINT-LÉONARD.

A vingt-trois kilomètres de Limoges, dans un site pittoresque et charmant, la petite ville de Saint-Léonard, jadis Noblat, montre avec quelque fierté, auprès de ses tanneries et de ses fabriques de porcelaines, ses curieuses maisons à tourelles et sa belle église romane, par malheur bien délabrée aujourd'hui. A ses pieds, la vallée de la Vienne, jusque là presque toujours étroite et profondément encaissée, s'élargit un peu sur la droite et dessine une sorte d'anse verdoyante ; de riantes prairies, rayées de quelques files de peupliers, en tapissent tous les contours. Le regard, en suivant les gracieuses ondulations du terrain, s'élève peu à peu sans fatigue, sans effort, de la rivière aux faubourgs, puis à la ville, qui couronne la hauteur. Sur un ressaut de terrain, l'ancienne route, appelée encore de son vieux nom, *le Pavé*, gravit hardiment la déclivité en prenant par le plus court. Elle traverse la rivière sur un pont du xiiie siècle, dont les piles à contre-forts divisent le courant et fendent les eaux rapides de leurs avant-becs aigus, semblables à autant de proues de navires.

Sur l'autre rive, le site a gardé l'aspect sauvage qu'il offre au-dessus de Saint-Léonard. Un énorme rocher se dresse presqu'en face de la ville. Sa masse abrupte, hérissée de saillies, semée de pierres et de broussailles, domine la vallée et s'avance jusqu'au bord de l'eau. Le sommet de ce roc supportait autrefois un château, plus ancien peut-être que la ville même, et qui, d'après les traditions du pays, aurait servi de maison de chasse aux rois de la première race. Ces récits n'ont rien d'invraisem-blable : quinze ou seize kilomètres à peine séparent Saint-Léonard du bourg du Palais, où l'on s'accorde aujourd'hui à placer le *Jocundiacum* ou *Jogenciacum* de Louis-le-Débonnaire.

La plus ancienne mention que nous connaissions du Château de Noblat nous est fournie par un accord conclu vers 1045, entre le comte de Poitiers et l'évêque Jourdain de Laron (1), accord sur lequel nous aurons plus loin à revenir. Une charte du Cartu-laire d'Aureil nous montre, dans les premières années du XIIe siècle, Audoin de Noblat faisant, « à la porte de la salle de de sa tour », en présence de Bernard de Royère et de Gérald (2), une libéralité au monastère fondé par saint Gaucher.

Ce Château, dès 1045, relevait, comme celui de Nieul, du siège épiscopal de Limoges. L'intervention, à cette époque, des che-valiers qui tenaient ces deux tours, dans le choix du successeur de Jourdain de Laron, serait inexplicable si cette mouvance n'était pas admise. Noblat avait une certaine importance à cause de sa position, qui commandait tout le haut cours de la Vienne ; mais cette importance diminua à mesure que la ville de Saint-Léonard prit de l'accroissement.

Au centre du château, dans la partie haute, s'élevait une grosse tour carrée, dont il ne reste plus depuis longtemps aucun vestige. Ce donjon avait primitivement constitué le château ; puis les murailles qui l'entouraient s'étaient peu à peu élargies : de nouvelles tours avaient été édifiées dans cette enceinte avec la permission du seigneur et à charge d'hommage et de service. Outre ces tours, on y voyait au XIIIe siècle un certain nombre de maisons occupées par les Noblat, les Brun, les Royère, les Mar-chès, les Châteauneuf, une chapelle avec un presbytère, des jar-

(1) *Gallia Christiana*, t. II, *Instrumenta*, col. 172.
(2) Alduinus de Nobiliaco dedit... Et fuit factum hoc donum in hostio sale de turre, presentibus Bernardo de Roera et Geraldo.

dins et diverses dépendances. Mais là, comme ailleurs, la grosse tour conserve la supériorité. C'est d'elle que relèvent tous les manoirs, toutes les constructions qui se sont successivement groupés autour d'elle. C'est à son seigneur que reviennent directement ou indirectement tous les devoirs, honneurs et profits dus au château. Une partie de ces droits ont été inféodés par l'évêque aux familles qui forment la clientèle du maître de Noblat. Nous allons voir les prélats qui occuperont successivement le siège de Limoges, travailler pendant cent ans au rachat et à l'extinction de ces fiefs.

Il serait téméraire, avec le peu de documents que nous possédons, d'essayer de reconstituer le plan du château de Noblat. L'imagination aurait une trop grande part à cette restitution. Bornons-nous à constater qu'on distinguait le château haut ou grand château et le château bas. Ce dernier, ou peut-être une partie seulement, était connu au XVIIe siècle sous le nom de *petit Château* ou de maison noble de Janeau. Nous ignorons l'origine de cette dernière dénomination.

Nous avons parlé de la chapelle de Noblat. Plusieurs mentions du Cartulaire d'Aureil se rapportent au desservant de cette chapelle, qui peut avoir été le centre d'une petite paroisse (1). Le château toutefois, dépend, à partir du XIVe siècle, de l'église paroissiale de La Chapelle, située à peu de distance à l'ouest-sud-ouest du fort. Un document intéressant de nos Archives départementales nomme, à la date de 1357, Gouffier de l'Age-au-Mont, desservant ou prieur de cette église (2). Jadis à la collation du prieur de Saint-Léonard, ce bénéfice n'était plus qu'à sa présentation dès le XVIIe siècle.

Au pied du rocher qui supportait le Château, sur le bord de la rivière, quelques constructions s'étaient élevées. Au XIIIe siècle, plusieurs de ces bâtiments servaient de moulins. Il y avait là surtout des moulins à farine, qui appartenaient au baron de Châteauneuf, ou sur lesquels ce seigneur possédait tout au moins des redevances. Nous le verrons essayer, vers le temps de l'évêque Aymeric de Serre (1246-1272), d'obliger les bourgeois de Saint-Léonard à y faire moudre leurs grains (3). On constate

(1) Willelmus, capellanus Nobiliaci de Castello... Simon, chapellanus de Castello de Noalac, etc.

(2) Fonds du Chapitre aux Arch. Haute-Vienne : Donation de Pascal Phelipot pour des anniversaires.

(3) Archives Haute-Vienne, Evêché, 2440, et plus loin, chap. VII.

aussi, à la même époque, l'existence d'un foulon — moulin *dra-parel*, — à peu de distance du pont.

Ce pont, dont le premier établissement devait remonter à une date fort ancienne, fut réparé ou même reconstruit en entier « en pierres » par les habitants de Saint-Léonard, vers 1270. La maçonnerie des piles peut remonter à cette époque; le revêtement paraît toutefois avoir été refait au moins en partie. Les bourgeois y édifièrent une porte sous l'épiscopat d'Aymeric. Cette porte fut sans doute fortifiée. Il était perçu sur le pont de Noblat un péage dont le produit appartenait en partie au seigneur de Châteauneuf (1).

La ville de Saint-Léonard avait au xiii° siècle la même assiette qu'aujourd'hui et occupait à peu près la même étendue de terrain. Les boulevards actuels conservent presque partout les contours de l'ancien périmètre. Il est visible toutefois qu'au sud-ouest les constructions de l'hôpital et celles qui y font face, au débouché de la rue Aumônière, ont empiété sur les anciens remparts et sur les fossés. Du côté opposé, l'établissement de la route de Clermont a également modifié le tracé de l'enceinte et substitué une ligne droite à la courbe que décrivaient les murs. Malgré ces changements, Saint-Léonard a conservé son aspect d'autrefois, sinon dans les détails de ses constructions, du moins dans sa physionomie générale et dans l'ensemble de son plan.

Au premier coup d'œil jeté sur ce plan, la ville nous apparaît comme un ovale irrégulier ayant deux foyers, deux centres où vient converger tout le réseau des voies publiques de l'intérieur de Saint-Léonard et des faubourgs qui en forment le prolongement au-delà des murailles. Ces deux foyers de vie et d'activité sont l'ancienne place commune ou grande place, constituée par une partie des terrains actuellement occupés par la place Gay-Lussac et les premières maisons de la rue des Étages, — et les anciens marchés aux porcs et aux vaches qui correspondaient à peu près aux places du Marché et de Noblat, alors comme aujourd'hui très rapprochées l'une de l'autre.

C'est par la description de ces trois places que doit commencer notre tableau sommaire de la ville de Saint-Léonard au temps de Saint-Louis et de Philippe III (2).

La grande place, appelée aussi « place Commune » ou « place de

(1) Archives Haute-Vienne, Évêché, 2440, et plus loin, chap. vii.
(2) Voir le plan de Saint-Léonard qui accompagne cette étude.

Noblat » (1), est au moyen âge le centre des affaires et de la vie politique. Là sont dressés les étaux des bouchers (2), disposés, comme à Limoges, sur plusieurs lignes parallèles. Au xvᵉ siècle, cinq ou six documents mentionnent la rue « d'Entre les Etages ou les Etaux » (3), qui est probablement l'amorce de la rue actuelle des Etages et où l'on distingue, en 1426, une maison appelée *de l'Aigle* (4), qui dépend probablement de la Chantrerie. De cette rue d'*Entre les Etages* part une autre voie aboutissant à la même époque à l'hôtel de la dame de Laront (5).

Plusieurs notables édifices décorent cette place. C'est d'abord la grande église de Saint-Léonard avec le cloître qui y est attenant et que longe la rue ou passage qui met en communication la grande place avec la rue Font-Pinou ; c'est l'église paroissiale de Saint-Etienne, qui fait suite, de l'autre côté de cette rue, aux bâtiments du monastère ; plus loin, celle de Notre-Dame, le plus ancien sanctuaire de la ville. Vers l'extrémité sud-ouest, la maison commune, au-delà de laquelle on peut apercevoir la salle épiscopale. Notons encore quelques hôtels particuliers de seigneurs des environs. Au xvᵉ siècle, celui de Guillaume Daniel, chevalier, est mentionné par plusieurs documents (6).

Au devant de l'église de Notre-Dame, s'élève une rangée de grands ormeaux. De là le nom de Notre-Dame-de-sous-les-Arbres, sous lequel on désigne communément l'antique sanctuaire.

C'est sous un de ces ormeaux, probablement sous le plus rapproché du porche, que siègent les consuls, pour juger les causes criminelles et les menues contraventions de police. Ces audiences en plein air, tenues en présence du peuple convoqué par les crieurs publics, sont fréquemment mentionnées et décrites au xiiiᵉ siècle.

Certaines sentences rendues par les consuls sous l'orme de

(1) In platea de Nobiliaco... in platea publica (Arch. dép. Chapitre, liasses non cotées). In platea communi, coram stallis ubi venduntur carnes (Dép. de Pierre Jouaus en 1288, aux rouleaux d'enquête, liasse 2440, Evêché).

(2) Stalla ubi vendentur carnes (Arch. dép. Evêché, liasse 2440).

(3) Carreria de inter las Estagias, 1449 (Arch. dép. Chapitre, Registre du Célérier).

(4) Domum vulgariter nuncupatam de l'Acgla (Chapitre, liasses non cotées).

(5) De dicta rua de inter Estatgias ad hospicium domine de Laronte, 1426 (Chapitre, *ibidem*).

(6) En 1433 notamment et en 1437 (Chapitre, liasses non cotées).

Notre-Dame étaient exécutées séance tenante et sur la place même. On y livrait aux flammes les marchandises de mauvaise qualité. Nous voyons les magistrats de police y faire brûler des porcs ladres et des étoffes mal conditionnées.

Sur cette même place se tenait le marché aux grains. On y remarquait les mesures de pierre qui servaient pour les ventes publiques et auxquelles devaient être appatronées toutes les mesures employées par les particuliers.

Il est parlé, vers le milieu du xviiie siècle, dans un terrier appartenant à M. le baron de Vernon et dans plusieurs actes des anciennes minutes de l'étude de M. Bachet, de l'endroit où « estoit ci-devant la pierre Sabottière », près de l'entrée des halles (1). Nous croyons qu'il est question ici non des bancs charniers du moyen âge, mais des halles plus modernes qui existaient sur la place Noblat, à l'entrée de la rue Bouzou. La *pierre Sabottière* servait probablement aux étalages des marchands de sabots ou peut-être devait-elle ce nom à sa forme.

Le Marché-aux-Porcs n'est pas éloigné de la grande place, avec laquelle la rue des Etages et la rue Saint-Etienne le mettent en communication; cette communication est attestée dès 1353 par un titre qui mentionne une voie aboutissant d'une part à l'église de Notre-Dame et de l'autre à ce marché (2). Celui-ci occupait, assure-t-on, les terrains actuels de la place Noblat. On trouve, en 1748, cette mention qui confirme la tradition : « Rue Champlepot, *alias* du Marché aux Porcs » (3). La rue Champlepot débouche en effet sur cette place.

La place Noblat occupe les terrains de l'ancien Marché-aux-Vaches, affecté à cet usage dès le xiiie siècle (4). Vers 1260, l'évêque voulut faire élever un gibet sur cette place pour affirmer son autorité de justicier. La seule nouvelle de cette entreprise occasionna une émeute dont nous parlerons plus loin.

Les rues les plus commerçantes partaient de l'une de ces places pour aboutir aux portes. C'était d'abord la rue Aumônière, jadis

(1) Note due à l'obligeance de M. Champeval.

(2) In carreria que est inter carreriam de Foro Porcorum et ecclesiam Beate Marie, 1354; carreria de Foro Porcorum, 1355 (Chapitre, liasse 2634 et 2635), ou Marchat ou Porcs (Reg. de famille des Massiot).

(3) Arch. Haute-Vienne, fonds du Chapitre.

(4) In Mercato Vaccarum (Evêché, 2440); carreria de Foro Vaccarum, in territorio de Foro Vaccarum, 1449 (Célérier). Merchat a Las Vachas (Reg. Massiot).

la principale avenue de Saint-Léonard et la voie la plus longue
de toute la ville. Elle commençait au Marché-aux-Porcs
(place du Marché). D'après un texte de 1471, dont nous devons la
communication à M. Champeval, la rue Aumônière aurait été
autrefois appelée rue de la Conje (1) ; mais, d'autres actes du xv^e
siècle, il résulte que cette rue de *la Conja* était celle qui passait
devant la porte du Moustier — *Monasterii*, — conduisant d'une part
à la salle épiscopale et se dirigeant de l'autre vers la porte de la
Conja ou Aumônière (2) ; ce serait donc la rue de la Mairie avec
son ancien prolongement sur la place commune. Et on s'explique
aisément que la partie de la rue Aumônière où débouchait
la rue de la Conje ait été appelée indifféremment rue de la Conje
ou rue Aumônière.

Nous verrons plus loin que ce nom de *Conja* est un nom de
personne. Il a été notamment porté par la femme d'Audoin de
Noblat, qui vivait vers le milieu du xiie siècle. De là probablement l'origine de la dénomination donnée à la rue dont nous
nous occupons.

La rue *de la Conja*, mentionnée au milieu du xve siècle, est
encore désignée vers 1650 à d'anciens registres où elle est appelée
« rue de la Conje » (3) ; mais les textes qui fournissent cette mention ne la font accompagner d'aucune confrontation qui permette de préciser l'emplacement exact de la rue et ses aboutis-
sants.

L'hôpital était le seul édifice qui, dans la rue Aumônière, pût
attirer les regards du passant. Nous en parlerons plus loin.

La rue de Malpartus ou de Maupertuis (4), que nous trouvons
mentionnée aux documents du xiiie siècle, était fort rapprochée
des remparts, puisque le mur des fortifications est indiqué, en
1477, comme confrontant à une maison de cette rue (5). En 1500,
une note semble identifier la rue de Maupertuis et la rue Aumônière (6). Ne faudrait-il pas conclure de là ou bien que la rue de
Maupertuis est la même que la rue de la Conje, ou bien qu'on a

---

(1) In carreria de la Conja sive de Loumosnieyra, 1471.

(2) Ruam publicam tendens ab una parte a portale monasterii versus
aulam episcopalem et ab alia versus portam de La Conja (Arch. Chapitre).

(3) Renseignements dus à l'obligeance de M. Champeval.

(4) Rua de Malo Pertusio (Evêché) ; carreria de Malpartus, 1449 (Reg.
Célérier) ; rua de Malpartut, 1475 (Reg. Massiot).

(5) Inter... ruam de Malpartus... et murum fortalicii hujus ville (fonds
du Chapitre, renseignement dû à M. Champeval).

(6) Rua de Malpartus..., sive de Loumosnieyra (rens. Champeval).

donné ce nom au tronçon de la rue Aumônière le plus voisin de
la porte ?

Toutefois un texte de 1490 donne à penser que la rue de Maupertuis n'était qu'une ruelle longeant les remparts à l'intérieur
et débouchant dans la rue Aumônière, auprès de la porte (1); il
est possible que ce nom ait été appliqué au chemin de ronde qui
mettait en communication la porte Aumônière et la porte Font-
Pinou. Quoi qu'il en soit, on verra plus loin que la porte de
Maupertuis ne saurait être identifiée avec la porte Aumônière.

La rue Fontpinou (2), qui aboutissait à la porte du même nom,
commençait au carrefour « à la Bel-Arbre » appelé aussi « rue à la
Bel-Arbre (3). » Ce carrefour se trouvait probablement sur la partie
Est de la place Denis Dussoubs actuelle (autrefois place de
l'Abbaye), au débouché de la rue des Ecoudières. Il communi-
quait dès lors, par un passage ou un tronçon de rue séparant les
églises de Saint-Léonard et de Saint-Étienne, avec la grande
place. Les murs du monastère confrontaient au carrefour
Bel-Arbre, et la rue Font-Pinou, après avoir longé ces constructions et passé derrière l'abside de la grande église, se dirigeait
presque en ligne droite vers le midi. La rue de Font-Pinou, ou
tout au moins la partie la plus voisine du rempart, est désignée,
au xv° siècle, sous la dénomination de rue « le long du Mur » (4).
Peut-être ce nom s'applique-t-il au tronçon du chemin de ronde
intérieur qui débouchait sur ce point dans la voie principale.

D'après la tradition, qui nous a été confirmée à la mairie
de Saint-Léonard, la rue de la Poste, qui va de la place
Denis Dussoubs (de l'Abbaye) à la route de Clermont, parallèlement à la rue des Ecoudières, ne serait autre que l'ancienne rue du Pis, souvent mentionnée dans les textes, dès
le xiii° siècle (5). En 1771 et 1775 cette rue dépend, au moins en
partie, de la paroisse de Saint-Michel (6). L'identification propo-

(1) In rua de Loumosnieyra, sive in rueta de Malpartus, inter menia
ville... (Chapitre).

(2) In carreria de Fonpino, xiii° siècle (arch. Haute-Vienne. Evêché et
Chapitre); in rua de Fon-Pino. 1346 (*ibid.*, Chapitre).

(3) In carreria publica vocata de Fonte-Pino, prope quadruvium Ala-
belarbra, 1370 (Chapitre); in rua deu Queyroy a la Bel-Arbre, et subtus
prioratum, 1420 (*ibid.*)

(4) Rua de Lon lo Mur sive de Fonpino, 1449 (Chapitre, reg. du Célérier).

(5) In rua deu Pys, 1283 (Arch. dép., Chapitre, liasse 124). — Rua deu
Pis (Reg. Massiot).

(6) Registres paroissiaux de Saint-Léonard.

sée par la municipalité nous paraît d'autant plus probable, que la rue du Pis aboutissait à une porte du même nom et que l'existence d'une communication avec le dehors à l'extrémité de la rue de la Poste actuelle est attestée par la direction du faubourg Paradis. Celui-ci forme en effet le prolongement de la rue et son nom semble rappeler la dénomination de l'ancien faubourg. Au dernier siècle on écrivait communément *rue des Pies*.

La rue Bouzou ne devait pas être moins ancienne que la porte du même nom, dont on constate l'existence dès le xiie siècle. Toutefois nous n'avons relevé au xiiie aucune mention de cette rue. Il est parlé en 1340, 1366, 1420, d'une famille du nom de Bozon, et, en 1465, une maison ayant jadis appartenu à Pierre Bozon confronte à la rue qui passe devant le grand portail du monastère (1). Parmi les familles féodales qui possédaient des droits sur le château de Noblat et qui en avaient eu autrefois sur la ville, celle des Royère compte plusieurs Bozon, un entre autres qui vit en 1189. Il y a toute raison d'accepter l'étymologie *rua Bozonis* indiquée par les plus anciens textes relatifs à la porte du même nom. Mais la direction de la rue Bouzou, qui aboutissait au Marché-aux-Vaches, pouvait suggérer l'idée d'une autre étymologie, plus triviale sans doute, mais fort rationnelle.

Il y a une vingtaine d'années, à ce nom de « rue Bouzou » une administration bien élevée a substitué celui de rue Pauvain, en souvenir de l'antique forêt de *Pavum* qui couvrait autrefois tout ce canton.

La rue Banchereau, comme la rue Bouzou, partait du Marché-aux-Vaches; son nom est orthographié très diversement. Nous reviendrons sur son étymologie en parlant de la porte à laquelle elle conduisait.

La rue de Champmain (2) aboutissait d'un côté à la porte du même nom, de l'autre au Marché-aux-Porcs (place du Marché). Elle n'est pas mentionnée au cours du procès entre l'évêque et la commune; mais on ne saurait douter qu'elle existât déjà à cette époque. On y trouve, en 1452, l'hôtellerie de la Couronne (3).

Bien que la porte de Champlepot fût très rapprochée de la porte de Champmain, la rue qui y aboutissait et qui s'embranchait dans la rue Aumônière, près de la place du Marché-aux-Porcs,

(1) In rua publica, ante magnum portale monasterii, inter domum que fuit antiquitus Petri Bosonis (Chapitre).

(2) Rua de Campo Magno, 1449 (Reg. Célérier). — Rua de Champmaing (*idem*); rua de Champmainht, de Champmanht (Reg. Massiot).

(3) Note Champeval.

n'en était pas moins une des plus fréquentées de la ville. Elle est appelée indifféremment Champlepot (1), Chatlepa et Chaplepa (2).

Parmi les voies secondaires, une de celles dont on relève le plus souvent le nom dans les liasses de nos archives est la rue des Ecoudières. Partant du carrefour A la Belarbre, derrière le monastère, elle se dirigeait presque parallèlement à la rue du Pis, et s'arrêtait sans doute autrefois au chemin de ronde ; car il ne paraît pas qu'il ait existé d'ancienne date une porte à son extrémité. Elle était connue aussi sous le nom de rue du Tourfour, ou du Four-Anglaret (3). On la trouve encore nommée rue de Tourfoux en 1601 et en 1747 (4).

La rue Notre-Dame, qui existe encore, et qui, partant de l'église de ce nom, allait déboucher dans la rue Aumônière, est appelée tantôt *rue de Notre-Dame-de-sous-les-Arbres* ou *rue de Sous-la-Chapelle-de-Notre-Dame-sous-l'Arbre*, tantôt simplement *rue de Sous-les-Arbres* (5) On la trouve mentionnée dès le XIVe siècle, et elle existe selon toute apparence au siècle précédent. Il semble que la rue actuelle de la Halle, qui venait du Marché aux Porcs et aboutissait à la même église ait été aussi appelée quelquefois rue Notre-Dame. Peut-être cette rue était-elle la voie connue sous le nom de charreyron ou traverse de Notre-Dame ou rue du Condourat ou du Condoureys (6). On nous assure toutefois que ce dernier nom s'appliquait à une venelle entre la rue Champmain et la rue Champlepot.

(1) En 1366 (liasse sans numéro du Chapitre).

(2) En 1449 (Reg. Célérier).

(3) Carreria de Las Escudieyras, 1403; carreria vocata de Las Escudieras, 1404 ; de Las Escudieyras, 1411 (liasses non cotées du Chapitre). — Rua du Turfur, sive du Four-Anglaret, vulgo des Ecoudieres (note Champeval).

(4) Reg. paroissiaux et minutes Mabaret-Bachet.

(5) In rua appellata de subtus capellam Beate Marie de subtus arborem, 1390; carreriam Beate Marie, 1449; carreria de Subtus Arborem, 1449; rua sive carreyria Beate Marie de subtus arbores, 1454; rua publica vocata de Nostra Dama de dessoubz les Arbreys, 1500 (liasses du Chapitre et registre du Célérier).

(6) Carreria deu Codora, 1449 (Célérier); in rua sive charreyrono vocato de Nostra Domina, quo itur ab (?) ecclesia Beate Marie de subtus arbores ad ruam de Foro Porcorum, 1452; ruam sive codorsum de Nostra Domina, 1481 (Chapitre); rue de Coudoureys, 1650 (minutes Bachet, note de M. Champeval).

Une des deux rues Notre-Dame s'était appelée rue Thomas Raveau au xvᵉ ou xvɪᵉ siècle (1).

On ne possède pas de mention très ancienne de la rue de la Pialle (de la Paille ?). Nous n'en connaissons point pour notre compte qui soit antérieure à 1650 (2). La rue des Trois-Pigeons, qui tire probablement son nom d'une enseigne, ne paraît pas remonter au moyen âge. Il en est de même de la rue Saint-Eloi et de la rue Saint-Léonard. La rue Nègre ou Noire, dont on rencontre deux ou trois mentions au registre du Célérier (3) vers le milieu du xvᵉ siècle, paraît devoir être identifiée avec la rue actuelle de la Mairie. Peut-être toutefois cette dénomination a-t-elle été donnée à une venelle ou impasse aboutissant à cette dernière.

On trouve la rue des Trois-Pommes ainsi dénommée au xɪvᵉ siècle, et cette appellation n'est vraisemblablement pas nouvelle à cette époque (4). Un grand nombre de pièces nous la fournissent. Dès le temps de saint Louis et de Philippe III, il est parlé dans des pièces du fonds de l'Evêché et du fonds du Chapitre, aux Archives de la Haute-Vienne, d'un Elie et d'un Michel *Tres-Pommes*. Il est vraisemblable que notre rue doit son nom à cette famille. C'est la rue actuelle de la Halle, qui part de la place de la Halle pour aboutir à la place Denis Dussoubs.

La rue de Bernard de Saint-Michel, dont nous trouvons mention à peu près à la même date (5), tire vraisemblablement son nom de celui du propriétaire des terrains ayant servi à l'assiette de cette voie ou même des premières maisons construites sur ces terrains. Précisément, il est parlé, aux pièces du procès de la Commune avec l'évêque, de plusieurs nobles de ce nom, chevaliers ou écuyers.

Nous avons cherché en vain à déterminer la direction de la rue de Leyssay, qu'on trouve mentionnée aux xvᵉ, xvɪᵉ et xvɪɪᵉ siècles (6) ; de la rue du Four-au-Mas ou du Four-du-Mas, que

(1) Rua vocata de Thomas Raveu, sive de Nostra Domina (note Champeval).

(2) Minutes de l'étude Bachet, renseignement fourni par M. Champeval.

(3) In carreria Nigra, inter domum Johannis de Treys, alias Bussier, etc.

(4) In carreria vocata ou Tres Pomas, 1358 (Arch. dép., Chapitre, liasse 5188). In rua vocata ous Tres Pomas (*ibid.* 517). Rua de Tres Pomas, de Treys Pomas, 1449 (Célérier).

(5) Rua vocata Bernardi de Sancto Michaële, 1357 (Chapitre).

(6) Une mention de cette rue, à la date de 1621, nous a été signalée par M. Champeval.

nous avons rencontrée vers 1455 (1); de la rue du Puits-Molinier ou Puits-du-Meunier (2) ; de celle de la Font-à-la-Pierre, nommée en 1284 (3); de celle du Jardin-du-Prieur (4), dont on trouve une mention vers la même époque ; de celle de Las Peyras-Mesuras, qu'on relève aux xviie et xviiie siècles (5) et qui doit nécessairement partir de la grande place, où l'on voyait les mesures de pierre servant à la vente des grains.

On comptait à Saint-Léonard, au xiiie siècle, un certain nombre d'édifices affectés à des services publics et dont les plus importants et les plus beaux étaient, comme partout à cette époque, les bâtiments consacrés au culte.

Il faut mentionner en première ligne la grande église qui, construite à la fin du ixe ou au commencement du xe siècle, avait été rebâtie au cours des xie et xiie siècles. Itier Chabot, évêque de Limoges, dans une charte concédée par lui et revêtue de la signature d'Agnès, comtesse de Poitiers, constitua une dotation aux douze prébendes fondées par ses prédécesseurs et céda aux prébendés le cloître, toutes les dépendances du monastère et le terrain sur lequel on construisait ou réédifiait alors ces bâtiments (6). Cette charte est le premier document certain qu'on possède sur l'histoire du prieuré. On voit figurer parmi les souscriptions celle de Marbode, gardien du sépulcre (7), ce qui semble prouver que dès lors les desservants de l'église de Saint-Léonard avaient la garde des restes du patron du lieu. Il est dit à cette charte que le Moûtier a été fondé en l'honneur de Jésus-Christ, de saint Trophime et de saint Léonard. Parmi les revenus dont il est fait mention à cet acte, relevons « les deniers de la chaîne » — *denarios catenœ* — peut-être analogues à ces offrandes de l'autel de saint Léonard, dont nous avons vu Jean-sans-Terre

(1) Rua de Furno ou Mas. Iter publicum de Furno ou Mas (Célérier). Peut-être est-ce la même que celle du Four-Anglaret ou des Ecoudières.

(2) Carreria deu Potz Molenier. Ante puteüm lo Molenier, 1449 (*ibid.*); rua vocata de Puteo au Molinier, 1469 (Chapitre).

(3) Rua de Fonte a la Peyra (Chapitre).

(4) Carreria vocata de Orto Prioris (*ibid.*). Cette rue devait être peu éloignée de la caserne actuelle de gendarmerie.

(5) M. Champeval nous en a signalé une mention en 1730, dans les registres paroissiaux ou dans les minutes de l'étude Bachet : c'est la plus récente que nous connaissions.

(6) Claustra, et officinas, et terram in qua edificant, conccdimus (Biblioth. nationale, manuscrit latin n° 12747, p. 476).

(7) *Ibid.*, p. 479.

se saisir en 1203. On sait que des chaînes laissées en *ex-voto* par les pélerins étaient appendues jadis au mur de l'église, au-dessus et des deux côtés de la grande porte.

Le collège de clercs chargé de desservir l'église des saints Trophime et Léonard fut soumis à la règle des chanoines de Saint-Augustin par le pape Eugène III (1145-1153). Au xiiie siècle, le titre de chanoine leur est constamment donné. Ils ont un prieur et un sous-prieur. Le bénéfice prioral subsistait encore à la Révolution ; mais la conventualité s'était éteinte depuis longtemps, et aux chanoines réguliers avaient succédé, dès le xvie siècle, des chanoines séculiers.

Les bâtiments réguliers ont disparu depuis longtemps : ils occupaient une partie de la place Denis Dussoubs (ancienne place de l'Abbaye) et s'étendaient derrière l'abside de la grande église, au sud-est surtout, semble-t-il. Le cloître, au xiiie siècle, devait être assez vaste, puisqu'en 1272 les consuls et la commune y prêtèrent le serment de fidélité à Philippe III, roi de France, entre les mains de trois commissaires royaux (1). Vers 1236, ils avaient prêté le même serment à l'évêque Durand d'Orlhac, dans l'église de Saint-Léonard, derrière l'autel (2), probablement sous l'arcade qui supportait les reliques.

La maison du prieur, qui se trouvait en dernier lieu, d'après M. l'abbé Arbellot, tout à côté de l'église Saint-Etienne, au nord de la place Denis Dussoubs, et de l'autre côté de l'ancien passage ou rue qui allait du carrefour A la Belarbre à la place commune, tombait en ruines au commencement du siècle dernier : elle fut reconstruite par le prieur Libéral Jouvenel de Maranzac, nommé au bénéfice en 1712.

Il n'entre pas dans le cadre de cette étude de décrire la belle église de Saint-Léonard, son élégant clocher et son curieux baptistère. Nous nous bornerons à rappeler que le portail du moûtier est souvent mentionné dans les confrontations des xiiie, xive et xve siècles. Il est à peu de distance de la salle épiscopale, et la rue qui conduit à l'hôtel du prélat passe au-devant de ce portail (3). Il s'agit évidemment de la porte ouest, qui est restée la principale entrée de l'édifice et fait face à la rue actuelle de la Mairie.

(1) V. Appendice, A, no 6.
(2) Appendice, C, VII, no 127.
(3) Inter... et portale monasterii, quadam via publica, per quam itur et regreditur ab eodem portale adversus aulam episcopalem, intermedia, 1353 (Chapitre).

La plus ancienne des églises de la ville était Notre-Dame, construction peu importante d'ailleurs, distante de vingt-cinq ou trente mètres de la grande église, et dont l'emplacement, occupé en partie par la place Gay-Lussac, se trouvait à peu près au débouché actuel de la rue Notre-Dame, entre la rue des Etages et la rue de Saint-Léonard. Elle avait été fondée par le patron du lieu lui-même, et avait servi de chapelle aux solitaires qui en furent les premiers habitants. On tenait que là s'était élevé le monastère primitif (1).

Après la mort de saint Léonard, son corps fut inhumé à Notre-Dame, sous l'autel. Il y demeura plusieurs siècles; on le transporta dans la grande église après l'achèvement de cette dernière; mais le tombeau de marbre qui avait couvert les restes du serviteur de Dieu demeura dans le vieux sanctuaire; on l'y voyait encore au xviie siècle. Il était alors placé dans la nef (2).

A cette époque, l'église de Notre-Dame était à peu près abandonnée. Elle avait longtemps été l'objet d'une dévotion toute spéciale. Il y existait plusieurs vicairies et chapelles particulières ; on y voyait notamment « la chappelle, monument et sepulchre » des seigneurs du Muraud. Notre-Dame avait été desservie par quinze (ou quatorze) chanoines ou communalistes et vicaires prébendés (3). Nous avons trouvé en 1283 mention d'une confrérie des prêtres et des clercs séculiers de Noblat (4). Peut-être s'agit-il ici de la communauté de prêtres séculiers ou de chanoines qui desservaient l'antique église.

On n'a aucune description de cet édifice. Nous savons seulement, par de nombreux textes du xiiie siècle, qu'un porche — *porticus* — existait au devant de l'entrée de Notre-Dame.

On voit quelques restes de l'église paroissiale de Saint-Etienne au débouché de la rue dont le nom conserve le souvenir de cet ancien édifice. Le bâtiment, qui paraît avoir eu une certaine importance, s'élevait à très peu de distance de la grande église, au nord, en avant des bâtiments du prieuré, dont il paraît avoir

(1) In qua quidem olim, ut puto, et primitus extitit cœnobium Nobiliacense. (Man. lat. 12,747 de la Bibl. nationale, p. 125, 126, 127.)

(2) Et hactenus asservant Sancti Leonardi tumulum marmoreum, olim subtus altare, modo in navi ecclesiolæ situm (*Ibid.*).

(3) L'abbé Oroux, *Histoire de la vie et du culte de saint Léonard.* Paris, J. Barbou, 1760, p. 38, — et man. latin 12,747, p. 126, 127.

(4) Confratres confratrie Sancte Marie presbiterorum et clericorum secularium Nobiliacensium (Archives départ., Chapitre, liasse 124).

été séparé, ainsi que du Moûtier, par un passage public faisant communiquer le carrefour A la Belarbre avec la grande place.

Saint-Etienne existait dès le xii⁰ siècle et se trouve nommé au Cartulaire d'Aureil (1). La cure était à la présentation du prieur de Saint-Léonard, et le curé avait une place de chanoine.

Il est difficile de dire exactement où se trouvait l'église ou chapelle de Saint-Jean, qui paraît avoir eu aussi, au moins au xiv⁰ siècle (2), le titre de paroisse. Elle était, d'après un texte de cette époque, située près du Moûtier. Peut-on la retrouver dans la chapelle de saint Jean-Baptiste et saint Jean l'Evangéliste « sous les voûtes du prieuré », dont parle l'abbé Nadaud? Cette dernière était une simple vicairie à la nomination du prieur. Le bénéfice avait été autrefois à la présentation des seigneurs de Laron (3). Saint-Jean servit, au xvii⁰ siècle, d'oratoire à la compagnie des pénitents blancs. Il ne serait pas impossible que la chapelle ronde du baptistère, aujourd'hui dédiée à sainte Anne, ait été, dans le principe, placée sous l'invocation de saint Jean.

Deux autres églises, Saint-Michel et Saint-Jérôme, dont la première au moins a été le siège d'une paroisse, sont signalées dans d'anciens titres. Saint-Michel est mentionnée aux xvii⁰ et xviii⁰ siècles. Simple chapelle de la grande église, elle se détachait au sud de la nef, non loin de Saint-Jérôme.

La construction de ce dernier édifice ne remontait pas au-delà du xvii⁰ siècle. C'était une chapelle parallèle à la nef de la grande église, appuyée au mur méridional. Elle a subsisté jusqu'à une époque peu éloignée de nous. La « royale compagnie » des pénitents bleus s'y réunissait. Elle occupait une partie de l'assiette actuelle de la place Saint-Jérôme.

L'église de Champmain, qui existait au xiii⁰ siècle, depuis fort longtemps peut-être, et qui devint, au xvii⁰ siècle, un simple oratoire où la confrérie des pénitents blancs installa d'abord sa « tribune », fut longtemps une église paroissiale. C'est ce qu'atteste le titre de curé — *rector* — donné en 1357 au prêtre chargé de la

(1) In domo Petri Ranulfi, ad caput ecclesie Sancti Stephani.
(2) Capellano seu rectore ecclesie seu capelle Sancti Johannis de Nobiliaco, — Geraldo Forestario, rectore capelle sancti Johannis (Donation de Pascal Phélipot pour des anniversaires, Arch. de la Haute-Vienne, Chapitre de Saint-Léonard). In capella Sancti Johannis prope monasterium dicti loci (Evêché, Reg. *Mea Sancta Maria*, fol. 20).
(3) Oroux, *Vie de saint Léonard*, p. 250.

desservir (1). L'église était placée sous l'invocation de saint Martin ; elle possédait une vicairie de Saint-Georges. Cette cure était à la nomination du prieur de Saint-Léonard. Au xviiie siècle, la paroisse de Champmain n'existait plus et avait été réunie à Saint-Etienne. L'église n'était plus qu'une chapelle sous le vocable de sainte Marie-Madeleine, où les pénitents feuille-morte faisaient leurs exercices. Cette compagnie la fit rebâtir en 1815. C'est aujourd'hui la chapelle du cimetière. L'église de Champmain était distante d'une centaine de mètres seulement des remparts.

Comme la précédente, l'église de Notre-Dame-de-la-Chapelle était hors les murs, mais beaucoup plus éloignée de la ville. Elle fut, dès le moyen âge, la paroisse du château de Noblat. Au xive siècle, cette église avait pour patrons les seigneurs de Laron. Le nom de Gouffier de l'Age au Mont, curé ou prieur de Notre-Dame-de-la-Chapelle, nous est fourni par un document auquel nous avons déjà emprunté un certain nombre d'indications (2). Jadis à la collation du prieur, l'église de La Chapelle n'était plus qu'à sa présentation dès le xviie siècle.

La maison de l'Evêque — *manerium Episcopi* — appelée le plus souvent : la Salle épiscopale — *aula episcopalis* — est, aux xiiie et xive siècles, un des principaux édifices de Saint-Léonard. Elle semble avoir été située près de l'église, sans doute un peu en arrière de la mairie actuelle. La construction pouvait remonter au xie ou xiie siècle. — Comme celle de Saint-Junien, la salle épiscopale de Saint-Léonard sert à la fois au prélat de tribunal, de salle de réception et de festin, et de pied à terre. Ses officiers paraissent aussi y avoir un logement. Il est vraisemblable qu'une pièce y a été ménagée pour servir de chapelle : la Chronique de Maleu nous apprend que Sébrand Chabot fit construire une chapelle dans l'hôtel épiscopal de Saint-Junien et que cette chapelle fut achevée en 1190 (3).

A côté de la salle de l'Evêque se trouvait sa prison, accessoire nécessaire de son tribunal (4).

---

(1) Leonardo Negret, priore seu rectore ecclesie de Campo Magno (Donation de Pascal Phélipot déjà citée).

(2) Golpherio de Agia Monte, capellano seu priore ecclesie Beate Marie de Capella, prope et super castrum Nobiliaci (*Ibid.*)

(3) Chronique de Maleu, publiée par M. l'abbé Arbellot. — *Saint-Junien, Barret*, 1847, p. 61.

(4) In prisione episcopi, juxta aulam episcopalem (Enquêtes du xiiie siècle).

Quelques arcatures élégantes des xiiie et xive siècles, engagées dans le mur d'une maison particulière, presque en face de la principale porte de la grande église, voilà tout ce qui reste de l'ancien hôtel-de-ville de Saint-Léonard. La tradition qui place en cet endroit la maison du Consulat est confirmée par d'anciennes confrontations. Ainsi il résulte de plusieurs textes du xiiie siècle que l'hôtel-de-ville était situé près de l'église et de la salle épiscopale ; or on vient de voir que celle-ci se trouvait, en effet, à quelques mètres de l'emplacement que nous signalons. Il résulte d'un texte de 1449 qu'à cette date le Consulat se trouvait devant l'église du Moûtier et confrontait aux maisons de Pierre Peynaud, ayant appartenu l'une à Joubert Flory, l'autre à Pierre Desmoulins (1). Un autre passage du même document indique que ces divers immeubles étaient sis dans la rue *Nègre* ou rue *Noire* (2). En 1420, les consuls ont vendu à Vincent Fabri une maison ayant appartenu à Jean des Moulins, placée autrefois entre la maison de Léonard Mourinaud et la maison ou grenier ayant, d'ancienne date, appartenu à Jean des Moulins et séparée par la voie publique de la salle épiscopale (3). L'immeuble vendu ne serait-il pas une dépendance de la maison commune ?

Il résulte des témoignages recueillis à la fin du xiiie siècle, au cours des diverses enquêtes, que les bourgeois avaient fait construire, vers 1260, le bâtiment où était alors le siège de l'administration municipale. Il n'est pas impossible que les ogives qu'on voit encore en face du portail de l'église aient appartenu à ce premier hôtel-de-ville.

L'hôpital de Saint-Léonard — *Hospitalis pauperum* — fut, dit-on, fondé en 1191. Legros signale son existence en 1263 ; elle est attestée vers 1250 par divers documents. Il en est fait mention aux anciens Registres de l'Evêché, où on trouve trace d'une

(1) In domibus Petri Peynelli, quarum una fuit Jouberti Flori, et alia Petri de Molendinis, sitis ante monasterium Sancti Leonardi, inter domum Consulatus ex una parte et domum Johannis Bussier (Reg. Célérier).

(2) In carreira Nigra, inter domum Johannis de Treys, alias Bussier, et domos que quondam fuerunt Petri de Molendinis, modo Petri Peynelli. (*Ibid.*)

(3) Domus... que antiquitus fuit Johannis de Molendinis, sita... inter quamdam domum Leonardi Mourinaudi, ex una parte, et aliam domum sive granier que antiquitus fuit dicti Johannis de Molendinis, ex alia, et aulam episcopalem seu domos episcopatus Lemovicensis, quadam rua publica intermedia, ex altera (Chapitre).

enquête ordonnée par le Roi à la fin du xiiie ou au commencement du xive siècle, à l'occasion d'un différend entre l'Evêque et les Consuls (1).

Enfin le registre *Tuæ hodie*, du fonds de l'évêché, aux archives de la Haute-Vienne (2), contient le texte d'une bulle pontificale donnée au profit du prieur de *l'Hôpital des pauvres* de Saint-Léonard contre les collecteurs d'une taille levée par ordre du prince Noir. Peut-être s'agit-il du fouage qui excita un si universel mécontentement et devint la principale cause du soulèvement de tout le pays.

C'est à l'hôpital, désigné sous le nom d'Hôtel-Dieu — *Domus Dei* — qu'au xiiie siècle les magistrats municipaux envoient les denrées saisies par eux au cours de l'inspection des marchés et des boutiques, quand ces denrées ne sont pas malsaines : les pains n'ayant pas la dimension réglementaire, par exemple (3).

Outre l'hospice, il existe, dès une date fort reculée, une maladrerie hors la ville, au bord du ruisseau du Tard. Elle est appelée : tantôt l'*Infirmerie* du Temple, tantôt la *Maladrerie* ou *Maladerie*. De là le nom de *Riou las Infermas* (pour *Infirmas*) donné au Tard, et de *Fontaine des Infirmes* et *Beure* ou *Boire des Malades*, qu'on rencontre souvent du xiie au xviiie siècle (4). On trouve aussi mention du Cimetière des Malades en 1692. Outre les cimetières des églises, il existait, dès le moyen âge, un champ de repos important à Champmain (5).

Nous n'avons pas parlé ci-dessus de l'église ou chapelle de Saint-Martial au Pont de Noblat, où se réunirent, au commencement du xviie siècle, les membres de la compagnie des Pénitents Feuille-Morte avant d'installer à Champmain leur oratoire. Nous ne connaissons aucune mention de cette chapelle antérieure à 1500.

Pour la même raison, nous n'avions à parler ni du couvent des Récollets, fondé près et hors la porte Aumônière (maison Jullien) en 1594, ni des Filles-de-Notre-Dame, établies en 1652 au sud de

---

(1) Littera qua Rex mandat certis commissariis quod inquirant de jure quod Consules Nobiliacenses se dicebant habere in domo hospitalis Nobiliacensis, et de explectatione quam fecit eisdem Episcopus Lemovicensis, qui in dicto hospitali intruserunt quemdam nomine Marcialem, et inquirant veritatem et inquestam remictant partibus (*O Domina*, f. 88 v°).

(2) Fol. 64 r°.

(3) Appendice C, VI, n° 113.

(4) Minutes Bachet et Registres paroissiaux.

(5) Note de M. Champeval.

l'église de Saint-Léonard, sur l'emplacement actuel de la gendarmerie.

La construction de la première enceinte fortifiée de Saint-Léonard paraît remonter, comme on le verra plus loin, au règne de Richard Cœur-de-Lion. Tout au moins nos *Annales* rapportent-elles que le duc d'Aquitaine, délivré de sa prison, se rendit en pèlerinage au tombeau du patron de Noblat, fit restaurer l'église, construire des portes fortifiées et « clore » la ville. Ces murailles furent réparées à plusieurs reprises, notamment à la fin du xive et vers le milieu du xve siècle. En 1382, Charles VI autorisa les consuls à percevoir, pendant deux ans, une aide pour faire face aux dépenses de ces réparations (1).

Les remparts ne comptaient pas moins de six entrées au xiiie siècle ; c'étaient les portes Aumônière, Font-Pinou, Bouzou, Banchereau, Champmain et Champlepot. Il n'est pas absolument démontré, toutefois, que la porte du Pis, mentionnée au milieu du xive siècle, n'existait pas soixante ou quatre-vingts ans auparavant : ce qui porterait à sept le nombre des entrées de la ville. Il faudrait peut-être y ajouter la poterne Maupertuis.

La plus importante de ces portes, qui s'ouvraient probablement toutes sous une tour, était la porte Aumônière. On comprend aisément que dès l'origine il en ait été ainsi ; elle se trouvait construite en face du château de Noblat, au point même où aboutissait le *Pavé*, principale avenue de la ville, qui partait du pont et où venaient déboucher tous les chemins qui mettaient Saint-Léonard en communication tant avec la rive gauche de la Vienne qu'avec une partie des territoires de la rive droite : ceux de Limoges notamment, de Pierrebuffière, de Châteauneuf et d'Eymoutiers.

La porte Aumônière (2) devait-elle son nom aux distributions charitables des religieux ou à l'établissement d'une de ces anciennes aumônes municipales que le chroniqueur de Vigeois assure avoir été fondées vers le temps de la première Croisade? Bien que la commune paraisse n'avoir été constituée qu'à la fin du xiie siècle, nous serions assez porté, surtout à cause de la proximité de l'hôpital, à admettre la seconde hypothèse. Ce qui tendrait à la confirmer, c'est qu'il existe, au xve siècle, à Saint-

____

(1) *Ordonnances des Rois de France*, t. XII, p. 126.

(2) Porta de Elemosina, Elemosinaria, porta de Lamoniera (procéd. xiiie siècle), porta de l'Oumosnicyra, 1449 (Reg. du Célérier) ; l'Oumonieyro, tiran a la dicha porta (Reg. Massiot).

Léonard, une confrérie dite *des Aumônes du Consulat*, et que les revenus de l'œuvre sont administrés par les magistrats municipaux (1).

Nous verrons plus loin que, le plus souvent, l'exécution des peines corporelles prononcées par les consuls, l'amputation des membres en particulier, avait lieu à la porte Aumônière.

C'était aussi très généralement à cette porte que les consuls conduisaient les criminels condamnés au bannissement et leur signifiaient la défense de rentrer jamais dans la ville.

On a vu plus haut que la rue Aumônière, ou une ruelle adjacente, portait le nom de rue de Malpartus, ou de Maupertuis. Un portail ainsi appelé se trouve souvent mentionné dans les procédures du xiiiᵉ siècle (2). On ne peut guère identifier cette porte avec la porte Aumônière, car on voit en 1307 les officiers du pariage aller frapper à la porte Maupertuis après qu'on leur a refusé l'entrée de la porte Aumônière (3). Ce n'est pas une simple arcade ouverte, car là a été établie la principale prison des consuls (4) et il en est souvent question dans les enquêtes ; celles-ci nous apprennent que le portail de Maupertuis a été réédifié par les chefs de la commune vers 1240 (5).

Il faut en conclure peut-être que Maupertuis était une poterne fort rapprochée de la porte Aumônière.

Nous n'avons trouvé nulle part de mention relative au faubourg de la porte Aumônière ; mais il n'est pas douteux que des maisons fussent construites, dès une époque fort ancienne, des deux côtés du Pavé.

La porte Font-Pinou servait, comme Maupertuis, de prison communale. Elle est également mentionnée au temps de Philippe III et de Philippe IV (6). Un faubourg s'était construit dans le prolongement de la rue qui y conduisait. Son nom

(1) Memorie sero quod Vⁿ argent une veys paiade, que monsenhuer Giraud Massioth... avio donat a Las Oumosnas de Consolat en son testament, que yeu, Johan Massioth, las ay paiadas... Sero memorie de en aveir quixtance de Consolat, 1475 (Reg. Massiot).

(2) Portale de Malo-Pertusio, de Malpartus, de Malpartut.

(3) LEYMARIE, *Bourgeoisie*, t. II, p. 279.

(4) Prissio de Malo Pertusio est iu muris (Evêché, 2440).

(5) Et sunt quinquaginta anni quod vidit refici per consules portale murorum quod vocatur portale de Malo Pertusio (Témoignage de Pierre Tutonis, 1288).

(6) In prisione consulum, in portalicio de Fonte-Pino (dép. de Jean Dubois, prêtre, 1288); — Porta de Fonpino, 1449 (Rég. Célérier).

est tiré du voisinage d'une fontaine située hors des murs, qui existe encore et qui alimente le lavoir établi à gauche de l'arrivée actuelle de Limoges.

Un titre de 1357 mentionne la porte du Pis (1), qui était selon toute vraisemblance construite à peu près à l'endroit où débouche la rue de la Poste, sur la route de Clermont. Il est parlé en 1315, 1340, 1357 et 1449 du faubourg qui avoisinait cette porte (2) et qu'on trouve encore en 1756 avec la dénomination de faubourg des Pis (3). C'est aujourd'hui le faubourg Paradis.

La porte Bouzou existe certainement au xiie siècle et doit être, par conséquent, une des plus anciennes de la ville. Les cartulaires d'Aureil et de L'Artige la signalent et l'appellent porte de Boson (4), indiquant ainsi une étymologie qu'il faut bien adopter, mais sans grand espoir d'éclaircir l'origine historique de ce nom. Toutefois nous avons dit plus haut que parmi les membres de la famille de Royère, qui habita le château de Noblat et posséda certains droits sur la ville, on note l'existence d'un Bozon en 1189, c'est-à-dire vers l'époque même où Richard Cœur-de-Lion fait construire les fortifications.

Au xiiie siècle et aux siècles suivants, les mentions de la Porte Bouzou ne sont pas rares (5), non plus que celles du faubourg qui s'étend au-delà. (6).

La porte Bauchereau est souvent désignée à d'anciens titres ; mais quelle est la forme régulière de ce mot et sa véritable orthographe ? On trouve, dans le dernier quart du xiiie siècle, Bancheriau, Bancherau et Bancherain (dép. Léonard Goudelli), Blancherain (Jean du Bois). On ne relève pas moins de variantes dans la dénomination du faubourg qui s'étend aux abords de cette porte. Il est appelé Boucheriau et Bocheriau en 1288 (7), Banchareu et Banchoreu plus tard. Ce nom ne conserve-t-il pas le souvenir d'une ancienne boucherie ou d'abattoirs ? On peut le supposer, la rue sur laquelle ouvrait cette porte menant directement au Marché-aux-Vaches.

(1) Prope portam dou Pis et juxta fossatum dou Pis (Chapitre).

(2) Liasses Chapitre et reg. Célérier.

(3) A un terrier de M. le baron de Vernon. Note de M. Champeval.

(4) Extra portam de Noallac que dicitur porta Bozonis (cartul. d'Aureil, fol. 11). Ad portam Bozonis (cart. de L'Artige, fol. 27).

(5) Porta de Bousou (dép. de Martin Le Tourneur, 1288); ante portam de Bozo (Reg. Célérier).

(6) In barrio de Bouzo, in vico de Bouzo, in vico de Bouzon (dép. de Pierre d'Arfeuille et autres); in barrio de Bozo, 1315 et 1325 (Chapitre).

(7) In vico vocato au Boucheriau.

Dans tous les cas, il faut noter qu'en 1449 le faubourg de Ban-chereau ou une section de ce faubourg est appelé de « Vieille-Vialle » (1). Vialle est un mot d'un emploi très fréquent dans notre région et qui signifie Vallée.

Est-ce au même faubourg que se rapporte une mention des « Barris de Vieille Selle » au xive siècle (2)? Ce serait dans ce cas une mauvaise lecture ou une forme corrompue.

Une ancienne lièvc de l'hôpital signale en 1751 la Croix Saint-Thibaut au faubourg Banchereau. On sait qu'autrefois des croix étaient plantées à l'extrémité des faubourgs; elles indiquaient les limites de certaines juridictions et spécialement des circons-criptions paroissiales. C'est dans ce sens qu'on doit entendre l'expression *intra cruces* qu'on rencontre si souvent dans des pièces émanant de l'autorité ecclésiastique.

On observe encore, à l'extrémité de la rue de Champmain, un massif de maçonnerie épaulant solidement une maison et marquant l'emplacement de l'antique porte de Champmain (3). Elle s'ouvrait en face de ce plateau où, à la fin du xe ou du xie siècle, les personnes atteintes du mal des Ardents s'étaient réunies et furent guéries par l'intercession de saint Léonard, dont les reliques avaient été transportées en procession au sommet du plateau.

Nous verrons plus loin que les consuls rendirent parfois la justice sous le portail de Champmain. L'évêque ne put nier que des assemblées de ville ne s'y fussent tenues.

Mentionnée au xiiie siècle, la porte Champlepot, appelée à cette époque Chaplepa (4), est dénommée en 1480 et en 1485 *Porta de Challepa* (5). La rue qui aboutit à cette porte, venant du marché aux porcs, a le même nom, orthographié Chatlepa en 1366 (6) et Chaplepa en 1449 (7). Le faubourg est appelé de Challepa et de Chaplepa au xive siècle. Il y existe une fontaine, et à l'extrémité sans doute, s'élève une croix connue sous le nom de La Croix au Comte (8).

(1) In barrio de Banchareu, nuncupato *de Vielhe Vialo* (Célérier).

(2) In loco qui dicitur *aus barris de Vielle Selle* (Chapitre).

(3) Porta de Campo Magno (dép. Léonard Goudelli, 1288); — Portale quod dicitur Campus Magnus (dép. Pierre Tutonis).

(4) Enquête de 1288.

(5) Reg. Massiot et arch. Chapitre.

(6) Chapitre.

(7) Célérier.

(8) In barrio de Chaplepa, inter iter publicum per quod itur de fonte de Chalepa ad crucem ou Conte, xive siècle (Chapitre, liasses non cotées), in barrio vocatur de Challepa, 1367 (Arch. familles, liasses non cotées).

Où était placée la porte de Leyssay, dont il est parlé en 1449 au registre du Célérier ? Nous l'ignorons absolument, mais nous avons quelque raison de penser que ce nom désigne une des portes énumérées plus haut. Le registre en question mentionne en 1449 le carrefour de Leyssay et la rue de Leyssay, près le mur de la ville. Peut-être faut-il voir dans ce mot la corruption d'un nom que nous avons relevé dans la déposition de Pierre de Rocamadour en 1288 (1), et que nous croyions avoir mal lu.

Tout ce qu'on peut affirmer, c'est que la porte de Leyssay n'était pas la même que la porte Aumônière (2). Un document de 1490 permettrait de l'identifier avec une des portes voisines de cette dernière : peut-être Font-Pinou.

III. — LES SEIGNEURS DE NOBLAT : L'ÉVÊQUE DE LIMOGES ; LES NOBLAT, LES BRUN, LES VIGIER, LES ROYÈRE, LES MARCHÈS.

On a vu plus haut (3) les évêques de Limoges soutenir, pendant un demi-siècle, une lutte à peine interrompue contre les rois d'Angleterre, ducs d'Aquitaine ; durant cette période si agitée, ils furent constamment les appuis les plus fermes du parti français dans la province, et celui-ci trouva en eux ses chefs les mieux obéis. Les successeurs de saint Martial, il faut le rappeler, n'étaient ni des adversaires sans importance ni des alliés à dédaigner. On chercherait en vain, dans tout l'ancien territoire Lémovice, un baron aussi riche et aussi influent que le fut, aux xi⁰ et xii⁰ siècles, le prélat placé à la tête du diocèse. Maître, sur une étendue de vingt-cinq lieues, du cours de la principale rivière du pays, qu'il tenait par les villes échelonnées sur toute la traversée actuelle du département de la Haute-Vienne, il était presque nécessairement mêlé à tous les incidents qui pouvaient survenir dans cette région. Ses domaines jetaient, de l'Est à l'Ouest, comme une sorte de petite Marche entre les états des comtes de Charroux, plus tard des Lusignan, et ceux des vicomtes dont les fiefs se partageaient le diocèse au Sud. Il possédait la plupart des villes et bourgs importants du pays : la Cité de Limoges, Brive, Saint-Léonard, Saint-Junien, Eymou-

(1) Portam dictam Lauchasavi *ou* Lanchasavi.
(2) Inter iter tendens de porta de Lousmosnieras ad pontem Nobiliaci et alium de Ponte Nobiliaci ad portale de Leyssay (Chapitre).
(3) Chapitre I, p. 3, 7, etc.

tiers, Alassac, Donzenac, Laurière et bien d'autres. Aucun propriétaire laïque ou ecclésiastique, le vicomte de Limoges lui-même, n'étendait la main sur autant de châteaux. Sans parler du château épiscopal de la Cité et de celui d'Isle qu'il tenait lui-même aux XIIIe et XIVe siècles, nous voyons les La Brosse lui prêter l'hommage pour celui de Boussac ; les comtes de La Marche pour ceux de Laurière et de la Motte de Salagnac ; les Rancon, puis les Valence, pour celui de Rancon ; les Chabanais pour Châteaumorand et Veyrac ; les Nieul, puis les Montrocher pour Nieul ; les de Gain pour la Motte ; les Razès pour leur tour et pour plusieurs petits manoirs ; les Bodoyer pour Compreignac ; les Noblat, les Brun, les Marchès, les Châteauneuf et les Vigier, pour Noblat, Brignac, etc. ; les Ventadour pour Peyroux et autres repaires ; les Beaujeu pour Bellefaye ; les Malemort et les Saint-Michel pour Malemort, Donzenac, etc. ; les Turenne, les Malemort et les consuls de Brive pour cette ville ; les Comborn pour leur château, la châtellenie et la vicomté toute entière ; les Roffignac, les Saint-Aulaire, les Cosnac, les Cornil, les Sainte-Fortunade, les Chanac et vingt autres, pour une multitude de tours ou de manoirs semés dans tout le bas pays.

A quelle époque et comment s'était formée cette puissance féodale ? Nous ne saurions le dire précisément. Née, sans doute, lors de la défaite des Visigoths et de la prise de possession de la contrée par les Francs, elle paraît s'être accrue à la suite de la victoire définitive de Pépin sur Waïffre, dont l'Eglise avait eu fort à se plaindre. Louis-le-Pieux, Charles-le-Chauve durent, à l'imitation de Pépin, se montrer généreux pour les évêques, qui furent toujours sous leur règne des sujets obéissants. Au cours du XIe siècle, plusieurs hommes intelligents et énergiques, appartenant aux plus grandes familles du pays, occupèrent le siège épiscopal. A la mort d'Ebles, fils et frère de ducs d'Aquitaine, on avait vu la crosse de saint Martial remise aux mains d'Hilduin, frère d'Ebles, puis à celles de Gérald, neveu de ses deux prédécesseurs et frère du vicomte de Limoges. A Jourdain de Laron, qui se fit élire et installer malgré les efforts du vicomte de Limoges et la compétition d'un fils de ce dernier, succéda Itier de Châlus, lequel fut remplacé par un autre Laron, Gui I. Tous ces prélats jouèrent un rôle important au cours des événements de ce siècle, et leur autorité politique s'affirma en même temps que se développait et se classait, en quelque sorte, leur état féodal.

Ne faut-il pas attribuer à Jourdain et à Gui, et de préférence au premier, l'acquisition, au siège épiscopal de Limoges, du châ-

── 41 ──

teau de Noblat? Il n'y aurait à cette hypothèse aucune invraisem-
blance. L'abbé Oroux rapporte qu'après le départ des Normands
et à la faveur de la désorganisation générale, les seigneurs de
Laron s'étaient emparés de la justice de Saint-Léonard, et appuie
ce récit sur un texte du Chartrier du prieuré recueilli par
D. Estiennot ; mais le texte auquel il est fait allusion et que nous
citons plus loin n'a trait qu'au monastère ; au surplus cette
usurpation de droits mal exercés, négligés, peut-être même
abandonnés, n'est certainement pas la seule qui dut se produire
à ce moment. — Au x⁰ siècle, le bourg de Saint-Léonard était-
il sous la dépendance du château? On ne saurait l'affirmer.
Peut-être appartenait-il au collège de religieux ou de chanoines
qui avaient succédé aux compagnons du saint ermite et avaient
défriché le canton. Peut-être le château aussi dépendait-il d'eux ;
mais cette dépendance n'existe plus dès le milieu du xi⁰ siècle.
Avant cette époque un lien est formé entre le siège épiscopal et
la forteresse féodale qui a remplacé la maison de chasse des
princes mérovingiens. Une charte reproduisant les clauses de l'accord conclu, vers 1045, entre Guillaume V de Poitiers et l'évêque
de Limoges, l'atteste de la façon la plus précise et dans des termes qui méritent d'être signalés. Guillaume était venu en
Limousin pour apaiser les restes des querelles dont la nomination de Jourdain de Laron avait été le point de départ. L'intervention de la puissance laïque avait joué un grand rôle dans la
désignation du prélat ; on redoutait qu'il n'en fût de même quand
le moment serait arrivé de lui choisir un successeur. Pour
calmer les appréhensions du clergé, le comte de Poitiers consentit
à s'interdire de mettre un évêque sur le siège de Limoges en
dehors de la désignation du Chapitre et sans l'avis des nobles qui
possédaient les tours de Nieul et de Noblat — déjà hommagées au
prélat qui occupait le siège de Limoges, on n'en peut douter. S'il
n'en était pas ainsi, comment expliquer leur intervention à ce
choix ? Il ne s'agit évidemment pas ici d'une simple approbation ;
le mot conseil — *consilium* — employé par le rédacteur du traité
indique suffisamment une participation plus intime et plus
immédiate à la nomination de l'évêque. Il est expliqué qu'Aimeric
de Nieul sera assisté d'un de ses fils : après son décès, ses deux
fils seront appelés à donner leur avis ; de même les deux fils
d'Audoin de Noblat seront consultés. A leur défaut, cette prérogative sera exercée par les chevaliers qui tiendront à ce moment
les tours de Nieul et de Noblat (1). Ces précautions paraissent avoir

(1) *Si Comes Pictavensis in episcopatum Lemovicæ sedis mitterct*

été vaines, comme en témoigne la lettre éplorée qu'adressaient peu d'années après au comte de Poitiers les clercs de Saint-Etienne (1). Ce fut la noblesse du pays qui choisit et imposa Itier de Châlus.

Il ne faut pas oublier que Jourdain de Laron était prévôt ou prieur du Chapitre de Saint-Léonard avant d'être élevé à l'épiscopat (2), et qu'une charte des Archives de la Haute-Vienne le montre, en 1027, donnant, d'accord avec sa mère Adalgarde, l'église de Saint-Denis-des-Murs à l'abbaye de Saint-Martial, en présence de plusieurs nobles, parmi lesquels il faut noter Adémar de Noblat et Bernard Marchès (3).

En 1050, le même évêque donnait au Chapitre de Limoges la tour supérieure de Châteauneuf, le donjon sur lequel elle s'élevait, la forêt de Serre et des droits sur diverses chapelles et terres (4). Il fit sans doute d'autres libéralités à ce chapitre ou au siège épiscopal lui-même. Peut-être est-ce à lui qu'il faut attribuer la constitution du domaine spécial de l'évêque, de la manse épiscopale; celle-ci ne paraît pas avoir été, antérieurement au xie siècle, distincte de la dotation de l'église et du chapitre cathédral.

Hilduin ou Audoin de Noblat, dont les fils sont désignés à l'accord entre le comte de Poitiers et Jourdain de Laron, nous est peu connu. Doit-on y voir le fils ou le frère d'Adémar de Noblat, dont nous avons relevé le nom à la charte de donation de 1027, émanant du même Jourdain et d'Adalgarde ? Nous ne saurions le dire, et le *Nobiliaire de la généralité de Limoges* ne nous fournit pas les documents dont nous aurions besoin pour

---

episcopum, nullo modo esse factum (sic) *sine electione et sine consilio Sancti Stephani canonicorum, et sine consilio Aimirici de Niolio, cum uno filio suo si vibus erit; vel* [si] *mortuus fuerit, cum duobus suis filiis;* — *similiter cum duobus filiis Alduini de Nobiliaco, si vivi erunt; si mortui sunt, cum consilio illorum qui tenent istas turres de Niolio et de Nobiliaco (Gallia Christiana nova, t. II, Instrumenta, col. 172.)*

(1) *Gallia Christ.*, t. II, *Instrum.*, col. 173.

(2) Elegit in episcopatus honore Jordanum, præpositum ecclesiæ Sancti Leonardi, magnæ nobilitatis et simplicitatis virum. (Chron. d'Adémar de Chabannes, *apud* Labbe, *Rerum Aquitan. Scriptores*, t. II, p. 180.)

(3) A. Leroux, E. Molinier et A. Thomas, *Documents historiques concernant principalement la Marche et le Limousin.* — Limoges, Vᵉ Ducourtieux, 1883 et 1885, t. II, p. 14.

(4) *Gall. Christ. nova*, t. II, *Instr.*, col. 179. — Besly, *Histoire des comtes de Poitiers*, p. 364.

établir, avec quelque netteté, la généalogie de cette vieille race féodale. Trois ou quatre lignes seulement sont consacrées aux Noblat dans cet ouvrage, et la plus ancienne mention qu'on y trouve les concernant ne remonte pas au-delà de la fin du xiie siècle.

Les renseignements fournis par diverses pièces de nos archives départementales, — les cartulaires des prieurés d'Aureil et de L'Artige en particulier,— et par quelques recueils de la Bibliothèque nationale, nous permettent de suivre, dès la fin du siècle précédent, la filiation de la famille qui porte le nom du château de Noblat et qui paraît être la plus ancienne des races féodales établies dans la forteresse des bords de la Vienne (1).

A Gaubert ou Gauzbert de Noblat, mari de Pétronille, lequel vit dans les dernières années du xie et dans les premières du xiie siècle (2), succède Hildoin ou Audoin, son fils ; celui-ci, mentionné avec son père (3), paraît avoir eu un frère du nom de Gui. Nous avons déjà trouvé Audoin faisant une donation à la porte de la salle de son château (4). Il est marié à Conja ou Conia (5), dont nous avons retrouvé le nom dans celui donné à une des portes de la ville de Saint-Léonard. De cette union naissent plusieurs enfants : Gui et Audoin (6) notamment. Gui épouse la fille ou la veuve d'un des grands seigneurs du pays, car sa femme Almoïs est appelée « la vicomtesse » (7) dans un acte dont la date doit être cherchée entre 1139 et 1178, puisqu'il est fait sous le règne de Louis VII et l'épiscopat de Gérald du Cher.

Gui eut plusieurs fils, trois au moins, dont l'un porta le nom de Gaucelin et l'autre le même nom que son père (8). C'est le second que nous voyons figurer dans plusieurs textes de la fin du xiie siècle, de 1188, 1192 (9) et 1194 notamment, et à cette dernière date il a pour femme Cama (10). Il n'est pas à cette époque le seul

---

(1) Nous devons une partie de ces renseignements à M. G. de Senneville, qui prépare la publication des deux cartulaires d'Aureil et de L'Artige et auquel nous saisissons cette occasion d'exprimer notre gratitude pour son obligeance.

(2) Gauberlus de Nobiliaco, avant 1100 (Cart. d'Aureil).

(3) Cart. d'Aureil.

(4) Voir ci-dessus p. 18.

(5) Cart. de L'Artige.

(6) Cart. d'Aureil et de L'Artige.

(7) Almois, uxor Guidonis de Noalac, la vescontessa, et filii ejus Guido et alii duo (Cart. de L'Artige, fol. 8, v°.)

(8) Cart. d'Aureil.

(9) Cart. d'Aureil et de L'Artige.

(10) Bibl. nat., manuscrit latin 17118, fol. 324.

maître du château de Noblat : un Raimond de Noblat, fils d'autre
Raimond, figure à des actes de 1189 et 1193 (1). Au père ou au
fils se rapporte sans doute la mention R. *de Nobiliaco* donnée sous
la date de 1174 par le cartulaire de l'Artige. Peut-être Olivier,
cousin de Gui de Noblat, nommé au même document, vers 1188
ou 1190, appartient-il à la même branche. Est-ce le même qu'Olivier, nommé ailleurs oncle de Gui ? (2).

À Audoin ou Hilduin, fils de Gui et d'Almoïs, se rapporte sans
doute une mention intéressante du cartulaire d'Aureil : meur-
trier de Gaucelin de Royère, dans des circonstances que nous ne
connaissons pas, il vient demander aux disciples de saint Gaucher (3) de recevoir un chanoine doté par lui, en expiation de son
forfait et pour le salut de l'âme de sa victime.

Pierre de Noblat, mari d'Emelt, et Guillaume, chanoine
d'Aureil, fils d'Emelt, sont nommés avant 1140 (4). On connaît
un autre Pierre de Noblat, chanoine de Limoges (5). — Notons
encore Gérald de Noblat et Pierre Vigier, son frère, fils d'autre
Pierre Vigier de Noblat (6); Elie de Noblat, frère de Pierre Vigier
(entre 1147-1189) et Elie de Noblat, frère d'Aimeric de Noblat
(même époque), qui figurent à des titres du cartulaire d'Aureil.

Une charte du même recueil, appartenant à la seconde moitié du
xii⁰ siècle, mentionne un chevalier de Noblat du nom de Turpin,
frère d'Adémar Salvaing et époux de Simiria, lequel pourrait
bien appartenir à la même famille. Les parents de ce Turpin
avaient été enterrés dans l'église d'Aureil. Il voulut reposer à
côté d'eux. Son fils Ramnulfe et sa fille Marguerite furent inhu-
més, comme lui, dans le monastère fondé par saint Gaucher (7).
On trouve encore, au cartulaire d'Aureil, un *Urso*, chevalier de
Noblat, vers 1140. On peut se demander s'il appartient aussi à la
même famille.

(1) Cart. d'Aureil et de L'Artige.
(2) Cart. d'Aureil.
(3) Volumus ut sciant fratres nostri, presentes et futuri, quam domnus
Aldoinus Nobiliacensis, venit in Aurelium et intravit capitulum nostrum,
querens misericordiam cum magna devotione pro hoc quod sibi acciderat :
Interfecerat enim Gaucelinum de Roeira, pro anima cujus postulavit ut
faceremus unum canonicum; quam postulationem nos audientes, libenter
quod voluit executi sumus.
(4) Cart. d'Aureil.
(5) Man. lat. 17118, fol. 3.
(6) Cart. d'Aureil.
(7) Quidam miles de Nobiliaco, Turpinus nomine, positus in infirmi-
tate de qua mortuus est, voluit sepeliri Aurelio juxta parentes suos. Filius
ejus Ramnulfus similiter ; filia quoque ejus Margarita.

Quoi qu'il en soit, les Noblat, comme on le verra plus loin, habitèrent jusqu'au xive siècle le château dont ils portaient le nom. Il est fait mention de Jaubert de Noblat en 1220 et en 1226 (1); de Gaubert (sans doute le même que Jaubert) et de Gui en 1234 (2); d'Elie, damoiseau, en 1250 (3) et 1253; d'Elie et Pierre, frères, dans la seconde moitié du xiie siècle (4); d'Olivier en 1295 (5); de Pierre, en 1339 (6). Nous les retrouverons plus loin rétrocédant à l'évêque les fiefs qu'ils tiennent de lui.

Nous avons dit que le *Nobiliaire* se montre fort discret à l'endroit de cette famille. Il nous apprend cependant que Gui *le Grand* de Noblat et sa femme Cosme vivaient en 1196 (7). Nous les avons trouvés plus haut mentionnés l'un et l'autre deux ans avant cette date (8).

Nous sommes très porté à croire qu'il y a identité entre ce Gui et Gui surnommé le Brun — *Guido de Nobiliaco lo Brus,* — nommé à une charte, malheureusement sans date, du cartulaire de L'Artige (9)? Mais nous ne saurions rien affirmer à cet égard; on peut se demander d'autre part si Gui de Noblat le Brun ne serait pas le même que Gui de Noblat de Montbrun, nommé à la date de 1217 dans la chronique de Bernard Itier, moine de Saint-Martial de Limoges (10), et que le *G. Bruni* du cartulaire de L'Artige. Ce dernier a deux fils : Gui et R., — Roger, Robert ou Raimond.

Il n'est pas invraisemblable, au surplus, que les Noblat, les Brun et les Vigier, copossesseurs, dès le commencement du xiie siècle, du château de Noblat, soient trois branches issues d'une seule et même souche. — Le nom de Brun donné à l'une de ces familles, a fait croire à l'auteur du *Nobiliaire* que celle-ci était sortie des comtes de la Marche de la maison de Lusignan (11), dont deux au moins ont porté ce nom. Mais cette hypothèse n'est guère admissible, car à la fin du xiie siècle seulement on trouve ces derniers

(1) Arch. Haute-Vienne, D 1107.
(2) *Ibid.,* D 1114.
(3) *Ibid.,* D 1117 et reg. d'hommages de l'Evêché.
(4) App., C, VII, n° 125.
(5) Arch. Haute-Vienne, D 1067.
(6) Registres d'hommages de l'Evêché.
(7) *Nobiliaire de la généralité de Limoges,* t. III, p. 298.
(8) Page 43 : à ce texte toutefois la femme est appelée Cama.
(9) Fol. 7, recto.
(10) *Chron. de Saint Martial,* publiées par Duplès-Agier, p. 100.
(11) *Nobiliaire,* t. I, p. 257.

seigneurs avec le surnom de Brun ou le Brun, et dès avant 1119,
Aimeric *Bruni* a donné aux religieuses de Fontevrault le territoire
où s'élèvera le monastère de Boubon (1). Un autre Aimeric Brun
fonde le monastère d'Altavaux et construit plus tard le château de
Montbrun ; c'est probablement celui que nomme à une charte
sans date le manuscrit d'Aureil (2). Le même (ou son fils) est tué
en 1214 à Rochefort en Anjou, et Jean-sans-Terre prend diverses
mesures pour la conservation des biens de ce seigneur et tout
spécialement pour la garde de son château de Montbrun. Nous
avons signalé plus haut Gui Brun et ses deux fils (Raimond, Roger ou Robert) et Gui. Nous trouvons Gui Brun, chevalier, en
1229 ; Aimeric Brun, coseigneur de Noblat, en 1234 (3). En
1265, Pierre Brun, damoiseau d'Aixe, beau-frère des Frachet de
Châlucet ; en 1275, Aymeric Brun, damoiseau, seigneur en partie de Montbrun et du château de Noblat (4). Le *Nobiliaire* le mentionne, avec les mêmes titres, sous la date de 1253, et le montre
rendant à cette date le château de Noblat à l'évêque (5). Il s'agit
ici de l'hommage que nous signalerons plus loin. C'est sans doute
cet Aymeric qu'on voit appelé devant le prélat au sujet d'une
querelle avec un de ses coportionnaires du château (6). En 1274,
ce seigneur permet à la vicomtesse de Limoges, Marguerite de
Bourgogne, de mettre garnison dans la tour qu'il tient à Noblat,
et cette garnison, unie à celles d'Aixe et de Châlucet, continue
ses courses et ses déprédations même pendant le séjour du roi
d'Angleterre dans le pays (7). En 1279, la fille d'Aymeric, Ayceline, a hérité de certains au moins des droits que celui-ci possédait dans le château (8) et dont Gaucelin et Elie Brun ont joui
avant lui (9). Gui Brun, qui vit en 1295, 1304 et 1315, porte
encore le titre de seigneur en partie de Noblat (10). Il est fils de
Guillaume et paraît être le dernier de sa famille qui se soit qualifié du château.

(1) Locum Bobun, ex dono Petri de Montefreubo, Ytherii Bernardi et
Aymerici Bruni (Bref de Calixte II, tiré des archives de Marmoutiers, 17 des
calendes d'octobre 1119 : extrait donné par D. Estiennot, man. lat. 12747,
p. 507).

(2) Aimericus Brunus, frater Ugonis deu Mazeu.

(3) Arch. Haute-Vienne, D 1114.

(4) *Id.*, D 990, D 1098, D 1107 ; Solignac, 4598, et liasses non classées.

(5) *Nobiliaire*, t. I, p. 258.

(6) Voir ci-après Appendice, C. VIII, n° 146.

(7) Chronique de P. Coral, ap. *Historiens de France*, t. XXI, p. 783.

(8) Voir ci-après, chap. V.

(9) Appendice, C. VII, n° 125.

(10) *Nobiliaire*, I, p. 258, et Reg. d'hommages de l'Evêché.

Nous avons déjà noté que Gérald de Noblat et Pierre Vigier
sont dits, au xiie siècle, frères et fils de Pierre Vigier de Noblat,
et qu'au même siècle on trouve mention d'Elie de Noblat et
de Pierre Vigier, frères. Le premier des Vigier de Noblat que
nous connaissions est Gérald, qui vit au temps de la première
croisade (1). Peut-être Elie, frère d'Alexandre, n'est-il pas beaucoup moins ancien (2).

Cette famille ou cette branche des Noblat a reçu son nom des
fonctions ou pour mieux dire du fief inférieur dont elle a été investie. Le vigier est le lieutenant du seigneur, celui qui exerce ses
droits ou remplit ses devoirs à sa place; c'est surtout l'officier qu'il
délègue pour rendre la justice et auquel il abandonne certains des
revenus et émoluments de cette charge. De là la grande quantité
des familles de ce nom qu'on trouve un peu partout, mais spécialement en Limousin.

Aimeric, Gérald et Elie, fils de Pierre Vigier, que nous avons signalés plus haut, vivent à une date que nous ne pouvons préciser,
probablement vers le milieu du xiie siècle (3). A la même époque vit
aussi Pierre Vigier, frère d'Elie de Noblat (4); il est qualifié d'oncle
de Gaubert et de Raimond (5). Il s'agit sans doute de Gaubert
de Noblat, qui vit dans les dernières années du xiie et les premières du xiiie siècle, et de Raimond, qu'on rencontre en 1187 et
1193 (6). G. Vigeirs et B. Vigers figurent comme témoins à des
actes sans date (7). On trouve Arbert Vigier — *Vicario* — chevalier, nommé en 1212 (8). En 1226 « Marbode Vigier, vigier
de Noblat », est dit père de Gérald et d'Elie (9). Ce Marbode
pourrait bien être le noble du même nom qu'on trouve qualifié de chevalier de Saint-Paul et qui est nommé en 1228,
1241, 1249 (10); ce dernier a un frère du nom d'Elie, mentionné en
1228 et 1241 (11) et qui paraît être différent d'Elie Vigier, damoi-

---

(1) Vers 1096 (cart. d'Aureil).
(2) Charte sans date, au cart. d'Aureil.
(3) Cart. d'Aureil.
(4) *Ibid.*
(5) *Ibid.*
(6) Voir ci-dessus, p. 44 et 45.
(7) Cart. de L'Artige.
(8) Cart. d'Aureil.
(9) Marbodius Vicarius, vigerius de Nobiliaco (Cart. d'Aureil).
(10) Archives de la Haute-Vienne, D 845, D 1127.
(11) *Ibid.*

seau de Châlus ou de Châlucet en 1236 (1). Gérald, fils de Marbode Vigier de Noblat, que nous avons nommé plus haut, est sans doute le Gérald qui vit en 1245 (2) et qui a, en 1253, un fils du même nom que lui (3). Une mention de Gérald Vigier en 1272 (4) a trait sans doute à ce dernier, et c'est lui qu'on rencontre dans plusieurs actes, entre 1260 et 1274 avec le titre de seigneur de Noblat, du château de Noblat (5). Pierre Vigier est dit chevalier de Solignac en 1257 (6). Aymeric Vigier porte la même qualification en 1256 (7) et figure, mais avec le simple titre de chevalier, à un acte intéressant l'abbaye à la date de 1237 (8). Il meurt entre 1256 et 1265. En 1260 on trouve Guillaume Vigier, damoiseau, fils du feu seigneur Vigier, chevalier du château de Limoges (9). Ajoutons qu'en 1256 Almodie Vigier est l'épouse de Faidit de Royère, damoiseau (10), et qu'en 1265 il est parlé de Pierre de Royère, gendre de feu Aimeric Vigier, chevalier (11). On trouve encore Boson Vigier, chevalier de Noblat en 1309 (12). Il semble résulter des actes assez nombreux ayant trait à cette famille et conservés par nos archives, que les Vigier de Noblat, ceux de Limoges, ceux de Solignac et de Châlucet, et ceux de Saint-Paul et du Bost-Viger, sont du même sang et tiennent les uns aux autres de fort près.

Notons que les Brun, comme les Vigier, sont chevaliers du château de Limoges et à certaines dates copossesseurs ou, comme on disait au moyen âge, portionnaires de ceux de Solignac, du Bost-Viger et de Noblat.

Les Marchès, qu'on trouve au xiiie siècle établis dans le château de Noblat, possèdent dès le xie certains droits dans la contrée. Nous avons rencontré en 1027 un Bernard Marchès,

(1) Archives de la Haute-Vienne, fonds de l'abbaye des Allois, liasse 7324 du classement provisoire.
(2) Archives départementales, D 931.
(3) Archives départementales, D 1086.
(4) *Ibid.*, D 651.
(5) Geraldus Vigerii, dominus de Nobiliaco (Arch. dép., D 1054) — Geraldus Vigerii, dominus Castri Nobiliacensis (*Ibid.*, D 1080.)
(6) Archives départementales, Solignac, liasse 6521.
(7) *Ibid.*, Solignac, liasse 4593.
(8) *Ibid.*, Solignac, liasse 7816.
(9) Archives de la Haute-Vienne, Solignac, liasses non cotées.
(10) *Ibid.*, Allois, liasse 7324.
(11) *Ibid.*, Solignac, liasse 4597.
(12) Reg. d'hommages de l'Evêché.

témoin avec Adémar de Noblat à la donation de l'église de Saint-Denis-des-Murs à l'abbaye de Saint-Martial. Moins de cent ans plus tard, le cartulaire d'Aureil nomme un autre Bernard Marchès (1), qui paraît être père d'un Adémar et frère d'un autre (2). Un de ces Adémar est mentionné, dans la suite, avec le titre de chevalier (3). Audoin Marchès figure à plusieurs chartes du xiiᵉ siècle. Le cartulaire de L'Artige nous fait connaître Constantin Marchès, qui vit en 1179, et est dit gendre de Simiria, qui a pris le voile. Le même recueil mentionne à une date un peu postérieure, semble-t-il, Laurent et Constantin Marchès. Aimeric Marchès, chevalier en 1212, Adémar Marchès en 1223, nous sont aussi connus par des documents contemporains.

Vers le milieu du xiiiᵉ siècle, Audoin et Constantin Marchès; en 1339 Aymeric Marchès, sont copossesseurs du château de Noblat (4).

Cette famille, de laquelle le bourg de Châtelus-le-Marcheix paraît tenir son nom, fournit un certain nombre de chanoines à l'église cathédrale de Limoges et à la collégiale de Saint-Léonard. Elle compta aussi parmi ses enfants — et celui-là est le plus célèbre — un chef de routiers du nom d'Aymerigot Marchès.

Les Royère (5), qui paraissent être une branche de la très ancienne souche des Bernard, d'où sont sortis les Bernard de Bré et les Bernard de Jaunhac, comptent aussi au nombre des chevaliers du château de Noblat. Un Hilduin de Royère signe la charte de l'évêque Itier Chabot en faveur du monastère de Saint-Léonard, 1062 (6). A la fin du xiᵉ siècle, Ramnulfe de Royère place successivement ses deux filles, Amélie et Hildegarde au couvent de Bost-las-Mongeas; puis leur mère Belialdis, appelée aussi Blanche, y entre à son tour. Une charte du cartulaire d'Aureil consacre un don d'Amelius et d'Aimeric de Royère, fait devant Pierre de Royère; une autre, une libéralité de Guillaume et Gérald de Royère, frères, en présence d'Amelius de Royère et de Daniel de Royère. En 1100 vivent Gui et Aimeric de Royère. Pierre de Royère compte au xiiᵉ siècle parmi les bienfaiteurs de Soli-

(1) Vers 1100.
(2) Cartulaire de L'Artige.
(3) Archives de la Haute-Vienne, D. 112.
(4) Archives de la Haute-Vienne, fonds de l'Evêché. Registres d'hommages, tome I, — et liasse 2440.
(5) Le nom de Royère est écrit Roeria, Roeira, Royeira, Royieira.
(6) Bibliothèque nationale, man. latin 12747, p. 479.

4

gnac (1); Gui et Bernard, parmi ceux d'Aureil (2) : ces derniers sont mentionnés vers 1140. Boson de Royère, témoin en 1195 à un acte concernant l'abbaye de Solignac (3), est frère de Daniel de Royère et est dit chevalier de Peyrat vers 1189 (4). Il est parlé de Gaucelin et d'Olivier de Royère dans la première moitié du xiiie siècle (5). Le premier est, en 1234, coseigneur de Noblat avec les Brun et les Noblat (6); c'est lui, sans doute, qui a donné sa fille en mariage à Pierre de Jaunhac (7). Gaucelin et Olivier ont un frère du nom de Gui ou Gaucelin. On trouve Gui de Royère et B. de Royère, damoiseaux, frères, nommés à un acte de 1237 (8); ce sont vraisemblablement les mêmes que Gui et Bernard de Royère frères, mentionnés en 1266 (9), et le premier est le G. de Royère, fils de G., dont il est parlé en 1236 (10). Gui de Royère, damoiseau de Châlucet, possède, en 1279, des droits fonciers dans la paroisse de Saint-Hilaire-Bonneval (11). Nous connaissons encore P. de Royère de Châlucet, qui vit en 1224 (12). Pierre de Royère, damoiseau, nommé en 1257 et 1264, époux de Ahélis, fille d'Aimeric Vigier, chevalier de Solignac (13), possède sur le château et la ville de Solignac des droits que ses enfants Boson, Elie, Ahélis et Bernard cèdent à l'abbaye en 1287, au prix de dix mille sols, monnaie de Limoges (14). Faidit de Royère est l'époux d'Almodie Vigier en 1256 (15). Enfin Boson vit en 1287 et 1298 (16). Plusieurs filles de cette maison prennent, aux xiiie et xive siècles, le voile au monastère des Allois. En 1320, Foulques de Royère a des redevances à Noblat (17).

(1) Bibliothèque nationale, man. latin 18363, *passim*.
(2) Cartulaire d'Aureil.
(3) Archives de la Haute-Vienne, Solignac, 6846.
(4) Cartulaire de L'Artige.
(5) Archives de la Haute-Vienne, Terrier de L'Artige.
(6) Archives de la Haute-Vienne, D 1114.
(7) Bibliothèque nationale, man. latin 18363, fol. 24.
(8) Archives de la Haute-Vienne, D 777.
(9) Archives départementales, pièces diverses en dehors des fonds constitués.
(10) Archives départementales, D 777.
(11) Solignac, 5900.
(12) Archives de la Haute-Vienne, fonds de Grandmont, Cartulaire du Châtenet.
(13) *Ibid.* Solignac, liasse 4593.
(14) *Ibid.* Solignac, 3970 et 4592.
(15) *Ibid.* Allois, 7324.
(16) *Ibid.* D. 1126 et Solignac, 5080.
(17) Registres d'hommages de l'Evêché.

Notons enfin que les Châteauneuf et les de La Roche possèdent, eux aussi, au xiiie siècle, sur le château de Noblat et ses
dépendances, des droits qu'ils semblent avoir acquis par des
alliances.

Tous ces nobles personnages, et d'autres dont on trouve plus
rarement les noms, comme cet Adémar Salvains, mentionné au
cartulaire d'Aureil (1), n'avaient pas les mêmes droits sur la
grosse tour de Noblat et ses dépendances : les uns en étaient
vraiment les seigneurs ; les autres n'y possédaient que des fiefs
secondaires, des démembrements de la justice, des redevances.
Ils avaient un logis dans la forteresse et devaient concourir à sa
défense, sous les ordres du seigneur principal ; ils étaient chevaliers de Noblat, comme les Béchade étaient chevaliers de Lastours ;
les Jaunhac, les Tranchelion, les Ponroi, les Meirans, de Pierrebuffière ; les Frachet, les de Monts, les Périgord, de Châlucet.
Ajoutons que la moitié de la vigerie, c'est-à-dire de la juridiction
criminelle et de police et de ses produits : amendes, confiscations
et autres, avait été inféodée à un bourgeois de Saint-Léonard,
Jean Paute, nous ne savons dans quelles circonstances. Nous ne
pouvons dire non plus si ce bourgeois appartenait à la même
souche que la famille noble des Paute, coseigneurs du château
d'Aixe. Outre l'exercice de la justice criminelle et de la police, la
vigerie comportait certains émoluments à raison des actes judiciaires, une part des amendes et la perception de plusieurs redevances ou produits de taxes. C'est ainsi que chaque marchand
boucher devait donner au vigier une tête de bœuf la veille de la
Noël. Aux foires, toute personne qui vendait des cuirs lui devait
un droit, fixé à deux deniers pour les étrangers, à un denier pour
les habitants de Saint-Léonard ; les marchands de sel payaient
aussi, à l'Assomption, une taxe appelée le *Frau* (3). Le guet, pour
lequel une redevance était perçue à la saint Michel, semble
aussi avoir dépendu de la vigerie (3).

(1) Ademarus Salvains, miles de Nobiliaco.
(2) On trouve aussi ce mot dans le cartulaire d'Aureil.
(3) Littera [continens] quod consules Nobiliacenses confessi fuerunt, pro
se et pro communitate ville, [episcopum] habere debere insuper carnifices dicte ville, a quolibet vendente carnes bovis, in vigilia Natalis Domini
quolibet anno, quamdam testam bovis, nomine vigerie, prout est consuetum. Item, super mercatores extraneos vendentes coria in nundinis Sancti
Leonardi in quibuslibet nundinis duos denarios semel, et in habitatoribus ejusdem vendentibus coria in dictis nundinis unum denarium ; pro
Salagio insuper vendentes sal Nobiliaci et extra (?), certos redditus voca-

L'évêque, à la fin du xiiie siècle, avait racheté presque tous les fiefs grevant son château de Noblat; toutefois, il n'était encore rentré en possession que du quart de la grosse tour, et il n'avait le droit de garder la clef que trois mois par an. On voit, en 1293, Elis, veuve d'Aimeric Brun, et Gui, son fils, « comme porcionniers », remettre cette clef au prélat, qui, après le temps voulu, devra la leur rendre (1). On connaît plusieurs accords analogues, aux xiie et xiiie siècles. Rappelons celui dont le prieur de Vigeois fait mention dans sa chronique et qui avait trait à l'occupation de la grande tour de Pierrebuffière. Il fut convenu que Gaucelin de Pierrebuffière la garderait six mois; Gérald Bernard et Itier son fils, trois mois; Séguin de La Porcherie et Gui, fils de Gérald de Lastours, trois mois (2). Tous la tenaient en fief du vicomte de Limoges.

Tous les hôtes du château, sans exception, tenaient de l'évêque de Limoges ce qu'ils y possédaient. Un des chevaliers de Noblat, Constantin Marchès, et le prévôt des seigneurs du château, Elie Panabeus, le déclarent d'une façon aussi explicite que solennelle, au cours des enquêtes de la fin du siècle (3). Aux mêmes enquêtes, Pierre Bernard, sergent du roi de France à Eymoutiers, déclare que Gaucelin et Elie Brun, Elie et Pierre de Noblat frères, ont prêté devant lui hommage au prélat, chacun pour sa part du château et de ses dépendances (4). On voit, en 1253, Aymeric Brun et Elie de Noblat avouer Aymeric de La Serre pour leur seigneur (5). Un peu auparavant, l'évêque Durand appelle devant son tribunal deux des chevaliers de Noblat, « qui ont guerre ensemble », Aymeric Brun et Gaucelin de Royère, les tient en prison et leur impose un accord (6). Constantin Marchès et Audoin Marchès ont prêté, vers le milieu du siècle, l'hommage à

tos *lo Frau* in festo Assumptionis, et plura alia pertinentia ad dictam vigeriam. Item, certos redditus pro *la Gacha* in festo Beati Michaëlis. (Reg. *O Domina*, fol. 87, verso.)

(1) Dominus Lemovicensis recepit clavem turris grosse Castri Nobiliaci et dictam clavem ut porcionarius, per quartam partem anni tenere debet : quo tempore elapso, ipsam clavem prenominaus restituere debet (Reg. *Tuœ hodie*, fol. 3, r°).

(2) Chron. de Vigeois, ap. Labbe, *Bibl. nova manuscriptorum librorum*, t. II, p. 303. — Cet accord paraît avoir été souscrit vers 1130.

(3) Appendice, C. VII, nos 123 et 124.

(4) *Id.*, C. VII, 125.

(5) Arch. Haute-Vienne. Reg. de l'Evêché.

(6) Append , C. VIII, 146.

l'évêque. Entre 1320 et 1340, Aymeric Marchès, Foulques de Royère, les Vigier renouvellent cette solennelle formalité. En 1309, Boson Vigier déclare tenir du prélat ses maisons du château de Noblat. En 1339, Pierre de Noblat reconnaît qu'il tient du même seigneur « la quarte part de la juridiction haute et basse du château. » A la même époque, Aymeric Marchès fait la même déclaration et rend hommage pour « son repaire du château, qui fut de Gui Brun, contigu à la maison du seigneur de Châteauneuf et à celle de feu Boson Vigier, aussi tenue par lui », et encore « pour les trois parties de la grosse tour », pour la maison près l'église, habitée par le curé du dit château, pour sa part de juridiction, etc., etc. (1).

Les prélats qui occupent le siège à ces diverses dates : Durand d'Orlhac, Aimeric de La Serre, Gilbert de Malemort, Raynaud de la Porte, Roger le Fort, ne font grâce à ces chevaliers d'aucune de leurs obligations féodales, d'aucune des formalités traditionnelles et significatives de l'hommage.

C'est à genoux, les mains jointes, le capuchon abattu, sans épée et sans manteau, que prêtent serment de féauté les chevaliers du château de Noblat (2).

Les évêques, au cours des XIIIe et XIVe siècles, rachetèrent la plus grande partie des droits que possédaient dans le château et dans l'étendue de la châtellenie les diverses familles nobles énumérées plus haut. Ils avaient en vue, sans doute, de réunir dans une seule main tous les droits sur la ville de Saint-Léonard. On trouvera plus loin (3) l'énumération de celles de ces acquisitions dont nous avons pu retrouver les traces dans les archives de l'évêché. Les Marchès et les Royère conservèrent toutefois la possession d'une partie au moins des constructions du château bas, et cet état de choses donna lieu, durant le XVe siècle, à des différends sur lesquels nous avons peu de détails.

Ruiné et inhabitable depuis longtemps, le château de Noblat n'en était pas moins encore, au XVIe siècle, l'objet de revendications très vives de la part des représentants des anciens seigneurs. La famille de Royère surtout s'obstinait à disputer à

(1) Voir pour ces dernières indications les registres de l'évêché aux archives de la Haute-Vienne et notamment les Registres d'hommages, t. I, article *Noblat*. -

(2) Sine gladio, capucio et cucuffa, flexis genibus et manibus junctis (Arch. Haute-Vienne, Reg. *O Domina* et *Mea Sancta Maria, passim*).

(3) Voir ci-après, chapitre IX.

l'évêque ses droits sur Noblat. Un arrêt du Parlement, rendu dans les premières années du xviiᵉ siècle, termina ces longues querelles, en décidant que le prélat — c'était alors Henri de la Marthonie — avait seul qualité pour porter le titre de seigneur de Noblat ; aux Royère, représentés par les seigneurs de Brignac, il fut permis de se dire seulement « seigneurs de la maison noble » de Janeau, autrement appelée le petit château de Noblac ». — L'arrêt ajoutait :

« Et pour le regard des vieilles mazures et rochiers sur lesquels estoit baty anciennement le château et forteresse de Noblac, la Cour les déclare appartenir au dit sieur évêque, sauf la part et portion qui appartenoit à feu Marchès, auteur du dit Royère, dans laquelle le dit Royère et ses successeurs ne pourront faire bâtir aucune forteresse au préjudice et émulation du dit Evêque » (1).

Peu après cette sentence, en 1612, nous voyons les Royère faire hommage à l'évêque pour tout ce qu'ils possèdent dans la châtellenie de Noblat.

IV. — LE BOURG DE SAINT-LÉONARD-DE-NOBLAT. — COMMENCEMENTS

DE LA COMMUNE.

L'origine du bourg de Noblat, qu'on appelait aussi Noblat-Saint-Léonard et Saint-Léonard-de-Noblat — *Nobiliacum Sancti Leonardi, Sanctus Leonardus de Nobiliaco* — peut remonter au viiᵉ ou au viiiᵉ siècle. Autour de la petite église où avaient été déposés les restes du saint ermite et des cellules où vivaient les continuateurs des prières et des austérités des premiers anachorètes, des cabanes vinrent se grouper ; peu à peu, elles furent remplacées par des maisons plus vastes et d'une construction plus solide. Le hameau devint un village, puis un bourg actif et industrieux, dont on trouve des mentions à la fin du xiᵉ et au commencement du xiiᵉ siècles (2). La dévotion croissante des peuples pour le

(1) Arch. Haute-Vienne, Registres des hommages de l'Evêché, t. I : *Noblat.*

(2) Intra ipsum burgum Sancti Leonardi (acte entre 1063 et 1114, aux *Documents historiques concernant la Marche et le Limousin*, publiés par MM. A. LEROUX, E. MOLINIER et A. THOMAS, t. II, p. 8). Domos et solares cum uno orto in burgo Sancti Leonardi, 1099 (cart. d'Aureil). In burgo Sancti Leonardi (1ʳᵉ moitié du xiiᵉ siècle, *ibid.*).

patron du lieu, dont les miracles devinrent plus nombreux après le transfèrement de ses restes dans la nouvelle église (1), fit affluer à Noblat la foule des pèlerins. Il en vint de toutes les contrées de l'Europe. — Le commerce de la localité a, dès le xiiie siècle, pris un certain développement. Le travail des métaux et la préparation des cuirs sont dès lors son aliment principal. Ces deux industries, auxquelles il faut joindre la fabrication du papier, qui paraît ne s'être pas établie dans le pays avant le xve siècle, peut-être même avant la fin du siècle suivant, étaient au moment de la Révolution la principale source de la prospérité de la ville. Au xve siècle, des poëliers et des conchers de Normandie viennent s'établir à Saint-Léonard (2), dont les ateliers ont une assez grande renommée dans la région du centre et fournissent, aux xviie et xviiie siècles au moins, des objets de dinanderie : chenets, coffrets, ornements, vases, — fort intéressants. On trouve même dans la petite ville des orfèvres ; il n'y en a pas moins de trois, exerçant à la fois leur profession, dans les premières années du règne de Louis XIV (3).

Jusqu'aux incursions des Normands, les habitants du bourg vécurent sans doute sous l'autorité directe du monastère ; mais celui-ci était placé, semble-t-il, sous la dépendance même temporelle des évêques de Limoges. Les cellules et peut-être aussi la chapelle furent détruites par les pirates ; quand ceux-ci s'éloignèrent, après avoir dévasté tout le pays, ce qui restait de l'établissement religieux de Saint-Léonard, qui avait été abandonné par ses hôtes, et sans doute aussi du village, où étaient rentrés les habitants, tomba aux mains des seigneurs de Laron. Ceux-ci, qui appartenaient à une famille puissante du haut cours de la Vienne et qu'on voit jouer un rôle important dans l'histoire de la contrée, du xe au xiiie siècles, s'approprièrent les redevances jadis payées aux moines. Mais un membre de cette famille, Jourdain, restaura le monastère et se mit lui-même à la tête des cénobites qu'il y réunit. De prieur ou prévôt de Saint-Léonard, Jourdain de Laron devint, en 1029, évêque de Limo-

---

(1) Ea tempestate, Sanctus Leonardus confessor, in Lemovicino, et Sanctus Antoninus... miraculis ceperunt coruscare et undique populi co confluxerunt (LABBE, *Nova Biblioth.*, t. II, p. 179, chronique d'Adémar de Chabannes).

(2) Registre des Massiot, à notre recueil de Livres de Raison.

(3) Archives nationales, Z¹ B, n° 677. — Peut-être faut-il déjà reconnaître un orfèvre dans Pierre Douradre — *Dourador* — consul de Saint-Léonard vers 1260, et nommé aux enquêtes de 1288 (dép. de Pierre Bilhax, tailleur de pierres aux Allois).

ges. Il dota la communauté qu'il avait fait revivre, et, tout en rétablissant le siège épiscopal dans ses anciennes prérogatives, il abandonna aux religieux une partie des droits qu'avaient jadis usurpés les siens. On ajoute même (mais le renseignement est plus sujet à caution) qu'il fut aussi le fondateur de la commune bourgeoise, et que celle-ci tenait de lui les privilèges dont ses consuls étaient investis (1).

Une charte de l'évêque Itier Chabot, portant la signature d'Agnès, comtesse de Poitiers, et dont la date paraît devoir être fixée à l'an 1060, établit d'une manière bien nette que la ville appartenait dès lors au prélat. Celui-ci se sert en effet de l'expression caractéristique : « Un lieu de notre droit, de notre mouvance », en parlant du bourg même de Noblat. Il concède aux chanoines, dans ce bourg, l'emplacement sur lequel ils construisent leur église, leur cloître et les bâtiments accessoires du monastère (2).

Dès cette époque, il n'en faut pas douter, la ville de Saint-Léonard était rattachée à la juridiction du château de Noblat, qui appartenait déjà, on l'a vu plus haut (3), à l'évêque. Ce rattachement ne saurait être contesté. La châtellenie de Noblat, au xiii⁰ siècle, s'étendait à plus d'une lieue autour du fort, et la ville de Saint-Léonard, comme le pont, se trouvait comprise dans ses limites. Dans quelles conditions particulières les droits du justicier s'exerçaient-ils à l'intérieur de la ville et dans les faubourgs? C'est ce que nous examinerons plus loin. Nous nous bornons ici à constater ce fait qui nous paraît bien établi : Saint-Léonard était dans la mouvance de la tour de l'évêque.

On pourrait tirer argument d'un passage du cartulaire d'Aureil (4), pour établir, s'il en était besoin, que, dans les dernières

(1) Dirutum a Danis Nobiliacense cœnobium ad suum accersivere dominium toparchœ Leronienses, sœculis X⁰, XI⁰ et XII⁰ potentissimi, e quibus Jordanus de Leron, præfati cœnobii restaurator et prepositus seu prior fuit ineunte sœculo XI, ac postea electus Lemovicensis episcopus, qui et dominium Nobiliacensis oppidi partim episcopis Lemovicensibus restituit, partim dictis cœnobiis et consulibus attribuit quo ad tenus potiuntur (Bibl. nat. Manuscrit lat. 12747, p. 127).

(2) Quemdam juris nostri locum, nomine Nobiliacum (Man. lat. 12747, p. 474).

(3) V. ci-dessus, p. 41 et 42.

(4) Domnus Gaufredus, Nobiliacensis clericus... domum suam quam habebat apud Nobiliacum, dedit Sancto Johanni... Deinde venit Domnus Umbaldus episcopus ad Sanctum Johannem in Aurel ; et, deprecante Gaufredo, concessit hanc domum Sancto Johanni.

années du xie siècle, l'évêque de Limoges était déjà seigneur de Saint-Léonard. On voit, en effet, à l'occasion du don d'une maison à Noblat fait par un clerc du nom de Geoffroi au monastère, Humbaud, qui gouverna le diocèse de 1087 à 1095, intervenir à la prière du donateur et confirmer cette libéralité. Mais ce texte établit seulement que le prélat est seigneur foncier de la maison cédée aux chanoines d'Aureil; il ne prouve pas que toute la ville de Noblat soit dans sa dépendance.

Les droits de seigneurie du prélat sur la ville paraissent bien établis cent ans plus tard. Tout au moins peut-on constater qu'à cette date il exerce ces droits. Il semble posséder, dès lors, dans l'enceinte même du bourg et au centre de l'agglomération, sa salle, comme à Saint-Junien et dans la cité de Limoges (1). Saint-Léonard est compris au nombre des possessions de Jean de Veyrac que le roi Jean fait séquestrer, et dans une lettre énergique, adressée en 1202 par Innocent III à ce dernier, le pape reproche au duc d'Aquitaine de s'être approprié jusqu'aux offrandes de l'autel du vénéré patron du lieu (2). Un document émanant du roi d'Angleterre lui-même confirme l'existence, à cette époque, des droits de l'évêque de Limoges sur la ville de Noblat : c'est la lettre par laquelle Jean-sans-Terre notifie, le 28 mai 1214, aux prud'hommes de Saint-Léonard, le choix qu'il vient de faire du sénéchal d'Angoulême pour garder et administrer les possessions de Jean de Veyrac, et enjoint à la commune de donner son concours aux baillis institués par le séquestre (3).

Sur l'importance de cette ville au xiie siècle, sur le chiffre de sa population, nous ne possédons que des indications insignifian-

(1) Donation de diverses parties du Mas de Fontloup à L'Artige, vers 1200 : *Hoc factum fuit* en la Sala a l'Ebesque, a Noalac. (A. Leroux, *Documents historiques*, t. I, p. 149). Il y a tout lieu de croire qu'il s'agit ici de la ville et non du château de Noblat.

(2) Lettres d'Innocent III, ap. *Historiens de France*, t. XIX, p. 416. Ces offrandes ne seraient-elles pas les mêmes que les *Deniers de la chaîne*, dont il est parlé plus haut, page 28.

(3) Rex probis hominibus de Sancto Leonardo, salutem. Sciatis quod senescalciam et custodiam dominiorum, dominicorum et terrarum episcopi Limovicensis dilecto et fideli nostro B. de Podio, senescallo Engolismensi, commisimus, tanquam no[bi]s placuerit. Et ideo vobis mandamus quod ei et ballivis suis intendentes sitis et respondentes. Teste me ipso (*Rotuli litterarum patentium in turri Londinensi asservati*, t. I, p. 116).

A la même époque, c'est Aimeric de la Roche — *de Rupe* — qui remplit les fonctions de sénéchal du Limousin pour le roi Jean; Gouffier Tizon est sénéchal du Périgord.

tes. Il résulte toutefois de quelques documents qu'une bourgeoisie riche et commerçante s'y est constituée dès cette époque. Des marchauds de cette ville possèdent déjà des redevances importantes dans les environs et on trouve dans huit ou dix actes du cartulaire de L'Artige, compris entre 1180 et 1220, la mention, en qualité de donateurs ou en qualité de témoins, d'un certain nombre de bourgeois de Saint-Léonard : Guillaume Buschet, Marc, P. et G. Paute, Raimond Daniel, Vincent et Pierre de Trémol.

A quelle époque le bourg fut-il entouré de murs ? Pas avant le XIIe siècle, selon toute vraisemblance. Il résulterait même du texte des *Annales manuscrites de Limoges* que vers 1195 seulement fut construite sa ceinture de remparts. L'annaliste rapporte en effet que « le roy Richard, estant en liberté, par devotion fust à Saint-Leonard, et la, fist ediffier l'esglise, clore et ediffier certains portaux de la ville » (1).

Un passage de la chronique de Vigeois semble toutefois établir que, dès 1183, Saint-Léonard était clos et fortifié. Le moine Geoffroi nous montre en effet, à cette date, les Paillers arrivant devant la ville et demandant qu'on leur en ouvre les portes. Un bourgeois leur crie de l'intérieur de l'enceinte : « Retirez-vous ! Allez à Malemort où vous attend votre dernier festin ! » Furieux d'entendre évoquer le souvenir de la sanglante défaite que leur avait fait subir six ans plus tôt l'évêque Gérald du Cher, les routiers attaquent la ville, y pénètrent et massacrent cent cinquante-trois bourgeois (2).

Il est à présumer que, si la ville n'eût pas été fortifiée, les routiers n'auraient pas attendu d'être insultés pour la traverser et la piller.

Peu d'années après, Noblat fut pris de nouveau par les Brabançons, qui parcouraient le pays depuis la mort de Richard-Cœur-de-Lion. Ils paraissent à ce moment avoir occupé la ville comme le château. Toutefois, la ville fut probablement respectée

---

(1) *Annales manuscrites de Limoges,* pub. par E. Ruben, Achard et P. Ducourtieux. Limoges, Ve Ducourtieux, 1872, p. 174

(2) Apud Nobiliacum vero devenientes, sibi portas postulant aperiri quasi hospitandi gratia. Tunc quidam, de intus exclamans, dixisse fertur ad illos : « Recedite hinc et apud castrum Malamortense festinate, ultimo convivio cœnaturi ». Qui repente, facto impetu, irruunt, irruptioneque peracta in burgo, centum quinquaginta tres homines interimunt ab hora tertia usque ad vesperam illius diei, exceptis vulneratis qui postmodum corruerunt (Chron. de Vigeois, ap. Labbe : *Rerum Aquitanicarum Scriptores,* II, 121).

parce qu'elle était alors dans la main du roi d'Angleterre et sous la garde spéciale de ses officiers.

Nos chroniqueurs ne nous apprennent rien de précis à cet égard. Ils attestent seulement que les routiers s'installèrent dans le château de Noblat, et en firent leur quartier général. L'évêque Jean de Veyrac organisa contre eux une expédition qu'il paraît avoir lui-même dirigée. Il est permis de supposer que l'ambition de reprendre son château et sa ville ne l'enflammait pas moins que le désir de débarrasser la contrée de cette bande de brigands. « Suivi, dit Pierre Coral, des barons, des prélats et du peuple du pays, il assiégea les routiers dans leur repaire, s'en empara et fit un grand carnage de ces bandits. Et par là, ajoute avec quelque orgueil le chroniqueur limousin, fut brisé le *bras* du roi d'Angleterre et la province remise, par la main de son évêque, au pouvoir des Français. Aussi le roi Philippe fit-il écrire dans son registre que jamais il ne céderait à aucun seigneur ses droits sur l'évêque de Limoges et que celui-ci demeurerait toujours son vassal direct » (1).

Il est permis de penser qu'à la suite de cet exploit, les officiers de Jean-sans-Terre abandonnèrent Saint-Léonard et laissèrent Jean de Veyrac en reprendre possession. Au surplus, si l'évêque ne rentra pas dès 1203 dans sa ville, on ne saurait douter que celle-ci ne lui ait été rendue deux ou trois ans plus tard, lors du triomphe du parti français en Limousin. Mais, en 1214, l'arrivée de Jean-sans-Terre à la tête de son armée l'en chassa de nouveau. Le roi d'Angleterre traversa tout le Limousin. Il entra le 23 mars à Saint-Léonard (2). On peut supposer que ses officiers en avaient déjà repris possession et avaient séquestré de nouveau les biens de l'évêque.

Jean de Veyrac s'était vu, pendant les dix années qui venaient de s'écouler, forcé d'user de prudence. Nous avons dit plus haut

(1) Johannes, Lemovicensis episcopus, devicit in prœlio maximam multitudinem Braybansonum qui se in castro Nobiliaci recluserant (Chronique de Maleu, chanoine de Saint-Junien, publ. par l'abbé M. Arbellot. Barret, 1847, p. 63). — Johannes, episcopus Lemovicensis. cum baronibus et prælatis et populo terræ, obsedit Nobiliacum, in quo se incluserant quamplures bascli et ruptarii. Capti et interempti sunt. Et sic brachium Regis Angliœ in Aquitania primo confractum est et per manum episcopi terra ad Francorum dominium est reducta : unde Rex Philippus in registro suo scribi fecit quod de cetero Rex Francorum Lemovicensem episcopum de dominio suo non ejiciet (Chron. de Pierre Coral, ap. *Historiens de France*, t. XVIII, p. 239).

(2) Voir ci-dessus, p. 8.

qu'il ne paraît pas avoir cherché à abuser de sa victoire pour
opprimer les bourgeois de la Cité de Limoges ; il est à croire
qu'il se montra animé des mêmes dispositions à l'égard des
habitants de Saint-Léonard. Là du reste, comme dans la Cité, il
s'était trouvé en présence d'une bourgeoisie nombreuse, ayant
des chefs, de l'argent et des armes, bien déterminée à défendre
derrière ses remparts ses nouveaux privilèges comme ses anciennes libertés, et avec laquelle le prélat fut bien obligé de
compter.

En effet, dès la fin du xiie siècle, Saint-Léonard jouit d'une
organisation municipale des plus complètes et n'a rien à envier à
la capitale de la province. Nous avons vu qu'une tradition en
cours au xviie siècle, faisait remonter à l'évêque Jourdain de
Laron (1023-1051) les privilèges des consuls (1). L'abbé Oroux
assure de son côté que les habitants auraient, dès la fin du xie siècle au moins, possédé une commune et des magistrats municipaux.
Le biographe de l'illustre patron de l'église de Noblat, mentionne,
en effet, une charte du roi Philippe I, datée de 1103, et où il serait
parlé des « droits et privilèges des consuls de la ville » (2). Oroux
ne donne pas le texte du document, qu'il n'a certainement jamais
vu. Les personnes qui lui ont fourni cette indication auront,
sans doute, attribué à Philippe I une des nombreuses lettres
concernant la commune qui émanent de Philippe III et de
Philippe IV.

L'authenticité de la charte de Jourdain est plus douteuse
encore que celle de la charte de Philippe I. Si on n'a jamais
produit aucune confirmation, aucune reconnaissance par les rois
de France des privilèges de nos communes limousines antérieurement à la confiscation du duché d'Aquitaine au préjudice de
Jean-sans-Terre, on ne connaît non plus aucune lettre épiscopale
relative à nos agglomérations bourgeoises jusqu'au traité de 1251
entre l'évêque Aymeric de Serre et la commune de Saint-Junien.

Nous croyons qu'à Saint-Léonard, comme ailleurs, il existait
dès le commencement du xiie siècle, peut-être dès le xie, une
organisation bourgeoise rudimentaire, des assemblées d'habitants et même une magistrature exerçant ses fonctions sous
l'autorité et le patronage de l'évêque. Nous n'en douterions pas
s'il nous était bien démontré que la ville fût dès lors fortifiée.
Mais cette organisation résultant uniquement de la coutume,
était plutôt tolérée que reconnue par le seigneur, et le respect

(1) Voir ci-dessus, p. 56, note 1.
(2) *Histoire de la vie et du culte de Saint-Léonard*, p. 163.

seul de celui-ci pour la tradition garantissait le maintien de cette tolérance. Il est vraisemblable que Saint-Léonard, ville d'origine relativement récente, d'importance secondaire et n'ayant pas joui autrefois du rang de cité et des prérogatives attachées à ce rang, ne possédait pas d'institutions municipales au sens exact de ce mot au moment où le Limousin passa sous l'autorité des Plantagenets par le mariage de l'héritière d'Aquitaine avec Henri, comte d'Anjou.

Les bourgeois de Saint-Léonard reconnaissaient eux-mêmes, à la fin du xiiie siècle, que leur commune ne datait pas de beaucoup plus d'un siècle. C'est des ducs d'Aquitaine de la maison des Plantagenets qu'ils déclaraient tenir leurs libertés.

Sur le premier auteur de cet octroi, ils n'étaient pas, au surplus, absolument d'accord. Nous voyons, par exemple, dans une enquête faite au cours du grand procès entre l'évêque de Limoges et la commune de Saint-Léonard — enquête dont nous aurons désormais à citer à chaque page les indications, — un clerc, Léonard Goudel ou Godeau, maître des écoles de la ville, déclarer qu'il a vu de ses yeux la charte délivrée aux habitants de Saint-Léonard par Henri Plantagenet. Cette charte, à laquelle était appendu le sceau du roi d'Angleterre, portait concession aux bourgeois d'une commune et confirmation de leurs libertés. Henri avait même ajouté, d'après Goudel, à cet octroi, le don d'un étendard où se voyait la figure d'un lion (1); mais d'autres témoins assuraient que Saint-Léonard tenait ses privilèges, non d'Henri, mais de son fils Richard Cœur-de-Lion. L'un d'eux atteste même que son père était présent lors de cette solennelle concession (2).

Il est assez singulier que la commune n'ait pu produire ni la charte d'Henri II, ni celle de Richard (3).

Ce qui est indéniable, c'est que dans les premières années du xiiie siècle, les bourgeois de Saint-Léonard possèdent une organisation municipale et jouissent de libertés assez étendues. Nous avons vu plus haut Jean, roi d'Angleterre, écrire directement en 1214 à leurs prudhommes au sujet de la désignation d'un séquestre pour l'administration et la garde des domaines

(1) Appendice, C. I, n° 1.
(2) *Ibid.*, C. I, n°s 2 et 3.
(3) Notons qu'on trouve mémoire d'Aliénor d'Aquitaine et de Richard Cœur-de-Lion au Nécrologe de Saint-Léonard dont Estiennot nous a conservé des fragments. Mss. lat. 12747, p. 479.

de l'évêque. Son fils Henri III leur notifie, en même temps qu'aux consuls de Limoges, — 16 septembre 1220 — la nomination de Philippe de Uletot aux fonctions de sénéchal de ses états de Poitou et de Gascogne (1). Cette correspondance prouve au moins que la commune était constituée, reconnue du duc d'Aquitaine, et ses chefs considérés comme investis d'un pouvoir régulier et effectif. On ne saurait douter que la disgrâce et l'exil de Jean de Veyrac n'aient été favorables au développement de l'autorité des consuls et des libertés municipales en général. On va constater combien ces dernières ont été larges et juger des conditions dans lesquelles s'exerçait cette autorité.

V. — LES CONSULS : LEUR ÉLECTION, LEURS ATTRIBUTIONS.

L'HÔTEL-DE-VILLE ; LE SERMENT ; LA MILICE.

Vers 1220 ou 1230, date à laquelle nous commençons à nous rendre compte des détails de l'organisation communale à Saint-Léonard, les magistrats municipaux portent déjà le nom de consuls après avoir été, à l'origine, simplement qualifiés de prud'hommes. Cette dénomination de consuls, qui est au surplus celle adoptée par toutes les communes limousines, leur est donnée dès 1224, dans une lettre de Louis VIII (2).

Les chefs de la commune de Noblat sont au nombre de huit. La durée de leur mandat est d'une année. Tous les ans, les magistrats convoquent pour le jour de la Chaire de saint Pierre à Antioche — 22 février, — une assemblée générale des bourgeois dans laquelle les consuls sortant de charge désignent eux-mêmes leurs successeurs, en observant sans doute certaines conditions d'éligibilité et en se conformant à des règles traditionnelles pour la répartition des magistrats entre les différents quartiers de la ville ou entre les divers corps de métiers. Pendant l'élection, les portes de la ville sont fermées, et les clés sont apportées dans

---

(1) Vosque rogamus quatenus, in fide qua nobis tenemini, eidem Philippo, tanquam senescallo nostro, sitis in omnibus quæ ad nos pertinent intendentes et respondentes... Eidem consilium et auxilium quod poteritis, ad honorem nostrum, conservationem et defensionem terræ nostræ, facialis (RYMER : *Fœdera*, etc., t. 1, p. 83 et 84).

(2) Appendice, A, nᵒˢ 2 et 3.

la maison commune. Cela veut dire qu'aucune influence étrangère ne doit peser sur le choix des nouveaux chefs de la ville : il
émanera des seuls habitants. Les bourgeois entendent être entièrement maîtres chez eux pour traiter de leurs affaires, et ils
ne veulent pas qu'on puisse les troubler dans une occupation
aussi grave. Sans doute la milice veille aux remparts durant
la cérémonie.

Les consuls, une fois désignés, étaient sur-le-champ installés
dans leurs nouvelles fonctions. Aucune confirmation, aucun
appel ouvert contre la décision des magistrats sortants. Les nouveaux chefs de la bourgeoisie recevaient aussitôt, soit dans
l'hôtel-de-ville, soit en plein air, devant la maison commune,
le serment solennel de tous leurs concitoyens. Ceux-ci juraient
de garder et défendre les coutumes et libertés de la ville, de
veiller à l'intérêt commun, d'être fidèles aux consuls et de leur
obéir.

Puis les consuls prennent les clés de la ville et les remettent
à des gardiens de leur choix, désignés parmi les bourgeois qui
habitent à proximité de chaque porte (1).

Nous ne trouvons mention d'aucun serment prêté par les
consuls de Saint-Léonard à leur entrée en charge. Il ne nous
paraît pas douteux pourtant qu'ils en prêtassent un en échange,
pour ainsi dire, de celui qu'ils recevaient. Ils devaient jurer,
comme les magistrats du Château de Limoges, de donner leurs
soins aux affaires de la ville, de protéger les habitants, de veiller
à la conservation des libertés communales, d'être justes et loyaux
au peuple, de servir l'intérêt public ; de défendre la ville et de la
maintenir dans l'obéissance du duc d'Aquitaine, ou, en d'autres
temps, sous la sujétion du roi de France.

Les consuls étaient assistés d'un conseil de ville que mentionne explicitement un texte de 1272 (2), mais sur lequel nous
n'avons pour ainsi dire aucune indication. Etait-il élu tout entier
chaque année ? Se renouvelait-il par portions ? Etait-il composé
des anciens magistrats ou tout au moins de ceux qui avaient

(1) Appendice, C. III, nᵒˢ 29, 32.
(2) Clerici deputati a Domino Rege ad recipienda juramenta fidelitatis
a consulibus consiliariis et hominibus Sancti Leonardi (App. A, nᵒ VI).
— Venerunt consules, et cum ipsis plures quos ad hec vocabant (App.
C. VI, 105). — Vidit mensurari per consules et plures burgenses ville
(*ibid.*, 106).

exercé ces fonctions un nombre d'années déterminé ? Nous ne saurions le dire. Nous ne pouvons non plus, vu l'absence de mentions concernant les membres de ce conseil, nous faire une idée de leurs attributions qu'en supposant qu'à Saint-Léonard les choses se passaient comme dans d'autres communes à la même époque. La principale était sans doute de recevoir et de vérifier les comptes des magistrats municipaux. Peut-être aussi aidaient-ils les consuls dans le recouvrement des tailles et se trouvaient-ils chargés de certains services permanents. Un texte que nous citons à l'Appendice mentionne, à propos des assises munici-pales, « ceux qui étaient du conseil des consuls » (1) : nous hésitons à reconnaître là les conseillers de ville, et ce passage nous paraît plutôt se rapporter aux hommes de loi qui assistaient les magistrats municipaux.

La construction, l'entretien et la garde des tours et remparts semblent constituer, à Saint-Léonard comme ailleurs, la fonction principale, la charge propre des chefs de la commune. Nous avons vu plus haut que, durant l'assemblée pour l'élection des consuls, les clés des portes étaient déposées à la maison de ville. Ce n'était pas là une vaine formalité, mais un signe attestant la prérogative en même temps que le devoir des magistrats. La sûreté des habitants était la raison d'être du groupement des bourgeois et du pacte communal : les consuls devaient pourvoir à cette sûreté et garantir à chaque individu la tranquillité de l'existence et la libre jouissance de ses biens, en usant, pour le protéger, des forces unies du groupe tout entier.

Pour exercer cette protection, il faut que les chefs de la bourgeoisie puissent grouper autour d'eux les habitants. Ils ont donc le droit d'assembler la commune pour traiter des affaires publiques ; ces réunions se tiennent tantôt à l'hôtel-de-ville, tantôt sous la porte de Champmain, ou sur la place du Marché-aux-Porcs. Pour transmettre leurs ordres, pour publier leurs mandements, pour annoncer les assemblées, les consuls choisissent et nomment des crieurs publics qui prêtent entre leurs mains un serment spécial. Ils ont le droit de lever des contributions sur les habitants, pour l'entretien ou la réfection des fortifications et pour les autres dépenses d'intérêt public, celles des fontaines et de la voirie par exemple ; car ces objets rentrent encore dans les attributions des magistrats communaux. Ils reçoivent le produit de ces tailles, sauf à justifier de leur emploi. Ils

(1) Et illi qui erant de consilio ipsorum. V. Appendice, C. IX, n° 189.

gèrent les intérêts divers de la commune, touchent ses revenus, administrent ses biens, afferment ses maisons ou ses emplacements. Ils ont la garde des armes appartenant à l'association, les confient soit aux hommes chargés de faire le guet, soit, lorsqu'il s'agit de répondre à la convocation du sénéchal du Roi, à ceux des bourgeois désignés pour prendre part à l'expédition et trop pauvres pour s'armer eux-mêmes.

L'argent de la commune, ses archives, ses armes, sont conservés à l'hôtel-de-ville. Cet édifice, qui est le siège du gouvernement municipal et comme le domicile légal des membres de l'association bourgeoise, on le respecte à l'égal d'un lieu consacré au culte. Dès le commencement du siècle il en est fait mention. Nous ne savons si les bourgeois étaient dès lors propriétaires de la maison commune. Entre 1250 et 1260, ils en firent construire une, plus vaste sans doute et plus commode que la première (1).

La maison commune se composait d'un rez-de-chaussée et d'un étage ; il n'est pas difficile d'en reconstituer au moins les principales dispositions. Le rez-de-chaussée était sans doute occupé presque en entier par la grande salle nécessaire aux assemblées de ville et aux audiences de justice. Peut-être avait-on ménagé, auprès de cette pièce, une petite chambre servant de greffe et en même temps de bureau pour le clerc du consulat. Au premier étage on trouvait la salle du conseil, l'arsenal où étaient déposées les armes de la commune. Là sans doute on voyait le réduit pratiqué dans la muraille — *archa* — où étaient conservés, avec l'argent des contribuables, les sceaux, les chartes et les titres les plus précieux du consulat.

De tous les attributs de la magistrature consulaire, il n'en était aucun tenu par les communes pour plus précieux que le sceau, considéré en général comme un signe d'autorité et de juridiction et destiné à authentiquer les contrats entre particuliers comme à accompagner les actes émanant des chefs de la bourgeoisie. On ne peut douter que, dès une date reculée, la commune de Saint-Léonard n'en possédât un. Les témoins mêmes produits par l'évêque au cours de son procès avec la ville le reconnaissent, mais ils assurent qu'autrefois ce sceau portait la légende : *Sceau des bourgeois de Saint-Léonard* ou *Sceau des Prudhommes de la ville de Noblat*, et que, vers 1265, les bourgeois en avaient fait fabriquer un nouveau avec l'inscription : *Sceau*

(1) Appendice, C. III, n° 35.

des consuls et de la communauté de la ville de Noblat (1). C'est probablement celui que nous trouvons appendu à une délibération
de la commune de Saint-Léonard du 1er mai 1308. On y voit
saint Léonard debout, tendant la main, pour le relever, à un
homme à genoux, sans doute un prisonnier qu'il délivre. Au-
dessus pendent des ceps attachés à une chaîne. Cette scène se
détache sur un treillis de fleurs de lis. Au revers, une main
tenant des ceps, avec le mot *secretum* (2).

Avec les armes communes, on conservait à l'hôtel-de-ville les
bannières — *banieras,* — l'étendard — *vexillum,* — sous lesquels
marchait la milice bourgeoise quand elle était appelée à fournir
l'ost au Roi ou dans les occasions où elle prenait les armes sur
l'ordre des consuls. On a vu plus haut que Henri II ou son fils
Richard avaient fait don aux bourgeois d'étendards avec l'écu
d'Angleterre (3). Plus tard, la commune remplaça les léopards
des Plantagenets par les lis des rois de France; on voyait aussi
sur ses drapeaux l'image de son patron, saint Léonard (4).

Il serait assurément téméraire de parler de l'assistance publique à Saint-Léonard au xiiie siècle. Notons cependant qu'à cette
époque, outre la léproserie dite du Temple, mentionnée au
xiie siècle, et plusieurs autres maladreries établies aux environs, la petite ville possède son hôpital, sa maison-Dieu (5),
placée sous le patronage des consuls.

Nous avons déjà rappelé plus haut, d'après un passage fort intéressant de la chronique de Vigeois, qu'on commença, peu après la
première croisade, à fonder des aumônes périodiques dans certaines villes du Limousin (6). Nous avons relevé ailleurs des
traces intéressantes de ces fondations dans le Château de
Limoges (7). Nous avons déjà constaté à Saint-Léonard, au xv^e
siècle, l'existence d'un fonds de charité géré, non comme à

(1) App., C. III, n° 42. L'évêque dit de son côté, dans un mémoire :
*Quod olim, non est diu, homines dicte ville utebantur quodam sigillo,
cujus sigilli littere erant :* Sigillum proborum hominum ville de Nobiliaco... *Item tempore quod a brevi, fecerunt sigillum et domum in dicta
villa nomine consulatus et communitatis.*
(2) Inventaire des sceaux des Arch. nationales, n° 5695.
(3) Appendice, C. I, n°s 1, 2, 3 et IV, 57.
(4) *Idem.,* C. IV, n° 55.
(5) Domum Dei (enquête de 1288), hospitale pauperum (Livre de ,ai-
son des Massiot, 1471).
(6) Voir chap. II, p. 36.
(7) Des confréries de charité et des œuvres laïques de bienfaisance
dans le diocèse de Limoges (*Cabinet historique,* année 1882).

Limoges par des prudhommes délégués à cet effet, mais par les magistrats municipaux eux-mêmes. Ce fonds est dénommé *les Aumônes du Consulat.* Ne faut-il pas reconnaître, dans ces *Aumônes,* la *Caisse des pauvres* qui, dès le XIIIe siècle, existe à la maison commune et dont il est parlé à l'enquête de 1288 (1) ?

En 1485, il est fait mention d'une confrérie « des Trépassés du Consulat de Saint-Léonard (2). » Cette association, comme celle des *Suaires* au Château de Limoges, remontait sans doute à une époque reculée du moyen âge ; toutefois nous n'en avons pas trouvé trace dans les documents du procès entre l'évêque et les consuls. Les seules confréries dont nous ayons relevé là mention, aux XIIIe et XIVe siècles, dans la petite ville dont nous nous occupons, sont des compagnies de métiers comme la confrérie des cordonniers, signalée vers 1266 (3), ou des sociétés de pure dévotion, comme la confrérie de Notre-Dame-de-Sous-les-Arbres (4), celle de Saint-Léonard qui, s'il faut en croire la tradition, différerait de la précédente et serait aussi fort ancienne, et celle instituée en mémoire du Miracle des Ardents à la fin du Xe siècle et qui s'éteignit au XVIIe. Cette dernière se composait de trente bourgeois qui, le 11 août de chaque année, date anniversaire du miracle à Saint-Léonard, assistaient à l'office solennel, à la procession générale, faisaient ensuite un banquet et distribuaient des aumônes (5).

On a vu que les ducs d'Aquitaine avaient réclamé et reçu le serment de fidélité des communes limousines, qu'ils témoignaient par là tenir pour des vassaux directs. Ce serment, les communes le prêtèrent aussi au roi de France après la confiscation de l'Aquitaine sur Jean-Sans-Terre. Le fils aîné de Philippe-Auguste le reçut en 1212, en prenant définitivement possession du pays (6) et il fut renouvelé entre les mains de Raynaud, clerc du roi, sur l'ordre exprès de Louis VIII, au mois d'août ou de septembre 1224, lors de l'expédition de ce prince en Poitou et de la soumission de toute l'Aquitaine (7).

En échange de leur promesse de fidélité, le roi de France

(1) *Consules habent... archam pauperum.* Appendice, C. III, n° 34.
(2) Livre de raison des Massiot.
(3) Appendice, C. VIII, 149.
(4) Mentionnée dans divers documents du XIVe siècle du fonds de l'Évêché et du Chapitre, aux Archives de la Haute-Vienne.
(5) OROUX, *Histoire de la vie et du culte de saint Léonard,* p. 68.
(6) Appendice, A, n° 1.
(7) *Ibidem.,* A, n° 2.

reconnut et confirma les coutumes et libertés dont les consuls et l'université des bourgeois de Saint-Léonard avaient été en possession au temps de Henri et de Richard, rois d'Angleterre (1). Le nom de Jean-sans-Terre est ici supprimé, à dessein sans nul doute.

Saint Louis, à son tour, réclama le serment de nos communes. C'était en 1242, au lendemain de la victoire de Taillebourg. Le comte de la Marche, le roi d'Angleterre et leurs alliés venaient de subir un échec qui assurait au pays de longues années de tranquillité. Un mandement du sénéchal de Poitou, Thibaut de Blond, prescrivit aux bourgeoisies de la province d'avoir à jurer fidélité au roi de France entre les mains de Guillaume Relier, chevalier, son délégué (2). Ce serment fut prêté sans difficulté par les habitants de Saint-Léonard, qui espéraient, par l'accomplissement de cette formalité, resserrer le lien les rattachant directement à la Couronne, et qui voyaient, au surplus, dans la lettre même du sénéchal, une reconnaissance de leur commune. Ils envoyèrent à La Rochelle deux de leurs consuls : Jean Paute et Pierre Bouzogle, pour porter au roi les clés de leur ville. Louis IX les leur rendit, en leur enjoignant de les garder en son nom (3).

Il semble, d'après le témoignage d'un vieillard interrogé au cours de l'enquête de 1279, qu'une seconde fois saint Louis reçut le serment des bourgeois, en 1248, lors de son départ pour la Croisade (4).

De nouveau, au mois de février 1272, les habitants de Saint-Léonard jurèrent fidélité au roi de France. Philippe III leur en avait envoyé l'ordre exprès. Les consuls, le conseil de ville, puis la commune tout entière, réunis dans le cloître du prieuré, prêtèrent serment entre les mains des commissaires du fils de saint Louis : un chevalier et deux clercs.

La commune devait à son seigneur le service militaire : C'était au Roi que les bourgeois de Saint-Léonard fournissaient l'ost et la chevauchée. Et, dans le courant du XIII⁰ siècle, ils eurent souvent l'occasion de s'acquitter de ce devoir, sans que l'intervention de l'Évêque ait eu à s'exercer en aucune façon.

A deux reprises, semble-t-il, la commune de Saint-Léonard dut fournir un contingent à des expéditions dirigées contre

(1) Appendice, A, 2 et 3.
(2) *Ibid.*, A, 4, et C. IV, 45.
(3) *Ibid.*, C. IV, 44.
(4) *Ibid.*, C. IV, n° 47.

le château de Châlus. Vers 1240, une soixantaine d'hommes, sous le commandement des consuls, firent partie des troupes que le sénéchal royal Pierre des Saules conduisit contre cette forteresse (1). Nous ignorons le but de cette démonstration.

En 1267, après la prise du château par Boson de Bourdeilles et son refus de le rendre à la vicomtesse de Limoges, une petite armée, sous les ordres du sénéchal Raoul de Trappes, du bailli de Bourges et de Nicolas de Menot, alla mettre le siège devant Châlus et contraignit Boson d'abandonner le fort et de délivrer ses prisonniers.

Saint-Léonard avait fourni, dans cette occasion encore, un détachement de sa milice (2).

Les bourgeois ne comptaient pas moins de trois à quatre cents miliciens dans la petite armée que Charles d'Anjou, frère du roi, avait conduite peu auparavant en Périgord et en Bas-Limousin. Les hommes de Saint-Léonard furent employés au siège du château de Larche, qui appartenait à Elie Rudel (3). Le sénéchal du roi de France, Pierre Servientis, commandait l'expédition (4).

Mais le service du roi n'appelait pas seulement dans un rayon peu éloigné les hommes de la commune. On les voit, en 1272, prendre part à l'expédition organisée contre le comté de Foix. Plus tard ils suivent l'armée française jusqu'à Pampelune (5). Ces expéditions lointaines n'étaient pas du goût des bourgeois, et un peu plus tard, appelée à fournir son contingent à l'armée d'Aragon, la commune racheta son service en versant à Philippe de Beaumanoir, sénéchal du roi de France en Poitou et en Limousin, une somme de deux cents livres tournoises (6).

Outre le service de guerre, les bourgeois devaient encore un service de police, analogue à celui qui fut dévolu plus tard à la

(1) *Ibid*, C. IV, n° 57. L'expédition signalée par Pierre Jouaus et un autre témoin, en 1288, comme remontant à une cinquantaine d'années, ne peut pas être la même que celle de 1267. On remarquera de plus que le nom du sénéchal chargé de diriger les troupes dans cette occasion n'est pas le même que celui du sénéchal de 1267. La mention d'un sénéchal français en Limousin, à cette époque, paraît néanmoins étrange. Que devient l'affirmation de la Chronique de Pierre Coral que nous reproduisons plus bas (note de la page 85) ?

(2) C. IV, n°ˢ 58, 59, 60. Voir *Châlucet*, par Louis Guibert, Limoges, Ducourtieux, 1887, p. 48 et 49.

(3) Appendice, C. IV, n°ˢ 50, 51, 52, 53, 54.

(4) *Ibid.*, C. IV, 55, 56.

(5) *Ibid.*, C. IV, 63, 64, 65, 66.

(6) *Ibid.*, C. IV, 67.

maréchaussée. On trouve plusieurs mentions de prises d'armes dans ces conditions. Tantôt la commune envoie un détachement d'une quarantaine d'hommes, tant à cheval qu'à pied, pour prêter main-forte au seigneur de Châteauneuf chargé de poursuivre des bannis. Tantôt elle donne son concours pour arrêter des meurtriers qui se cachent dans les forêts d'alentour (1).

Plus d'une fois, sans aucune convocation ni autorisation des officiers royaux, les consuls assemblèrent la commune, lui firent prendre les armes et dirigèrent contre les seigneurs qui troublaient la tranquillité publique et la sécurité des chemins, de véritables expéditions. Le récit de quelques-unes nous a été conservé. Il n'est pas sans intérêt de le rappeler; nos lecteurs verront comment les communes savaient se défendre elles-mêmes et se faire respecter de leurs voisins.

Vers 1230, on apprend un jour, à Saint-Léonard, que trois marchands de la ville ont été pris avec leurs ballots, sur la route de Limoges, par Guillaume du Puy, chevalier de Saint-Martin-Terressus. Sur-le-champ les consuls donnent des ordres et le lendemain matin la commune en armes se dirige, bannière déployée, vers le château de ce seigneur, distant de deux lieues environ. Le chevalier n'est pas à Saint-Martin; peut-être a-t-il fui, emmenant ses trois prisonniers. Les bourgeois n'en sauront pas moins le punir. Sa demeure est mise au pillage et démolie de fond en comble. Puis les habitants de Saint-Léonard prennent trois paysans, des hommes de Guillaume du Puy, et les mènent à Saint-Léonard, où ils sont enfermés dans la prison de la commune. Ils serviront d'ôtages et répondront, corps pour corps, des trois citoyens qui sont au pouvoir du seigneur. Ce n'est pas tout. A trois jours de marché successifs, les crieurs de l'hôtel-de-ville appellent le chevalier et le somment, au nom des consuls et de la commune, d'avoir à comparaître à leur prétoire. Comme il ne se présente pas, les magistrats prononcent le bannissement perpétuel contre lui et ses héritiers. — Cette sentence n'est pas considérée comme de pure forme. Soixante ans plus tard, un bourgeois attestera que non seulement Guillaume du Puy, mais son fils, lorsqu'ils ont eu quelque affaire à traiter avec un bourgeois, l'ont fait appeler hors des murs, pour s'entretenir avec lui : ni l'un ni l'autre n'ont osé, depuis 1230, mettre le pied dans la ville (2).

Une autre fois, ce sont des nobles d'Eybouleuf et du château

(1) Appendice, C. VII, 137.
(2) *Ibid.*, C. V, n° 68.

d'Aigueperse qui arrêtent « sur le chemin du roi », un bourgeois du nom de Pommier, le frappent, le dépouillent et le retiennent en prison. La nouvelle en est donnée à Saint-Léonard. Aussitôt les consuls font sonner la trompette dans toute la ville et enjoindre aux habitants de se réunir en armes. Eux-mêmes prennent le commandement de la milice. On se rend d'abord à Aigueperse, et on se saisit de Pierre Nouaille (de Noblat?), damoiseau, un des auteurs des violences commises sur Pommier; de là, on va à Eybouleuf et on ramène à Saint-Léonard le seigneur d'Aigueperse, Adémar Marchès, chevalier, son fils et son frère. Ces quatre gentilshommes sont mis en prison et ne sont délivrés qu'après que les seigneurs de Noblat, Constantin et Justin Marchès, frères ou oncles de deux des coupables, ont fait une démarche en leur faveur auprès des consuls, et devant les magistrats et le peuple, sur la place publique, juré que satisfaction pleine et entière sera donnée à la commune. Le bannissement est prononcé contre les coupables (1).

VI. — LA COMMUNE EN POSSESSION DE LA JUSTICE. DROITS DES CHEVALIERS DE NOBLAT ET DES VIGIERS.

Le droit de justice était, au moyen âge, la principale prérogative du seigneur. De tous les privilèges qu'ambitionnèrent les communes et que beaucoup réussirent à acquérir soit par la force, soit à prix d'argent, le plus haut, le plus envié fut toujours celui de ne dépendre d'aucun justicier et d'avoir des juges spéciaux connaissant des causes civiles et criminelles dans l'enceinte des remparts de la ville : seul, en effet, ce droit assurait les libertés des bourgeoisies et faisait celles-ci maîtresses chez elles.

Mais un grand nombre de communautés ne purent atteindre à cette entière indépendance. Les négociations, les longs procès devant le Parlement, les révoltes à main armée n'aboutirent pas toujours à l'élimination complète des droits seigneuriaux. Ces droits avaient été souvent inféodés aux officiers chargés de les exercer, et les concessions faites dans la suite par le seigneur ne pouvaient porter atteinte à la possession des familles qui se trou-

(1) Appendice, C. V, n⁰ˢ 69, 70.

vaient investies de certaines prérogatives de cet ordre. Le justicier, au surplus, ne consentait pas aisément à se dessaisir de ses
droits. Parfois les bourgeois réussissaient tout au plus à obtenir
l'établissement d'une association dans laquelle les juges et officiers étaient ou bien nommés de concert par la commune et
le seigneur, ou bien désignés moitié par l'un et moitié par l'autre. Nous ne connaissons très exactement, pour aucune de nos
communes Limousines, l'état des choses existant entre 1200
et 1250.

Il paraît toutefois hors de doute que, durant certaines périodes
comprises entre ces deux dates extrêmes, la commune de Noblat,
comme celles de la Cité et du Château de Limoges, se trouva en
possession du droit de justice. En fut-elle jamais investie d'une
façon régulière? Nous ne le savons; nous ne le croyons pas.
De ses privilèges, celui-ci fut toujours le plus contesté, et en
effet, le plus contestable; elle s'en vit au surplus dépouiller de
bonne heure comme nous le dirons plus loin.

Quoiqu'il en soit de son droit, la communauté bourgeoise de
Saint-Léonard exerce, de fait, la justice criminelle et civile au
cours d'une grande partie du xiiie siècle. Il résulte de témoignages très précis que, sinon sans interruption, du moins à des dates
rapprochées et durant des périodes de calme, d'ordre, de paix
publique, les magistrats élus par les bourgeois ont, au nom
de la commune, jugé des causes civiles et criminelles, prononcé
sans distinction sur des cas ressortissant à la haute, à la
moyenne et à la basse justice, exercé la police des marchés,
des poids et mesures, de la voirie, rempli en un mot toutes
les attributions de l'ordre judiciaire que pouvait revendiquer un
seigneur.

Dans les grandes villes, les consuls ont des officiers spéciaux
pour rendre la justice et veiller à la police : un prévôt criminel
et un juge civil tout au moins. A Saint-Léonard, les chefs de
la bourgeoisie remplissent eux-mêmes ces diverses fonctions.

Les audiences civiles se tiennent à la maison commune : vers
1265, il y en a trois par semaine; vingt ans plus tard, deux seulement, fixées au mardi et au vendredi. Les consuls jugent, peut-
être avec l'adjonction de jurisconsultes, mais surtout suivant la
coutume et l'équité. Leur juridiction semble avoir surtout le
caractère de l'arbitrage. Toutefois, les parties sont tenues de se
conformer à la sentence, et si celle qui a succombé ne s'exécute
pas, les magistrats l'y contraignent par la saisie de son mo-

bilier ou de ses marchandises. Au besoin, ils font enlever les portes de sa maison (1).

Sur la place dite du Marché au Blé, devant la vieille église de Notre-Dame, étaient plantés des ormes auxquels le vénérable sanctuaire devait sa dénomination caractéristiqne : « Notre-Dame de sous les Arbres ». C'était sous ces ormes et plus particulièrement sous l'un d'eux, — le plus rapproché, sans doute, du porche de l'église, — que les consuls tenaient leurs assises criminelles (2), environnés du peuple et dans un appareil dont la simplicité n'excluait pas une certaine grandeur. Parfois, mais moins souvent, semble-t-il, ces audiences se tenaient à l'hôtel-de-ville, sous le porche de Notre-Dame (3), ou encore sous la porte de Champmain (4).

Les consuls avaient leurs sergents et leur bourreau. Le pilori de la commune était, à Saint-Léonard, comme dans le Château de Limoges, établi sur la place du Marché à la viande (5). Quant au gibet, les magistrats bourgeois paraissent n'en avoir pas fait élever avant 1225. Jusqu'à cette époque, on pendait les malfaiteurs aux arbres des chemins, et en particulier à un arbre qui s'élevait au lieu dit de l'Ort Bonissau (6). Des fourches patibulaires furent, vers 1225, construites à peu de distance de la forêt, près de la croix de Courpeyre (7).

L'assassinat, le meurtre, l'incendie, le viol, le sacrilège, les vols d'une certaine gravité étaient punis de mort (8). Les délits d'une moindre importance emportaient souvent pour le coupable l'amputation d'un membre. Nous voyons par exemple un voleur condamné à perdre le pied (9), un autre la main (10), d'autres une oreille. Et à ce sujet un témoin raconte qu'on prit un jour trois jeunes coupeurs de bourse devant l'église de Saint-Léonard, où ils exerçaient leur métier, mêlés à la foule des pèlerins. Conduits devant les consuls, ils furent jugés sur-le-champ. Les magistrats ordonnèrent qu'ils seraient privés des deux

(1) Appendice, C. VI, nᵒˢ 72, 74, 75, 76, 77.
(2) *Ibid.*, C. VI, nᵒˢ 86, 87, 89, 94, 95, 99, etc.
(3) *Ibid.*, C. VI, nᵒˢ 91, 93, 98.
(4) *Ibid.*, nᵒ 71.
(5) *Ibid.*, C. VI, nᵒ 81. C'était, à Saint-Léonard, la Grande Place, la place du Marché au Blé.
(6) *Ibid.*, C. VI, nᵒˢ 79, 80.
(7) *Ibid.*, C. VI, nᵒˢ 79, 80.
(8) *Ibid.*, C. VI, nᵒˢ 79, 87, 89, 90, 99.
(9) Appendice, C. VI, nᵒ 95.
(10) Archives de la Haute-Vienne, Évêché, 2440.

oreilles; ils firent toutefois grâce au plus jeune; mais celui-ci dut remplacer le bourreau et couper les oreilles de ses deux compagnons. La leçon corrigea-t-elle le précoce malfaiteur? Il n'y a pas grande raison de le croire (1).

En général, les membres coupés étaient exposés au-dessus d'une des portes de la ville pour attester le droit du justicier et pour servir d'exemple. Parfois cependant, on les jetait dans les fossés (2).

Pour un méfait sans conséquence, le vol d'un outil, un pauvre diable est condamné à avoir la tête rasée « d'assez près pour que la crasse (?) sorte » (3). Conformément à cette sentence, l'exécuteur tond le coupable de telle façon que le cuir chevelu se trouve sensiblement entamé (4).

Les arrêts de ce genre recevaient d'ordinaire leur exécution au devant d'une des portes de la ville, le plus souvent de la porte Aumônière. Toutes les exécutions étaient entourées d'un certain appareil. On publiait la sentence dans toute la ville et les crieurs qui étaient chargés de la publier invitaient les habitants à se rendre au lieu indiqué par les magistrats pour y voir « faire justice », suivant l'expression consacrée (5). Le condamné était conduit par les sergents de la commune et des bourgeois en armes. Les trompettes de la ville marchaient à la tête du cortège. Les consuls suivaient et présidaient à l'exécution, à laquelle assistait souvent une foule considérable (6).

La peine ordinaire des larcins légers était la fustigation; le voleur était promené dans toute la ville par les sergents du Consulat, qui le frappaient de verges. Il portait le plus souvent, pendu au col ou attaché sur les épaules, l'objet volé ou ce qui en restait (7).

Tout condamné à une peine corporelle était banni, le plus souvent à perpétuité. On le conduisait à une des portes de la ville, à la porte Aumônière de préférence, et on lui signifiait la défense de rentrer jamais dans l'enceinte des remparts et même de reparaître dans les faubourgs sous peine d'être pendu (8).

(1) Appendice, C. VI, n° 91 et 92.
(2) Et vidit auriculam ipsius projici in fossatis dicte ville, subtus pontem (Pierre de Roc Amadour).
(3) *Seugis.* Nous n'avons trouvé ce mot dans aucun vocabulaire.
(4) App., C. VI, 88.
(5) *Ibid.*, C. VI, 88, 91, 92, 95, etc.
(6) *Ibid.*, C. VI, 87, 90, 99.
(7) *Ibid.*, C. VI, 87, 95, etc.
(8) *Ibid*, VI, 91, 98.

Parfois, quand il s'agissait de délits de peu de conséquence et qu'il existait quelques circonstances de nature à en atténuer encore la gravité, il intervenait une transaction entre la famille ou les amis des coupables et les consuls. Dans ce cas, la poursuite pouvait être abandonnée, mais à la condition que l'accusé s'obligeât à faire un pèlerinage aux lieux saints ou à quelque sanctuaire renommé et prît immédiatement la gourde et le bourdon (1). On sait que dans les pays du Nord, dans plusieurs villes de Flandre surtout, ces pèlerinages d'ordre pénal étaient de règle pour certaines catégories de délits. Beaucoup d'habitants de ces contrées sont venus, du XIIe au XVe siècles, s'agenouiller devant la Vierge de Roc Amadour pour expier une faute et obéir à la sentence rendue contre eux.

Le coupable réussissait-il à fuir ? Les consuls le faisaient sommer, au son des trompettes, d'avoir à se présenter devant eux pour répondre à l'accusation qui pesait sur lui ; s'il ne se présentait pas, il était banni de la ville à perpétuité. Parfois sa maison était pillée ou même démolie (3).

La commune avait sa prison spéciale ou plutôt ses prisons. Celle qu'on trouve le plus souvent désignée au XIIIe siècle, est la geôle ménagée au-dessus de la porte de Maupertuis (4). On enfermait aussi les prisonniers dans la maison commune, où il y avait des cachots — *archæ* — (5), ou dans la tour qui surmontait la porte de Fontpinou (6), parfois même on les confiait à des particuliers.

Ajoutons que les consuls avaient le droit de soumettre à la question les accusés pour obtenir l'aveu de leur crime. Dans plusieurs occasions, on les voit user de ce droit (7). Notons encore que l'organisation de la justice est peu compliquée à Saint-Léonard. Ce sont les juges eux-mêmes qui sont chargés de l'instruction des affaires.

La police est pour ainsi dire inséparable de la justice. L'autorité des consuls s'exerce en l'une comme en l'autre matière. La surveillance des marchés et des foires leur appartient. Ils placent

(1) Appendice, C. VI, 96.
(2) *Ibid.*, C. VI, 93.
(3) *Ibid.*, C. VI, nos 100, 101, 102.
(4) *Ibid.*, 85, 89, 95.
(5) *Ibid.*, 90,
(6) *Ibid.*, 82, 86.
(7) *Ibid.*, 82, 83.

des corps de garde aux diverses portes de l'enceinte extérieure, les jours de marché, afin que tout arrivant, fût-il noble, soit invité et au besoin contraint à déposer ses armes avant de pénétrer dans la ville et que les querelles et les rixes, si fréquentes, aient ainsi moins de gravité (1). Ils parcourent eux-mêmes le marché, faisant saisir et rompre en morceaux le pain qui n'a pas les dimensions ou le poids voulus et qu'ils envoient ensuite à l'hôpital (2). Ils interdisent la vente des viandes de mauvaise qualité et condamnent au bannissement les bouchers qui en sont trouvés détenteurs (3). Ils font brûler sur la place publique les denrées insalubres ou corrompues, les marchandises mal fabriquées ou déloyales (4). Ils ont l'inspection des métiers, organisés en confréries. Ils vérifient les poids et mesures, et perçoivent les émoluments de cette vérification. Les mesures pour le vin sont vérifiées à l'aide d'un étalon de cuivre qui est conservé à l'hôtel-de-ville (5). Le plus souvent, l'étalonnage se fait sur place, chez le débitant ou bien en public, sous l'orme où les consuls rendent la justice. Les muids et les setiers dont les particuliers se servent pour le blé doivent être conformes aux mesures de pierre qu'on voit sur la place commune à la disposition de tout le monde (6). Quant aux aunes et coudées des marchands de draps et autres, les consuls les comparent à celles qu'ils ont dûment approuvées (7) et le public peut aisément les contrôler, car la longueur de la mesure locale est gravée sur un des piliers extérieurs ou des contreforts de la grande église (8).

Les aunes et mesures qui ne sont pas d'exactes dimensions ou de juste capacité sont brisées, et les détenteurs condamnés à des amendes, parfois assez fortes, au profit de la commune.

Le produit de ces amendes et les petits émoluments du greffe et du sceau sont sans doute, après les tailles pour l'entretien des murs, portes, pavés et fontaines, un des principaux revenus de la communauté. Auprès de cet article de la recette, il convient d'en

(1) Appendice, C. VI, 118, 119.
(2) *Ibid.*, 113.
(3) *Ibid.*, 112.
(4) *Ibid.*, 112, 114, 115.
(5) *Ibid.*, 108 *bis*, 109.
(6) *Ibid.*, C. VI, 110.
(7) *Ibid.*, C. VI, 108.
(8) Vidit Nanterium, custodem regalium, admensurare alnam et cubitum dicte ville ad quoddam pilarium monasterii Sancti Leonardi; et dicta admensuratio adhuc est in dicto pilario (Dép. d'Audoin, prieur de Châtelus).

mentionner un autre qui rentre à peu près dans la même caté-
gorie : c'est une contribution qui frappe les débitants de boissons :
chaque taverne doit annuellement au Consulat la valeur de deux
setiers de vin (1). Parfois, quand le vin est bon, les deux setiers
sont perçus en nature.

Nous avons parlé plus haut de l'entretien des fontaines et des
pavés. Nous devons avouer qu'aucun texte précis ne nous auto-
rise à ranger ce service au nombre de ceux qui incombaient aux
consuls de Saint-Léonard ; mais, dans d'autres communes de la région, on voit à la même époque le soin de la voirie et des fontaines
dévolu aux magistrats municipaux. Ceux de Noblat, du reste,
nous sont représentés comme chargés de veiller à ce que les particuliers ne commettent pas d'empiètements sur l'assiette des rues
et places, et de donner l'alignement aux propriétaires qui font
édifier des bâtiments. Nous les voyons par exemple, vers 1230, enjoindre à Pierre Elie Adémar, chevalier, lequel fait construire six
maisons proche les remparts, d'avoir à laisser, entre ces bâtiments
et les murs, un passage suffisant pour les besoins de la défense
et de la circulation (2). Un peu plus tard, Etienne Faure ayant
empiété sur la voie publique, ils l'obligent à reculer sa construction (3). — Les chefs de la commune ne font pas seuls les consta-
tations nécessaires ; ils sont assistés d'un certain nombre de
bourgeois, membres du conseil de la ville ou hommes de l'art (4).
Nul ne peut construire au bord de la voie publique qu'avec
l'autorisation du Consulat.

On constate, deux siècles plus tard, que les officiers municipaux de Saint-Léonard sont chargés du service des aqueducs et
égoûts. En 1480, l'égoût qui se dirige du Marché aux Porcs vers
la porte Champlepot, se trouve obstrué. Les particuliers qu'in-
commode cet état de choses, sollicitent l'autorisation de le faire
constater. L'égout est ouvert en présence du « procureur de la
ville » et la réparation nécessaire confiée à deux ouvriers commis
par la commune (5). Peut-être faut-il voir dans cette mention,
malheureusement bien vague, du registre des comptes de la
famille Massiot, l'indice de l'existence à Saint-Léonard, dès cette
époque, d'un service municipal permanent de voirie.

(1) Appendice, C. VI, 120.
(2) *Ibid.*, C. VI, 103.
(3) *Ibid.*, 103, 105.
(4) *Ibid.*, 104.
(5) *Livres de raison Limousins et Marchois*, p. 144 et 145.

Nous avons, dans les pages qui précèdent, représenté les consuls comme seuls en possession, à droit ou à tort, de la justice civile et criminelle. Il ne paraît pas en avoir été constamment ainsi, et malgré la précision et le caractère très affirmatif des témoignages sur lesquels nous nous sommes appuyé jusqu'ici, il y a lieu de croire que, sans parler de l'évêque, basant ses prétentions sur son titre et sa possession de seigneur incontesté du château et de la châtellenie de Noblat, plusieurs nobles du château possédaient des droits féodaux à l'intérieur de la ville et avaient continué à les exercer, même durant les éclipses presque complètes qu'avait subies l'autorité épiscopale. Plusieurs témoins entendus à l'enquête et visiblement favorables aux bourgeois, font allusion aux droits de ce qu'ils appellent « la seigneurie » et des vigiers, et mentionnent en termes exprès non seulement la présence de ces derniers aux jugements criminels, mais la part qu'ils prennent à l'instruction des affaires, à la poursuite du coupable et à sa condamnation. Ainsi, un religieux de l'ordre du Temple, originaire de Saint-Léonard et dont le père a été, vers 1240 ou 1245, investi des fonctions de consul, parle d'une façon très précise du rôle des vigiers. Il les montre recevant, de concert avec les consuls, une plainte au criminel; faisant appliquer, aussi avec les chefs de la commune, un accusé à la question ; prononçant enfin, toujours en leur compagnie, des sentences capitales (1). Cette déposition, qui émane d'un homme intelligent, semble-t-il, fort au courant du procès, se rendant bien compte des questions en litige et de la portée de ses dires, nous paraît mériter une attention particulière.

Les vigiers, associés à la justice criminelle, ne l'étaient point à la justice civile. Les consuls, en matière civile, prononçaient seuls (2).

Mais la vigerie, outre la justice criminelle, s'étendait aux matières de police ; elle comprenait, par exemple, la juridiction des poids et mesures, à la possession de laquelle la commune attachait un prix tout particulier, à cause de l'importance et de l'activité du commerce de Saint-Léonard.

Nous avons déjà vu que les vigiers jouissaient de certains droits utiles. Ainsi, tout habitant de Saint-Léonard qui vendait de la viande leur devait à la Noël une tête de bœuf ou de vache. Ils percevaient également des redevances sur les cuirs et sur la

____

(1) App. C. IX, 183, 184.
(2) *Ibid.*, C. IX, 190.

vente du sel (1). Peut-être enfin partageaient-ils avec les consuls
le produit de la taxe des deux setiers de vin sur chaque taverne
dont il est souvent parlé au procès (2).

Mais les droits des chevaliers de Noblat et des vigiers auxquels
certaines prérogatives seigneuriales et certaines redevances
avaient été inféodées, s'étendaient-ils à toute la ville? Il y a quelque raison d'en douter. Plusieurs dépositions des enquêtes de 1279
et 1288, parlant de maisons de l'intérieur de la ville, disent qu'elles
sont situées les unes dans les limites, les autres en dehors de la
vigerie. Dans le Château de Limoges, on paraît distinguer un
demi-siècle plus tôt le territoire soumis à la juridiction des
vigiers — *solum vigeriale, sol vigeiral* — du territoire ne relevant
que de la commune, de la « terre bourgeoise, » *terra burgensalis.*
Il semblerait qu'il en fût de même à Saint-Léonard et que
certains quartiers seulement dépendissent de la vigerie : les
autres étant soumis à la seule juridiction des magistrats municipaux (3).

Notons que l'expression : lieu en litige — *locus contentiosus* (4) —
se rencontre fréquemment dans les procédures dépouillées par nous.
Nous ne pensons pas qu'il y ait lieu de lui accorder l'importance
que nous avions été porté à lui donner tout d'abord. Elle semble
s'appliquer au territoire sur lequel la commune revendique une
juridiction et signifier simplement « la ville et ses faubourgs ».
L'audition des témoins produits par l'une et l'autre parties a été
précédée d'un transport des commissaires enquêteurs sur le terrain
et d'un examen des lieux. La « montre » de ceux-ci a été faite aux

(1) C'est évidemment à ce droit, ressortissant à la vigerie, que se rapporte le passage suivant :

*Quidam rotulus pargameni ubi sunt articuli per quos dominus Episco-
pus Lemovicensis seu procurator agebat contra Petrum Palhet, mer-
catorem de Nobiliaco, cui petebat mediam eminam salis, quam in ipso et
quolibet vendente sal in dicto loco, habebat et recipiebat anno quolibet,
in Nativitate Domini.* (Registre *Tuæ hodie*, f. 19 r°).

(2) Vinum... taxant cum ballivo in dicta villa pro dominis Castri Nobiliacensis. (Enquête de 1288). — On trouve d'autre part cette note :

Alia littera, sigillata sigillo regio... quod prepositus domini episcopi et
ejus bajulus apud Nobiliacum debent taxare cum consulibus duos sextarios vini in quolibet taberna de Nobiliaco, percipiendos a domino Episcopo, et II alios sextarios vini quos habet dominus episcopus a quolibet
tabernario dicte ville, in Natale Domini. (Registres de l'Evêché).

(3) In domo sita in vigeria dicte ville... morans in dicta villa, extra
vigeriam (Appendice C. VIII, 173).

(4) Appendice, C. V, 69.

témoins (1). Le terme de *monstra* s'applique non seulement à cette opération elle-même, mais aux lieux qui en ont été l'objet et qui sont naturellement les lieux en litige — *locus contentiosus*. Or nous constatons et il apparaît avec évidence que, dans les documents de la procédure, le mot *monstra*, dans cette dernière acception, désigne purement et simplement la ville avec ses faubourgs (2). Nous n'insisterons donc pas sur ce point.

Nous avons dit plus haut que la moitié de la vigerie et de ses produits appartenait à une famille bourgeoise, celle des Paute, qui la garda entre les mains jusqu'à la fin du xiii⁰ siècle. L'autre moitié, qui était restée aux chevaliers de Noblat, fut engagée de bonne heure à l'évêque. Celui-ci exerça, au nom du débiteur qui s'était dessaisi à son profit, les droits émanant de sa propre seigneurie, et ce fut là, comme nous allons le voir plus bas, le point de départ du retour offensif de l'autorité épiscopale.

En dehors de quelques rentes dues par des particuliers, et des honneurs, droits et profits ressortissant à la vigerie, on ne voit pas que les chevaliers de Noblat jouissent, au xiii⁰ siècle, d'aucune prérogative seigneuriale dans la ville de Saint-Léonard. On peut toutefois reconnaître une trace de leur ancienne autorité dans la formule employée par les crieurs de la ville pour certains bans qui, d'après plusieurs témoins, se publiaient au nom de l'évêque, de la seigneurie et des consuls (3). Nous aurons à revenir là-dessus.

Ajoutons que les seigneurs de Noblat avaient un prévôt; mais des déclarations même de l'officier investi de ces fonctions à la fin du xiii⁰ siècle, il résulte que sa juridiction s'exerçait sur des personnes demeurant hors de la ville. S'il avait quelquefois à intervenir auprès des consuls ou du prévôt de l'évêque, c'était pour

(1) Dicit quod erat presens cum monstra facta est... Dicit quod monstre interfuit, etc.

(2) Vidit fieri explecta in dictis villis et locis undique circumdantibus dictam monstram, et reducebantur ad dictum castrum, per quod dicit quod *dicta monstra et dicta villa Nobiliaci* sunt in dicta castellania (Tém. d'Audoin Marchès). — ...*Dicte ville de qua facta est monstra inter partes;* et dicit quia [ibi] fuit et vidit monstram (Tém. de Jean Gay). — *Dicta villa et monstra* sita est et undique circumdata de dicta castellania (Hugues, prieur de Saint-Léonard). — Pons... situs est prope monstram et extra monstram. (Audoin, prieur de Châtelus), etc.

(3) Appendice, C. IX, n⁰ˢ 194, 195, 196, 197, 198. Un ancien consul dépose qu'il a ordonné la criée des bans de concert avec le prévôt du vigier. — *Una cum preposito vigerii dicte ville.*

revendiquer les droits des chevaliers de Noblat sur certains forains. Il semble que, loin d'entraver son action, les bourgeois aient cherché à s'appuyer au contraire sur ce prévôt comme sur les chevaliers du château, avec lesquels ils entretinrent souvent les meilleures relations.

Il n'en était pas toujours ainsi et il s'éleva, entre ces seigneurs et les bourgeois de la ville, quelques querelles qui furent vidées par les armes. Ainsi la chronique de Bernard Itier nous apprend qu'en 1217, les habitants de Saint-Léonard guerroyaient contre Gui de Noblat, seigneur de Montbrun (1). Gui était sans doute le fils et le successeur de cet Aimeric Brun, mort en 1214 et dont le roi Jean-sans-Terre avait pris les biens sous sa protection, comme l'attestent des lettres adressées par ce prince aux vicomtes de Limoges et de Rochechouart et conservées à la Tour de Londres.

Une autre fois, on voit les bourgeois, pour venger les mauvais traitements infligés à un de leurs concitoyens, se saisir de plusieurs membres d'une des principales familles du château, d'Adémar Marchès, de Bernard, son frère, du fils du premier et d'un damoiseau du nom de « Pierre Noualle » qui pourrait être Pierre de Noblat, — les conduire à Saint-Léonard, les tenir en prison et prononcer contre eux la peine du bannissement (2).

VII. — COMMENCEMENTS DE LA LUTTE ENTRE L'ÉVÊQUE ET LA COMMUNE : INCIDENTS DIVERS.

Pas plus que Jean de Veyrac, son successeur sur le siège épiscopal, Bernard de Savène, ne crut pouvoir entamer une lutte sérieuse contre la commune de Saint-Léonard. Il tâta sans doute le terrain de ce côté, comme il avait fait du côté de la Cité de Limoges (3). Mais les bourgeois étaient forts et l'issue des événements incertaine. Ballotté pour ainsi dire entre l'Angleterre et la France, le Limousin n'entrevoyait pas encore l'établissement d'un état de choses définitif. L'influence d'Henri III, après

______

(1) Nobiliacenses guerram faciunt cum Guidone de Noalac de Monbru (*Chron. de Saint-Martial*, publiées par Duplès-Agier, p. 100.)

(2) Appendice, C. V, n⁰ˢ 69 et 70.

(3) Voir ci-dessus, p. 11 et 12.

6

celle de Jean-sans-Terre, allait en décroissant ; mais ce déclin pouvait avoir des retours subits. On l'avait bien vu en 1214. Aussi l'Evêque jugeait-il prudent d'attendre et de patienter.

D'un autre côté tous les yeux étaient tournés vers le Midi, où se poursuivait une œuvre d'extermination dont approchait le dénouement. Le Limousin apporta un faible contingent à la croisade contre les Albigeois : il tenait par trop de liens à ces populations dont les seigneurs du Nord allaient se disputer le territoire, pour prendre une part active à l'invasion. Il avait eu, lui aussi du reste, ses hérétiques, mais deux siècles plus tôt. Sous l'épiscopat de Gérald I, on avait vu surgir dans toute l'Aquitaine une secte de Manichéens proclamant l'inutilité du baptême, niant la vertu de la croix et maint autre enseignement de l'Eglise, s'abstenant de certains mets, comme les religieux, et faisant profession de chasteté, mais se livrant entre eux aux plus honteux désordres (1). Par bonheur, cette hérésie n'avait pu prendre racine dans nos contrées. Peut-être ses chefs et ses principaux adhérents, forcés de quitter le pays, s'étaient-ils réfugiés dans les provinces méridionales, où un meilleur accueil attendait leurs doctrines. Quoi qu'il en soit, on ne parlait plus de ces hérétiques dans les premières années du xiiiᵉ siècle. S'il en eût été autrement, le Limousin, au lieu d'être une simple étape de l'expédition des croisés, fût devenu le théâtre de leurs premiers exploits et le sac de nos villes eût précédé celui de Béziers, de Toulouse et de Carcassonne.

Ce fut sous l'épiscopat de Gui de Clusel, successeur de Bernard de Savène, que s'ouvrirent les hostilités entre le prélat et la commune de Saint-Léonard. Elles ne devaient pas durer beaucoup moins d'un siècle. Avant nous, M. Achille Leymarie en a donné l'historique sommaire dans quelques pages intéressantes de son *Histoire de la Bourgeoisie* (2). Il a connu presque tous les docu-

(1) Pauco post tempore, per Aquitaniam exorti sunt Manichæi, seducentes plebem, negantes baptismum sanctum et crucis virtutem, et quidquid sanæ doctrinæ est, abstinentes a cibis, quasi monachi, et castitatem simulantes, sed inter scipsos luxuriam omnem exercentes, quippe ut nuntii Antichristi, multos a fide exorbitare fecerunt (*Chron. d'Adēmar de Chabannes*, ap. Labbe : *nova Bibl. manuscriptorum librorum*, t. II, p. 176). His diebus (vers 1030) concilium aggregavit episcoporum et abbatum dux Willelmus apud Sanctum Carrofum propter extinguendas hæreses quæ vulgo a Manichæis disseminabantur (*ib.*, p. 184).

(2) *Histoire du Limousin : la Bourgeoisie.* Paris, Dumoulin ; Limoges, Ardillier fils, t. II, p. 262 à 281, 284.

ments dont nous avons fait usage ; il en a même eu sous la
main quelques-uns qu'il nous a été impossible de retrouver, et
au sujet desquels nous aurons à invoquer son témoignage sans
pouvoir vérifier l'exactitude de ses indications.

Sur la première phase de cette lutte, phase qui n'a pas été étu-
diée par M. Leymarie, on possède peu de renseignements. Gui de
Clusel, élevé sur le siège épiscopal de Limoges en 1226, réclama,
peu après son installation, le serment de fidélité des habitants de
Saint-Léonard. Ceux-ci qui, deux ans plus tôt, avaient prêté ce
serment au roi de France, et obtenu de lui la confirmation de
leurs coutumes, refusèrent net. L'évêque excommunia les consuls et mit la ville sous l'interdit (1). Les bourgeois se soumirent-
ils ? D'après un témoignage recueilli à l'enquête de la fin du
siècle, celui de Pierre Bernard, prêtre d'Eymoutiers, ils se
seraient décidés à obéir (2). Mais à quelles conditions ? Nos documents ne nous le font pas connaître.

Si l'évêque Bernard de Savène n'avait pas entamé la lutte contre les bourgeois, au moins avait-il commencé les préparatifs en
vue de cette lutte. En 1225, c'est-à-dire fort peu de temps avant
de partir pour l'armée du Roi, il s'était fait engager par Joubert
de Noblat, à l'occasion d'un prêt de trois mille sols, tout ce que
l'emprunteur tenait de lui dans la ville de Saint-Léonard : la
moitié de la vigerie, juridiction, leide, péage, droit sur le vin et
sur le sel. L'évêque n'allait plus être seulement le seigneur supérieur ; il exploiterait, sans intermédiaire féodal, par ses propres
officiers, les droits tant honorifiques qu'utiles de son domaine ;
et les bourgeois, sentant son pouvoir plus près d'eux, forcés de
reconnaître pour ainsi dire chaque jour son autorité, la redou-
teraient davantage et feraient moins de difficultés pour s'y
soumettre (3).

(1) Guido, episcopus Lemovicensis, excommunicaverat eos (les consuls)
quia juramentum fidelitatis nolebant sibi facere ; et vidit villam supposi-
tam interdicto, quadraginta quinque anni sunt (Témoignage de Mathieu
des Moulins, templier, ancien consul).

(2) Appendice, C. VIII, n° 127.

(3) Ce sont les recueils des hommages de l'Evêché (t. I, Noblac), formés
au xviiie siècle, qui nous fournissent cette date, mais avecune fausse interprétation de l'objet du contrat, dont le véritable sens nous est donné par
les anciens registres :

Littera sigillata sex sigillis, qua Joubertus de Nobiliaco obligavit domino
episcopo in pignore vicariam, jurisdictionem, leydam, pedagium, sal et
vinum et quidquid juris habebat in burgo de Nobiliaco, pro quibus erat, ut
dicebat, homo ligius episcopi... Alia littera qua dominus voluit quod esset

Ce fait, insignifiant en apparence, de l'engagement à l'évêque de la moitié de la vigerie et des droits qui s'y rattachaient, nous semble avoir exercé une action décisive sur les relations entre l'évêque et la commune.

La mort ne laissa pas à Bernard le temps de tirer parti de sa mise en possession ; mais celle-ci n'en resta pas moins, toute provisoire qu'elle semblait être, le point de départ et la première manifestation de la politique adoptée à l'égard des bourgeois par les prélats qui occupèrent successivement le siège de Limoges. Nous allons les voir suivre durant tout le cours du siècle la ligne de conduite inaugurée par leur prédécesseur.

Gui de Clusel, et après lui Durand d'Orlhac, qui monta sur le siège de Limoges en 1236, après le court épiscopat de Guillaume du Puy, ne paraissent pas s'être montrés trop exigeants à l'égard des habitants de Saint-Léonard et vécurent avec eux en assez bonne intelligence. Satisfaits d'avoir obtenu la reconnaissance de leur prérogative supérieure et reçu à leur avénement le serment de fidélité (que la population ou tout au moins une partie des habitants consentirent à prêter à Durand (1) comme on l'avait prêté à Gui), les deux prélats se contentèrent probablement d'exercer, à titre d'engagistes, la juridiction de la vigerie par l'entremise d'un préposé, de concert avec la famille bourgeoise des Paute, investie, comme on l'a vu plus haut, de l'autre moitié de cette juridiction.

Le successeur de Durand, Aimeric de Serre, qui fut élevé sur le siège de Limoges en 1246, réclama à son tour l'hommage et le serment de la commune de Noblat. Les bourgeois résistèrent et ils ne paraissent pas s'être soumis complètement. Peut-être une transaction intervint-elle ? Quoiqu'il en soit, tous les habitants de la commune ne remplirent pas la formalité requise. Quarante ou cinquante d'entre eux seulement se présentèrent au nom de la communauté et jurèrent fidélité à l'évêque (2).

Peu après un nouvel incident se produisit qui mit de nouveau le prélat et la commune en face l'un de l'autre ; mais le conflit portait cette fois sur une affaire qui ressortissait à la juridiction ecclésiastique. Vers 1250, les consuls avaient fait renfermer dans leur prison de Font-Pinou un clerc du nom de Jean Bauson, qui

immunis ab omni servicio quousque predicta redimat. (*O Domina*, fol. 89, r°, et *Tuæ hodie*, 25, r°).

(1) Durand reçut ce serment derrière l'autel de Saint-Léonard, probablement sous l'arcade qui supportait les reliques. Voir ci-dessus, ch. II, p. 29.

(2) Appendice, C. VII, n° 129, 130, 130 *bis*.

avait frappé de la façon la plus grave un habitant de Saint-
Léonard. L'official lança l'interdit sur la ville. Les consuls se soumirent et le clerc sortit de prison (1).

Le sénéchal que Louis IX venait d'établir en 1248 dans les
trois diocèses de Limoges, Périgueux et Cahors, laissés depuis
longtemps sans représentant officiel du roi de France (2), ne
paraît pas être intervenu dans ces démêlés. Le rôle de ce fonctionnaire est d'ailleurs assez effacé jusqu'au traité d'Amiens (1259).
A partir de cette époque, les fonctions de sénéchal prennent une
importance considérable, et on trouve cet officier mêlé à tous les
événements de l'histoire de la province. Il faut noter que l'établissement d'un sénéchal coïncide avec l'expiration de la première
trève de cinq ans conclue entre Louis IX et Henri III, au lendemain de la défaite de ce dernier et de ses alliés en Poitou.

Les barons de Châteauneuf comptaient parmi les seigneurs les
plus puissants de la contrée. Ils étaient, pour beaucoup de fiefs et
de terres, les vassaux de l'évêque; mais c'étaient des vassaux assez
indociles et des voisins fort gênants : par suite d'alliances successives, autant qu'on puisse en juger, ils possédaient non seulement
une part du château de Noblat, mais des droits sur les moulins à
blé et peut-être aussi sur ceux à foulon qui existaient au bord de
la rivière ; ils avaient moitié des péages du pont; enfin une
portion de la vigerie de la ville leur était échue, la moitié précisément de la part qui, depuis un quart de siècle, était restée
entre les mains de l'évêque en garantie de la somme prêtée à
Jaubert de Noblat par Gui de Clusel.

Aimeric paraît être entré de bonne heure en pourparlers avec
Gaucelin de Châteauneuf, pour l'acquisition de ses droits à
Noblat et aux alentours. Dès 1252, ces négociations aboutissent,
pour ce qui concerne la vigerie de la ville tout au moins, et
l'évêque obtient du seigneur de Châteauneuf la cession « de sa
part et portion de cette vigerie et aussi de la part de la forêt de
Noblat acquise par lui d'Olivier de Royère ». Le vendeur s'inter-

(1) Villa predicta postmodum fuit interdicta per officialem Lemovicensem .. pro eo quod tenebant clericum captum... Et sic fuit deliberatus (Evêché, 2240. Enquêtes, arch. Haute-Vienne).

(2) Et fuit primus senescallus regis Francie a tempore quo non exstabat
memoria in parte illa (*Chron. de P. Coral, Historiens de France*, t. XXI,
p. 765.) — Nous avons vu plus haut (p. 69) un sénéchal français du nom
de Pierre des Saules — *Petro de Sallicibus* — nommé à l'occasion d'une
expédition qui semble antérieure à cette date de 1248.

dit en même temps toute acquisition nouvelle dans la ville (1).
Voilà donc le siège de Limoges en possession définitive, outre ses
prérogatives de seigneur supérieur, de droits d'une certaine importance dans la ville même de Saint-Léonard.

Ce n'est pas tout. Un peu plus tard, vers 1262, l'évêque acquient
certaines redevances sur les moulins construits au-dessous du
pont de Noblat et relevant de Gaucelin de Châteauneuf et de
Gérald Brun (2). En 1271, on le voit encore acheter d'Adémar de
La Roche, de sa femme Audoine de Royère et de leurs enfants,
divers mas dépendant du château de Noblat (3). Le cercle qui
entoure la commune se rétrécit et se renforce. Plus ira, plus
l'étreinte de l'autorité épiscopale se fera sentir ; plus inévitables
et plus fréquents deviendront les conflits.

Saint Louis avait consenti, par le traité d'Amiens — 1259 — à
rendre les trois diocèses de Limoges, Périgueux et Cahors au fils
de Jean-sans-Terre ; mais il avait expressément excepté de cette
restitution les territoires compris dans les états de son frère
Alphonse, et ceux de tous les seigneurs vis-à-vis desquels lui-
même ou ses prédécesseurs avaient pris l'engagement de ne
jamais les mettre hors de la main du roi de France. L'évêque de
Limoges, on l'a vu plus haut, était de ce nombre et il demeura
vassal direct du souverain (4). Il en fut de même de l'abbé de
Solignac et de plusieurs autres seigneurs ecclésiastiques ou
laïques. Dans ce nombre figurait le vicomte de Turenne, qui
consentit en 1263, par traité spécial et direct avec le roi d'Angleterre, à renoncer à ce privilège (5).

Henri III réclama Saint-Léonard, peut-être à la suggestion

(1) Arch. Haute-Vienne. Evêché. *Registres d'hommages*, t. I, Noblat,
p. 86.

(2) Notes de l'abbé Nadaud, au Séminaire de Limoges.

(3) *Ibid.* et Reg. de l'Evêché.

(4) Fecit illi (à Saint Louis) homagium Parisius ligium pro ducatu
Atquitaniæ et pro illis quæ rex Ludovicus reddidit eidem in Lemovicensi,
Petragoricensi, Caturcensi et Agenensi diœcesibus, ubi retinuit Rex terram
fratris sui, Comitis Pictaviæ, et omnes illos qui habebant litteras quod
non possent ejici de manu Regis ; inter quos fuit dominus Aymericus, episcopus Lemovicensis, qui remansit in manu Regis Franciæ cum feodis et
refeodis suis, et plures alii (Pierre Coral, apud *Historiens de France*,
t. XXI, p. 769.

(5) A. Leroux et feu Bosvieux, *Chartes, chroniques et mémoriaux* pour
servir à l'histoire de la Marche et du Limousin. — Tulle, Crauffon, 1886,
p. 89.

des bourgeois ; mais le Parlement décida une première fois, en
1260 (1), une seconde fois vingt ans plus tard (2), qu'en raison
de la sauvegarde jadis donnée à l'Evêque et aux habitants par
Philippe Auguste, le roi de France ne pouvait se dessaisir de cette
ville et qu'elle ne sortirait pas de ses mains. — N'ayant plus rien à
redouter du roi d'Angleterre, et définitivement soustrait à son
autorité, l'évêque de Limoges prit plus sérieusement à partie la
commune de Saint-Léonard. Il ne suffisait plus que les bourgeois
lui eussent bon gré, mal gré, prêté serment ; il fallait qu'ils se
soumissent tout à fait. Le conflit éclata presque aussitôt à l'occasion de l'exercice de la justice. Il est incontestable que les consuls
l'avaient possédée et la possédaient encore, à tort ou à raison,
vers 1260. Mais nous avons dit plus haut qu'auprès des témoignages favorables aux libertés des bourgeois, on en rencontre,
aux enquêtes, d'autres qui justifient les prétentions de l'évêque.
Il semble que ce dernier fût en possession de juger certaines
causes par ses officiers, soit seuls (3), soit avec le concours des
magistrats municipaux. Nous trouverons plus loin un arrêt
reconnaissant aux agents de l'évêque comme aux consuls, le
droit d'arrêter et d'emprisonner les malfaiteurs, mais disposant
que le droit de juger ne doit être exercé qu'en commun par les
deux parties. Bien que l'existence de l'état de choses défini par
cet arrêt et proclamé par lui comme en vigueur au moment du
procès, ne semble pas ressortir de la plupart des témoignages
recueillis aux enquêtes, il n'y a pas moins lieu d'y prêter attention.

Ce qui est incontestable, c'est que, vers 1260, commença la
période aiguë, décisive, de la lutte entre l'évêque et la commune.

L'acquisition d'une partie de la vigerie et des revenus qui en
dépendaient, fournissait à Aimeric une arme redoutable contre
les bourgeois. Ceux-ci n'avaient, semble-t-il, jamais contesté
d'une façon absolue les droits possédés dans la ville par les chevaliers de Noblat, droits qui consistaient, à Saint-Léonard comme
au Château de Limoges, dans une part au moins de la vigerie,

(1) Videtur Consilio quod villa episcopi Lemovicensis que dicitur
Nooillac, remanere debet domino Regi, nec potest eam ponere extra
manum suam (*Olim*, t. I, p. 479).

(2) Append. A, n° 8.

(3) Tempore Aymerici quondam episcopi, vidit turbationem fieri in dicta
alta, media et bassa justicia, quin idem episcopus per se et per allocatos
suos eandem explectaret et explectabat pacifice. (Dép. de Rigaud *de
Quercu*, curé de La Porcherie).

des redevances sur le vin et le sel, et certains produits accessoires.
La commune, qui déniait au prélat l'exercice de ses prérogatives
de seigneur justicier, abolies à l'en croire par les coutumes et
les privilèges royaux, admettait sa juridiction comme vigier et
semble avoir laissé les officiers épiscopaux l'exercer en paix. Mais
l'évêque n'entendait pas se contenter de ce rôle secondaire. Il
voulait ressaisir complètement l'autorité qu'il avait jadis possédée
et reconquérir la juridiction à tous ses degrés. En attendant que
le moment fût venu de racheter la portion de la vigerie restée
hors de sa main, le prélat essaya d'amener les bourgeois à reconnaître et à accepter l'autorité du prévôt épiscopal chargé de
juger les causes du reste de la châtellenie (1) — *prepositus foraneus* — et qui, établi depuis longtemps dans la ville, ne paraît
point avoir été jamais inquiété par les habitants dans l'exercice
de sa juridiction sur les étrangers, sur les personnes domiciliées
hors de la ville et n'appartenant pas à la commune.

Il résulte, en effet, de l'ensemble des documents, que la ville
de Saint-Léonard était déjà devenue, au xiie siècle, le siège de la
juridiction épiscopale du château et de la châtellenie de Noblat.
Le fort, construit sur un roc abrupt, abordable d'un seul côté,
n'offrait pas, pour l'exercice de cette juridiction, les commodités
et les avantages que présentait la petite ville. L'accès plus facile
de Saint-Léonard, sa population relativement nombreuse,
l'activité de son commerce, l'importance de ses marchés et de
ses foires assuraient une large publicité aux actes judiciaires,
aux annonces, aux criées de toute espèce, une solennité plus
grande aux audiences du prévôt et à l'exécution de ses arrêts,
des ressources de toute sorte aux plaideurs. L'officier délégué
pour exercer les droits de l'évêque sur les vassaux de l'extérieur
des murs, jugeait donc à Saint-Léonard et y avait son prétoire
dans la salle épiscopale. Mais il n'exerçait aucune juridiction à
l'intérieur de la ville. Tout au moins les bourgeois le prétendent-
ils, et on entend, à l'enquête de 1288, un témoin ayant habité vingt
ou trente ans Saint-Léonard, faire cette déclaration : « J'ignore

---

(1) Nous nous sommes arrêté à ce sens après avoir consulté nombre de
personnes dont l'autorité ne nous permettait pas de maintenir notre première hypothèse : à savoir que le mot *foraneus* doit ici s'entendre avec
l'acception d'*étranger* et qu'Audier était désigné sous le nom de *prepositus
foraneus*, parce qu'il n'appartenait pas à la châtellenie. Cette traduction
nous permettait d'expliquer d'une manière plus satisfaisante un passage
de l'arrêt du Parlement de la Toussaint 1286. (V. ci-après chap. X), mais
nous ne nous dissimulons pas qu'elle soulevait certaines objections.

absolument à quoi servait cet officier (1). » — Ces affirmations sont contredites, cela va sans dire. Bornons-nous à constater pour le moment que l'on connaît la série des prévôts épiscopaux à Saint-Léonard pendant la plus grande partie du XIIIᵉ siècle. Ces fonctions sont remplies, sous l'évêque Durand d'Orlhac, par Pierre Chabecut ou Chabessut, auquel succède son fils; sous l'élu Guillaume du Puy, par Guillaume de Magnac; plus tard par Elie de Limoges, Bertrand de Vassignac et quelques autres chevaliers, écuyers ou sergents. Nous parlerons plus loin d'Audier Normand et de Jourdain Barodier. Il résulte de plusieurs dépositions que ces prévôts, dans le troisième quart du XIIIᵉ siècle tout au moins, n'habitaient pas constamment la ville, et venaient de temps en temps y tenir leurs assises; ils y demeuraient alors sept ou huit jours.

Il faut rappeler que les chevaliers de Noblat avaient un prévôt spécial, résidant au château et ne paraissant avoir rien de commun avec celui de l'évêque; on relève au contraire, à la procédure, la mention de plusieurs conflits entre ces deux officiers.

L'état de choses que nous venons d'exposer devait amener d'incessants différends, produire surtout une confusion inextricable dans l'esprit de beaucoup de personnes. Il explique dans une certaine mesure les obscurités que nous relevons dans les textes où il nous est permis de puiser quelques renseignements, les contradictions absolues des témoignages recueillis aux enquêtes. Les témoins ont vu, à telle ou telle époque, le prévôt de l'évêque tenir audience dans la salle épiscopale de Saint-Léonard, condamner des malfaiteurs ou juger des causes civiles. Après vingt, trente ou quarante années, peuvent-ils bien se souvenir de la nature de l'affaire, affirmer à quelle juridiction elle ressortissait; s'il s'agissait d'un bourgeois, ou bien d'un habitant de la banlieue ou d'un bourgeois relevant de la juridiction épiscopale pour des terres situées hors de la ville et des faubourgs? Comment nous-mêmes pourrions-nous être fixés, et trouver une certitude dans des témoignages aussi sujets à caution?

Quoiqu'il en soit, Aimeric de Serre paraît avoir, vers 1265, songé à affirmer ses droits en élevant au milieu même de la ville, sur le Marché aux Vaches, une potence ou un pilori. — La po-

____

(1) Episcopus Lemovicensis habebat prepositum suum in villa Nobiliaci triginta sunt anni, et [testis] nescit de quo serviebat dictus prepositus (Témoignage de Pierre de Roc Amadour).

tence était essentiellement le signe distinctif du seigneur haut
justicier, et nous avons vu que les consuls prétendaient seuls
exercer la haute justice dans leur ville. À la première nouvelle
de ce projet, les magistrats municipaux se réunirent à la maison
commune et convoquèrent les bourgeois. La foule ameutée se
saisit de bois qui appartenaient, en effet, à l'évêque et qu'on disait
destinés à la construction du gibet; elle les traîna dans les rues
de la ville et les jeta dans les fossés, malgré les protestations des
clercs et des sergents du prélat. Celui-ci, à les en croire, n'avait
jamais conçu le dessein qui lui était prêté (1).

Un nouveau sujet de différend était venu s'ajouter, après 1260,
aux nombreuses causes de conflit qui existaient déjà. Un des
seigneurs de Noblat, Aimeric Brun, céda à la commune le droit
d'exploiter et de défricher une partie de la forêt de Noblat dé-
pendante de son fief. Cet abandon fut-il consenti pour indemniser les bourgeois des dommages qui leur avaient été causés par le
chevalier ou les siens? Aimeric Brun fut-il seulement déterminé à conclure ce marché par la somme élevée que lui offrait la
commune? Quoiqu'il en soit, la vente fut effectuée et le chevalier
toucha cent livres pour prix de cette cession (2). Les bourgeois
se mirent donc à couper, pour leurs constructions et pour leurs
autres besoins, les arbres de la vieille forêt. Le fer et le feu y
ouvrirent de larges clairières où un certain nombre d'habitants
de la ville furent autorisés à semer du blé, à la condition de
payer au consulat une redevance annuelle égale à la moitié de
la semence. Cette contribution s'acquittait au mois d'août, au
moment de la récolte (3).

<hr>

(1) Viginti vel viginti quinque anni sunt, Episcopus Lemovicensis fecit
aduci merrerium in dicta villa ut de ipso faceret fieri quandam scalam in
Mercato Vaccarum... Consules... audientes hoc, congregaverunt se et communitatem suam in domo communi... fregerunt dictum merrerium et
illud diruptum trahinabatur... et vidit dictum merrerium projici in fossatis... Set in dicta platea... clerici et servientes episcopi dicebant quod
dictus episcopus nolebat facere fieri scalam de dicto merrerio (P. Tutonis).

(2) Triginta quinque anni sunt vel circiter, quod dominus Hemerycus
Bruni, miles. dominus castri de Nobiliaco in parte, donavit dictum nemus
dictis consulibus et communitati in recompensacionem dampnorum que
eis fecerat vel intulerat. Et ipsi consules et communitas dederunt ei centum libras propter hoc (Elie Panet). — Dicit quod ipsi (burgenses) eme-
runt forestam a domino Aymerico Bruni. (Témoignage dont le début
manque).

(3) Eo tempore quo morabatur in dicta villa, ipse vidit forestam explec-

L'évêque de Limoges, dont l'agrément n'avait pas été demandé par son vassal et qui n'entendait pas laisser tomber sa forêt en main-morte, la fit aussitôt saisir, — c'était deux ans avant sa mort, par conséquent en 1270 (1), — et constitua à sa garde des préposés spéciaux. Les bourgeois continuèrent de l'exploiter comme ils l'avaient fait depuis leur acquisition (2). Les officiers du prélat durent se borner à réclamer une amende des individus isolés qu'ils parvenaient à saisir dans la forêt; mais les bourgeois prenaient leurs précautions et allaient d'ordinaire en troupe chercher du bois et l'enlever.

La lutte néanmoins avait ses trèves, et les bourgeois de Saint-Léonard, quand surgissaient des difficultés entre eux et quelque puissant voisin, n'hésitaient pas à recourir à l'évêque et à se recommander de lui. Vers 1268 ou 1270, Gaucelin de Châteauneuf, un des seigneurs du château de Noblat, qui avait déjà émis la prétention de contraindre les habitants de la ville ou certains d'entre

tari per homines dicte ville, scindendo ligna dicte foreste et ea deportando ad dictam villam... Per duodecim annos ipse seminavit bladum in quadam parte dicte foreste quam combusserat, et cum seminasset, et veniebat (*sic*) ad tempus augusti, et vellet colligere bladum quod seminaverat, servientes consulum veniebant ad istam et petebant quantum ab isto seminature seminaverat in dicta terra seu foresta; et solvebat eis, nomine consulum, medietatem ejus quod seminaverat (Pierre d'Arfeuille). — Vidit homines de Nobiliaco explectantes in dicta foresta a triginta quinque annis, et aliquos colentes in aliqua parte foreste et de blado crescente reddentes terragia consulibus. — Requisitus si burgenses haberent dictam forestam in manu mortua... dicit quod audivit burgenses hoc dicentes pluries (Bordas, curé d'Excideuil).

(1) Aymericus episcopus eamdem forestam cepit in manu sua per duos annos ante mortem suam (Déposition incomplète à l'enquête de 1279-80).

(2) Vidit Aymericum Bruni explectantem forestam de qua fit mentio, tanquam dominum, bene suit triginta sex anni. Et iste met beno explectavit eam per viginti annos pro dicto Aymerico, qui eam tenebat in feodum, ut dicebatur communiter et notorium erat, ab episcopo. Et erat iste testis serviens feodatus dicte foreste... Postea vidit ipse testis, bene sunt triginta anni, quod idem Aymericus posuit dictam forestam in manu communitatis ville Nobiliaci. Et, quam cito episcopus scivit, assignavit ad dictam forestam et in manum suam posuit ob defectum hominis... Et eam tam per se quam per allocatos suos in manu sua tenuit... Episcopus qui nunc est... continuavit saesinam predecessoris sui, et testis, pro dicto Aymerico, guaïavit in dicta foresta multas gentes dicte ville (Joceaume de La Feuille, chevalier).

eux d'apporter leur grain à ses moulins, voulut leur interdire de
réparer le pont qui mettait le fort en communication avec la ville
et d'édifier sur ce pont une porte. La cause fut appelée aux
assises de Limoges, devant le sénéchal. L'évêque s'y présenta
avec les consuls, et sur la demande formelle de ceux-ci, les réclama comme ses hommes ; puis il cita devant lui les parties à
Saint-Léonard et les bourgeois se tirèrent d'affaire moyennant
une petite somme versée au seigneur de Châteauneuf (1).

On voit même la commune courir aux armes pour aller au
secours de l'évêque quand sa personne est en péril. Aimeric de
Serre fut pris par les gens du comte de la Marche. Le fait se
produisit peut-être au cours des démêlés entre ce seigneur et
le prélat au sujet des comptes de la gestion de la Régale, dont
les profits paraissent avoir été à plusieurs reprises cédés ou
donnés par le Roi au comte. Aussitôt que les consuls apprirent
la nouvelle, ils convoquèrent la commune, et la milice tout
entière de Saint-Léonard prit le chemin de Pontarion, où le
prélat était retenu prisonnier. Mais le comte de la Marche avait
déjà ordonné de mettre Aimeric en liberté, et sa prison venait de
s'ouvrir lorsque arrivèrent les troupes de Noblat (2).

(1) Vidit communitatem contra dictum militem, dominum de Castronovo, defendentem apud Lemovicas, coram Radulpho de Trapis, senescallo, pro eo quod dictus miles petebat ab eis quod facerent molere ad
sua molendina (Etienne Vigier). Dominus de Castronovo litigabat contra
communitatem de Nobiliaco super hoc quod impediebat ipsam ne faceret
quamdam portam super pontem de Nobiliaco. Dicta communitas et dicti
burgenses advohaverunt se ab episcopo et dixerunt quod erant homines
mansionarii ipsius (Bernard Bordas, curé d'Excideuil).

Jossellus de Castronovo... volebat impedire ne reppararent pontem de
Nobiliaco, existentem inter castrum et villam... qui erat de lapidibus et
lignis (Etienne, sous-prieur).

Jocellus de Castronovo, dominus castri Nobiliaci in parte, fecit ajornari
consules et communitatem ville Nobiliaci apud Lemovicas, coram Henrico
de Quessance, senescallo domini Regis Lemovicis ; et vidit (le témoin)
quod Hemerycus, tunc episcopus Lemovicensis, requisivit curiam suam,
tanquam de suis hominibus, consulibus dicte ville de Nobiliaco presentibus et eum requirentibus ut eos requireret tanquam suos homines et justiciabiles. Et vidit quod dicta curia fuit sibi reddita in plenis assisiis. Et
vidit quod postea fuerunt citati coram dicto episcopo apud villam Nobiliaci
... et tandem pacificaverunt coram dicto episcopo, ita quod dictus miles
habuit, per modum pacis, nonaginta duas libras pro dampnis et injuriis...
Dicti burgenses fecerant quemdam pontem lapideum in terra dicti militis
et contra suam voluntatem, prope castrum suum de Nobiliaco (Etienne
Vigier, sergent).

(2) Appendice, C. VII, 136.

VIII. — Gilbert de Malemort et les bourgeois devant le Parlement. Le prévôt Audier Normand ; la commune en état de révolte ouverte.

La querelle entre l'évêque et les habitants de Saint-Léonard avait, on vient de le voir, atteint sa période aiguë sous l'administration d'Aimeric de Serre ; mais un court répit fut laissé à la commune entre l'époque de la mort de ce prélat et de nouveaux assauts. Après la mort d'Aimeric, le siège épiscopal demeura vacant pendant près de trois années. Cette période paraît avoir été remplie de troubles et de désordres. La forteresse de Châlucet, enlevée peu auparavant aux soldats de la vicomtesse de Limoges par l'évêque Aimeric, à la tête des communes, fut rendue à la veuve de Gui VI, qui y remit ses gens. La vicomtesse put, avec l'assentiment d'Aimeric Brun, établir dans le château de Noblat une garnison destinée à inquiéter les bourgeois de Limoges, à gêner leur commerce et à entraver l'approvisionnement de la ville en battant le pays aux environs. L'audace de ces routiers s'accrut ; leurs déprédations jetèrent l'effroi dans tout le pays. En vain le sénéchal du roi de France s'efforça-t-il d'arrêter les hostilités. En vain le roi d'Angleterre lui-même vint-il dans la contrée. La vicomtesse méprisa toutes les injonctions, brava toutes les défenses. Ses soldats redoublèrent d'audace et de violences (1). Le 12 juin 1274, la garnison de Noblat fit une sortie en règle et engagea à Saint-Priest-Taurion un combat avec la milice bourgeoise de Limoges (2). Les escarmouches étaient fréquentes. Cet état de choses paraît s'être maintenu jusqu'en 1276.

Il est permis de penser que les efforts du nouvel évêque ne furent pas étrangers à la cessation de la guerre. Toute la contrée subissait le contre-coup de ces désordres et le prélat ne fit que se conformer à l'exemple de ses prédécesseurs en travaillant avec zèle au rétablissement de la paix.

Gilbert de Malemort, qui avait succédé en 1275 à Aymeric de Serre, était un adversaire redoutable pour la commune de

____

(1) Et pejus faciebant presente Rege Anglie quam fecissent ante. *Chron. de Pierre Coral*, ap. Historiens de France, t. XXI, p. 783.

(2) *Ibid.*, p. 784.

Saint-Léonard. Peu d'évêqnes se montrèrent aussi jaloux des droits de leur siège, aussi déterminés à revendiquer ceux de ces droits que leurs prédécesseurs avaient laissé usurper, à faire revivre ceux qui s'étaient insensiblement éteints. Héritier des prétentions d'Aimeric, il apporta, dans sa lutte contre les bourgeois, beaucoup plus de vigueur et d'esprit de suite. Les consuls ne se laissèrent pas déconcerter ; mais ils s'aperçurent bientôt qu'ils avaient affaire à forte partie : l'attaque devenant plus vive, plus précise et plus soutenue, ils durent accentuer la résistance et furent bientôt contraints, pour ainsi dire, à la rébellion ouverte. Le différend s'achemina dès lors vers une solution.

Il faut le dire : le prélat trouva des alliés dans les rangs même des bourgeois. Grâce aux divisions qui existaient dans la population de Saint-Léonard, la cause du prélat y comptait déjà quelques défenseurs. L'habileté de Gilbert sut augmenter le nombre de ces partisans, auxquels il est fait plusieurs fois allusion dans les pièces du procès. Par malheur les allusions dont il s'agit sont conçues en termes généraux et tellement vagues qu'ils ne nous permettent de saisir aucun fait caractéristique. Un passage du factum contenant les protestations et récusations formulées par les procureurs des consuls contre les témoins de l'évêque, nous fournit seul une indication un peu précise. Il y est dit que Martial Jaubert, clerc de la ville de Saint-Léonard, appartenant alors à la maison de l'évêque, et feu son père, ont été « la cause de tout le différend et l'origine du procès porté devant le Parlement » (1). Il nous a été du reste impossible de déterminer les faits auxquels se rapporte ce passage.

Du côté des bourgeois, on compta, au nombre des défenseurs les plus énergiques des libertés de la commune et des instigateurs les plus résolus de la résistance, Etienne Desmoulins, plusieurs fois consul ; Michel, son frère ou son cousin, Guillaume Daniel, Martial Martin, Pierre de Pau, Etienne Faure.

Cette résistance, on le verra dans les pages qui suivent, ne s'exerça pas seulement sur le terrain judiciaire. Les bourgeois prirent à plusieurs reprises les armes pour résister aux prétentions ou aux empiètements de l'évêque. On les vit même s'opposer par la force à l'exécution des ordres du Roi et du Parlement. Nous n'avons malheureusement que des indications

(1) Fuerunt causa et origo tocius discordie et litis mote inter ipsos et episcopum... et fuerunt, et idem Marcialis est adhuc inimicus ville, et juratus ipsius episcopi ; et est de familia sua, et commensalis et de robis ipsius.

incomplètes sur cette histoire si attachante et si mouvementée.
Nous allons essayer de la reconstituer, autant que nous le permettent les documents conservés dans nos dépôts d'archives.

A peine monté sur le siège de Saint-Martial, Gilbert de Malemort, à l'exemple de ses prédécesseurs, somma les bourgeois de
Noblat d'avoir à lui prêter le serment de fidélité. A cette mise en
demeure il fut répondu par un refus, et les bourgeois déclarèrent,
comme ils l'avaient déjà fait sous Durand d'Orlhac et sous
Aimeric de Serre, qu'ils ne devaient ce serment qu'au Roi,
tout au plus au duc d'Aquitaine. Le prélat eut alors recours aux
armes spirituelles. Elles réussissaient souvent. Deux cents habitants environ de la ville cédèrent devant la menace de l'excommunication et se soumirent aux exigences de l'évêque ; mais ce
furent surtout, semble-t-il, des bourgeois qui possédaient des
fonds grevés de redevances particulières au profit du siège épiscopal ou qui tenaient de lui des terres situées en dehors des
limites de la commune. Des autres, Gilbert ne put rien obtenir.
La menace de l'excommunication et l'excommunication elle-
même demeurèrent sans résultat. Les consuls et la majeure
partie des bourgeois persistèrent dans leur refus de prêter serment au prélat.

Gilbert de Malemort temporisa. En attendant que la commune
se décidât à se soumettre ou qu'un incident lui fournît l'occasion
de vaincre une résistance que pour l'instant il ne se sentait pas
la force de briser, il continua la politique de ses prédécesseurs
et reprit les négociations entamées par Aimeric de Serre pour
le rachat des fiefs dépendant de la châtellenie de Noblat.

Il s'efforça entretemps d'amener les bourgeois, ou tout au moins
ceux d'entre eux sur lesquels il pouvait exercer une action quelconque à raison de circonstances particulières, à accepter la
juridiction de son prévôt et à comparaître devant lui. Il avait à
Saint-Léonard, à l'exemple de ses prédécesseurs, un prévôt des
causes foraines qui tenait ses audiences dans la salle épiscopale
et qui était le plus haut représentant du prélat, le chef de ses agents
inférieurs. Ce prévôt exerçait aussi, semble-t-il, les fonctions
de vigier au nom de l'évêque. Celui-ci pensa qu'il pouvait mettre
à profit le double caractère de cet officier pour s'emparer peu à peu
d'une façon complète de la justice de Saint-Léonard.

Un nouveau prévôt venait d'être nommé : c'était un écuyer du
nom d'Audier (1) Normand. Quelques passages des procédures

____

(1) On le trouve nommé tantôt *Audierus*, tantôt *Audrerus* Normannus.

font supposer que l'évêque vint lui-même l'installer avec une solennité inusitée. Peut-être même est-ce dans cette cérémonie que Gilbert se serait fait accompagner d'un chanoine du Dorat, Gérald de Pierrebuffière, qui avait, paraît-il, maltraité un bourgeois de Saint-Léonard, et dont la présence dans la ville causa un vif émoi. Le nouveau prévôt logea dans la maison même de l'évêque. Il avait avec lui son frère et quelques sergents.

L'installation d'Audier et les circonstances dont elle fut accompagnée, éveillèrent-les appréhensions des consuls et excitèrent l'animosité des bourgeois contre l'évêque. Mais ces inquiétudes et ces colères s'accrurent quand on vit le prévôt vouloir faire tout seul la police et réclamer, sans l'assistance des chefs de la commune, les taxes perçues de temps immémorial par ceux-ci, avec ou sans le concours des vigiers.

Les bourgeois adressèrent aussitôt de nouvelles protestations au sénéchal. Le prévôt ne s'en émut guère et continua ses entreprises. Hardiment il revendiqua en toute occasion les droits de justice que l'évêque prétendait avoir conservés à Saint-Léonard et s'efforça d'exercer ces droits à l'exclusion de tout autre officier de la commune ou de la seigneurie; — les conflits des gens de l'évêque avec ceux des chevaliers de Noblat n'étaient pas, on l'a vu, moins fréquents que leurs querelles avec les consuls.

Ces derniers n'opposèrent pas tout d'abord la violence à ces tentatives d'usurpation. Avant d'y recourir, ils firent leurs efforts pour entraver, sans intervenir directement, l'action du prévôt. Ils allaient trouver les parties ou les témoins, les dissuadaient de comparaître, de déférer aux injonctions du juge épiscopal (1), de verser les amendes ou les frais qui leur incombaient; ils provoquaient les protestations, faisaient naître les incidents, soulevaient indirectement mille difficultés, mais sans réussir à décourager le prévôt.

La constance et la ténacité de cet officier firent à la fin sortir les consuls de ce rôle de modération et de prudence. On les vit encourager publiquement les délinquants à résister aux ordres du prévôt et braver eux-mêmes son autorité. Souvent, le jour des assises épiscopales, ils faisaient fermer les portes de la ville (2). Ni

(1) Post hoc autem, quasi per duos menses quod lis fuit mota inter episcopum et communitatem dicte ville, noluerunt (deux accusés mis en liberté provisoire) obedire coram isto. Et ipse misit servientem suum ad guaïandum ipsos, et non permiserunt se guaïare (Dép. d'Audier Normand).

(2) Homines dicte ville, scilicet Bernardus Lescolle, qui custodiebat portas dicte ville pro communitate, denegavit eidem testi, qui erat adjornatus ad assisiam episcopi, ingressum ejusdem ville, nec permisit ipsi testi intrare, bene est unus annus (Jourdain de Murs, chevalier).

plaideurs, ni témoins du dehors ne pouvaient entrer dans l'enceinte des remparts, en sorte que, l'audience ouverte, personne ne se présentait à l'appel des causes. Dans les foires enfin, quand les officiers de l'évêque voulaient vérifier les aunes ou les autres mesures des marchands forains, les bourgeois intervenaient et empêchaient ceux-ci de les donner en leur assurant que l'évêque prétendait exercer un droit qui ne lui appartenait pas (1). Et les magistrats municipaux déclaraient ouvertement à Audier que ni les délinquants appelés par lui devant son tribunal, ni aucun habitant de la ville ne reconnaîtraient son autorité et ne se conformeraient à ses ordres (2). Les citoyens se mettaient en état de rébellion ouverte contre lui et le chassaient de leur maison quand il y pénétrait pour remplir les fonctions de sa charge (3).

Des menaces aux pires excès, il n'y avait pas loin. Le prévôt fit un jour une perquisition dans la maison d'un bourgeois de la ville : Elie Trois-Pommes, et y ayant trouvé un vêtement qui avait été récemment volé, crut devoir arrêter le frère de Trois-Pommes, nommé Michel. Les consuls accoururent, s'emparèrent du prisonnier et le conduisirent dans la tour sous laquelle s'ouvrait la porte de Champmain. Le vêtement saisi fut confié à un sergent du roi de France, Adémar de Brolac. — Le même jour, un autre habitant de Saint-Léonard, Guillaume Simon, accusé d'être un des auteurs du vol, est également pris par le prévôt. Nouvelle émotion. Les consuls disputent une seconde fois à l'officier de l'évêque son prisonnier, et celui-ci est contraint de le remettre aux mains du sergent du Roi (4).

(1) Quidam burgenses dicte ville inhibuerunt mercatoribus predictis ne traderent alnas, etc. (Bordas).

(2) Consules dicte ville, scilicet Marcialis Martini, Stephanus de Molendinis, Stephanus Fabri et Petrus de Pau, et plures burgenses dixerunt isti testi quod dicti rei nec alii de dicta villa obedirent coram isto (Dép. d'Audier Normand).

(3) Idem prepositus ivit ad domnus Stephani de Molendinis pro guaïando ipsum, ut dicebat, de quadam emenda pro defectu. Et idem Stephanus expulit ipsum de domo sua, nec permisit guaïare (Dép. Martial Jobert, clerc).

(4) Prepositus... arrestavit dictum Michaelem ; et consules dicte ville... ibi venerunt, et, amovendo dictam arrestationem, ceperunt dictum Michaelem et duxerunt ad portellum de Chamagnes dicte ville, ubi eum tenuerunt in prisionem. Et propter discordiam prepositi et consulum, dictum supertunicale fuit positum in manu Ademari de Broleac, servientis domini Regis, sigillatum sigillis dicti prepositi et dicti servientis. Postea, eadem die, idem prepositus cepit dictum Guillermum Symon ; et consules et ... plures burgenses dicte ville rescusserunt cum dicto preposito etc. (Dép. Martial Jobert, clerc).

Le calme semblait rétabli lorsque le bruit se répandit dans la ville qu'Adémar avait reçu, du sénéchal du Roi à Limoges, l'ordre de remettre son prisonnier au prévôt épiscopal. Le fait était vrai. Un grand tumulte s'éleva par toute la ville ; les bourgeois crièrent aux armes et une troupe d'hommes portant des épées, des javelots, des haches et des bâtons, en tête de laquelle marchaient plusieurs des consuls : Michel et Etienne Desmoulins, Etienne Faure, Guillaume Daniel, Pierre de Pau, se précipita vers la salle épiscopale, dans laquelle le prévôt venait de ramener son prisonnier. La porte fut brisée, la prison ouverte et la foule envahit la maison de l'évêque et le prétoire où se tenait Audier Normand. Les bourgeois entouraient le malheureux officier, que ses sergents épouvantés paraissent n'avoir pas défendu. Ils le frappaient cruellement à coups d'épieu, à coups de pierre. Le prévôt rendait du sang par la bouche et du dehors on entendait ses cris. Couvert de blessures, les deux bras brisés, les côtes enfoncées, il fut laissé pour mort sur la place. Le malheureux resta neuf jours complètement privé de l'usage de la parole et dut demeurer plus de quatre mois au lit (1).

C'était un homme de courage et d'énergie. A peine rétabli, il reprit ses fonctions. Mais chaque fois qu'il tenta de les exercer dans la ville, il rencontra la même résistance. Aussitôt qu'il se transportait sur un point pour y remplir son ministère, il voyait accourir les consuls et les bourgeois, qui le repoussaient et le menaçaient de mort (2). Un jour, il avait trouvé le prévôt d'Aimeric Brun tenant ses assises dans la ville au mépris des droits de l'évêque et lui avait ordonné de le suivre dans la prison épiscopale ; mais on cria aussitôt : *aux armes !* et deux cents bour-

---

(1) Et dicti homines rescusserunt iterum cum preposito. Audiebat postea iste testis de camera sua tumultum inter eos, et prepositum clamantem et dicentem : « Ego sum vulneratus ! » (Dép. de Martial Jobert). Verberaverunt turpiter dictum prepositum in brachiis ... et percusserunt eum in latere cum quodam ligno vel petra, ita quod clamavit alte : « Ego sum mortuus ! » (Rigaud *de Quercu*, curé de La Porcherie). Michaelis et Stephanus de Molendinis, Stephanus Fabri, Guillermus Daniel, Petrus del Pau et plures alii verberaverunt eum quasi usque ad mortem, ita quod amisit loquelam quasi per novem dies ... Jacuit in lecto plus quam per quatuor menses. (Dép. d'Audier Normand). Vidit dictum prepositum verberatum et emittentem sanguinem per os ... (Dép. d'Adémar de Brolac).

(2) Voluit capere corpus cujusdam hominis ... ut videret si cum gladiis interfectus fuerat ... Burgenses ville, usque ad quinquaginta, non permiserunt, sed longe expulerunt ..., et minati fuerunt de morte, si plus tangeret (Dép. d'Audier).

geois, ayant à leur tête les consuls, accoururent, brisèrent à coups de haches la porte de la prison et mirent en liberté l'officier d'Aimeric Brun (1).

Les bourgeois ne permettaient plus au prévôt de l'évêque de procéder à la vérification des mesures des marchands, les jours de foire et de marché ; ils lui arrachaient des mains les aunes ou les coudées (2). Un des consuls, Etienne des Moulins, enleva même une fois à Audier la verge qu'il portait comme insigne de ses fonctions (3) et la brisa.

L'évêque donna un successeur à Audier, pensant que la population manifesterait peut-être une hostilité moins acharnée à l'égard d'un nouveau prévôt. Il n'en fut rien, les mêmes scènes continuèrent : Jourdain Barodier, comme l'officier qu'il remplaçait, vit enlever ses prisonniers, contester son autorité, mépriser ses ordres. Les bourgeois troublèrent ses audiences par leurs clameurs et leurs vociférations, arrachèrent les registres du greffe des mains de ses clercs et le menacèrent lui-même de le jeter en prison s'il persistait à vouloir tenir des assises (4).

La situation devenait de jour en jour plus tendue ; les bourgeois affectaient une indépendance absolue à l'égard de l'évêque et de ses officiers. La plupart faisaient des difficultés pour payer même les rentes qu'ils devaient à titre particulier au prélat, soit sur leurs maisons, soit sur des immeubles situés hors des remparts. Le prévôt forain voyait souvent l'exercice de ses fonctions entravé, et ne réussissait pas toujours à faire respecter son autorité. Les recours au sénéchal du roi de France demeuraient vains. A plusieurs reprises cet officier était intervenu, tantôt à la requête de

(1) Cepit Helyam Panebos, prepositum Aymerici Bruni, propter hoc quod tenebat assisias in dicta villa ... Et tam cito venerunt burgenses ... et cum securibus fregerunt portam dicte aule, et vidit eum extractum, etc. (Dép. d'Audier Normand). — Audivit clamari per dictam villam : « Ad arma ! Ad arma ! » Et vidit incontinenti monasterium Sancti Leonardi plenum gentibus dicte ville et aulam similiter episcopi. Et tunc fuit prisio brizata episcopi. Audivit ictus, et eadem die ipsam prisionem vidit brisatam et portam aule episcopi. Tunc fuit extractus quidam prisonarius, notatus Helyas Panebos ... Et qui loquitur erat in choro ecclesie sancti Leonardi, ubi latitabat (Dép. d'Elie, sous-prieur de Saint-Léonard).

(2) Dicti consules rescusserunt alnas et cubitus dicto Audiero, quos capiebat in nundinis... nec permittebat eum capere dictas mensuras, sicuti antea fecerat. (Dép. de Martial Jaubert, clerc).

(3) Stephanus de Molendinis... amovit virgam seu baculum Audierii Normanni (Bernard Bordas).

(4) Dép. de Martial Jobert et de Rigaud *de Quercu*, curé de La Porcherie

l'évêque, tantôt sur la demande des consuls ; mais son intervention n'avait pas eu plus de résultats que peu d'années auparavant celle du sénéchal anglais Jean de Lalinde, dans la querelle entre le vicomte de Limoges et la commune du Château : le plus haut représentant du roi de France dans la contrée avait dû renoncer à tout espoir de voir la paix se rétablir par des concessions réciproques.

Le roi lui-même s'était occupé de la querelle de l'évêque avec la commune, sans doute à la demande du sénéchal. On avait vu, vers 1277, un clerc de ce fonctionnaire, Pierre Chabaud, arriver à Saint-Léonard avec des lettres closes de Philippe III. Il les ouvrit en public, et, en présence de l'évêque, enjoignit au prélat, de la part du Roi, qu'il eut à s'abstenir de toute entreprise nouvelle contre la commune (1). Loin de tenir compte de cet ordre, Gilbert fit, peu après, arrêter les crieurs du consulat et les contraignit à lui prêter le serment de fidélité. Il reçut ce serment en audience solennelle, en présence du doyen de Limoges, du doyen de Saint-Hilaire de Poitiers et d'Elie de Limoges, chevalier (2).

Cet acte d'autorité paraît avoir décidé les consuls à s'adresser au Parlement pour assurer le respect des libertés communales. L'idée d'un appel direct à la suprême juridiction du souverain avait dû s'offrir plus d'une fois à l'esprit de l'une et de l'autre des parties ; mais toutes deux avaient reculé devant les dangers d'un procès en règle et devant l'incertitude du résultat. Mêler l'autorité royale à des querelles particulières n'était ni prudent ni sûr. La solution devant laquelle on avait hésité s'imposa bientôt. Mais, contrairement à ce qu'a écrit M. Leymarie (3), ce ne fut pas l'évêque qui porta le premier la question devant la cour du Roi. Il résulte de l'arrêt dont on trouvera plus loin le résumé (4), que le procès fut intenté par les consuls de Saint-Léonard (5). Ceux-ci se plaignirent non seulement de l'arrestation de leurs crieurs et

(1) Vidit Petrum Chabaud, de Lemovicis, apud Nobiliacum, cum litteris clausis, sigillatis sigillo domini Regis ; et vidit quod dictus Petrus fregit dictas litteras in presencia dicti episcopi, et postea quod inhibuit ex parte domini Regis ne faceret in dicta villa aliquas novitates (Léonard Godelli, maître des écoles de Saint-Léonard).

(2) *Ibid.*

(3) *Histoire de la Bourgeoisie*, t. II, p. 263.

(4) Appendice, D. n° I.

(5) C'est ce que confirme un passage d'un factum de l'évêque : *Homines de Nobiliaco olim conquesti fuerunt et peticionem suam dederunt contra Lemovicensem episcopum*, etc.

de la violence qui leur avait été faite, mais aussi des exigences de l'évêque. Ils lui reprochèrent d'avoir abusé des armes spirituelles pour contraindre un certain nombre de bourgeois à lui prêter le serment de fidélité, alors que ce serment était dû au Roi seul, et, par délégation du Roi, aux magistrats municipaux, en possession de le recevoir chaque année. Ils protestaient contre la prétention du prélat d'obliger tous les membres de la commune de se soumettre à ce devoir, et renouvelaient les réclamations qu'ils avaient déjà portées devant le sénéchal au sujet de la saisie de la forêt ordonnée par Aimeric de La Serre et maintenue par son successeur.

Le prélat répondit que les évêques de Limoges avaient toujours reçu le serment de fidélité des habitants ; que les bourgeois qui le lui avaient prêté à son avénement, s'étaient de leur plein gré acquitté de ce devoir ; qu'en ce qui avait trait à l'incident des hucheurs, ceux-ci n'avaient point été arrêtés par ses officiers à cause du défaut de serment, mais parce qu'ils avaient refusé de fournir caution dans un procès, suivant l'usage du pays. Ces crieurs, ajoutait-il, relevaient du seigneur justicier avant de relever du consulat. Au surplus le prélat déclarait ne pouvoir accorder aucun droit ni à l'association des bourgeois, ni à leurs chefs et refusait même de reconnaître l'existence de la commune.

A l'en croire, les habitants de Saint-Léonard étaient des particuliers, ses justiciables, sans privilèges, sans aucun lien entre eux (1). Le prélat avait bien ouï dire que de tout temps quelques notables de la ville s'étaient réunis sur une place publique pour traiter des affaires intéressant la population. Mais ils ne possédaient, affirmait-il, ni consulat, ni hôtel-de-ville, ni caisse commune, ni aucun caractère ou attribut quelconque (2)

(1) Quod homines dicte ville sunt et esse consueverunt ab antiquo singulares persone, populares, ignobiles, subditi et justiciabiles Lemovicensis episcopi (Intendit de l'évêque).

(2) Consulatu, communitate, domo et archa communibus que usurpaverunt, sibi non probant aliquid titulum ... Congregabant se aliqui probi homines de villa in aliqua platea, quum volebant de aliquo negocio tractare ; nec habebant aliquid sigillum corporis seu communitatis nec domum communem ; set de novo dicuntur fecisse quandam domum ubi conveniunt et fecisse quoddam novum sigillum, in quo scriptum est : *Sigillum consulum et communitatis ville Sancti Leonardi* (Dires de l'évêque). La possession par la commune d'un sceau longtemps avant le procès est attestée par d'autres témoignages. (Voir App., C. III, 33, 34, 42, etc.)

Quod olim qui volebant aliqua facere vel tractare inter se conveniebant in aliquo loco dicte ville, pro eis tractandis et faciendis ut singulares persone (Mém. de l'évêque, Appendice, B, 5e fragment.)

d'un corps constitué. Ils n'avaient nul droit d'user d'un sceau commun. Ils venaient depuis peu de temps de faire graver celui dont ils se servaient au moment du procès et sur lequel se lisaient ces mots : *Sceau des consuls et de la commune de la ville de Saint-Léonard.* Leur maison commune était aussi de construction nouvelle.

Quant à la saisie de la forêt, Gilbert de Malemort ne contestait pas que la mesure n'eût été prise par son prédécesseur et maintenue par lui ; mais n'était-il pas du droit et même du devoir de l'évêque de veiller à ce qu'un de ses fiefs ne tombât pas en roture et en main-morte ?

Pendant que les dires contradictoires, les *intendit* et les pièces de procédure s'accumulaient, l'évêque pressait ses négociations avec les possesseurs des droits démembrés de la justice de Noblat. Avec deux d'entre eux au moins il en avait déjà terminé. En 1275, Gaucelin de Châteauneuf, réalisant sans doute un engagement pris vis-à-vis d'Aimeric de Serre, avait vendu à Gilbert sa part des « maison, tour, appentif, jardins sis sur le côté supérieur du château de Noblat»(1). Au mois de juin 1277, Guillaume Vigier, damoiseau du château de Limoges, avait cédé au prélat le tiers du péage du pont de Noblat, et, par un contrat distinct, le quart de la grosse tour de la forteresse, la moitié d'une autre tour et de certaines maisons, plus la huitième partie de la justice haute et basse et de la vigerie de Saint-Léonard (2). Cette vente fut confirmée, semble-t-il, par deux actes successifs. On voit, en effet, un peu plus tard, le gendre de Guillaume, Pierre Adémar de La Roche, et sa femme Alaïde, déclarer que, moyennant la somme de 85 livres, ils abandonnent à Gilbert de Malemort « la » quarte part de la grosse tour du chasteau de Noblac, et la moy- » tié de la tour et maisons estant audit lieu et leurs appartenances » que tient mons^r Gaucelin de Châteauneuf (3). » Enfin, en 1291,

(1) Reg. d'hommage, I, Noblat, et *O Domina*, f. 85. Il ne serait pas impossible que cette cession fît double emploi avec celle mentionnée plus loin sous la date de 1285.

(2) Reg. *Tuœ Hodie*, fol. 4 r°.

(3) Reg. *O Domina*, f. 86. L'acte de 1291 pourrait bien faire double emploi avec la vente de 1271 mentionnée à la page 86.

Il serait intéressant d'avoir quelques détails précis sur les rapports qui existaient en vue de la défense du château entre les diverses familles qui l'occupaient et le « seigneur évêque ». Ces détails, malheureusement, nous manquent. Notons que les forteresses féodales avaient toutes à cette époque leur petit arsenal, avec des armes de toute espèce destinées aux écuyers

Adémar de La Roche, damoiseau, Hugues et Audoyne, ses enfants, confirmeront une fois encore cette cession. Il est dit à cette époque que les maisons cédées ont appartenu à Gaucelin de Royère et à Gui Vigier, et qu'elles confrontent à celle d'Audoin Marchès.

La cause soumise au Parlement ne s'éclaircissait guère. La commune établissait que depuis un siècle elle avait prêté serment aux ducs d'Aquitaine, puis aux rois de France; qu'après Richard-Cœur-de-Lion et Jean-sans-Terre, Louis VIII, d'abord comme lieutenant de son père, puis pour son propre compte, Louis IX et Philippe III lui-même l'avaient successivement réclamé et reçu. Les bourgeois prouvaient qu'ils avaient fourni plusieurs fois des troupes au Roi et exhibaient les ordres adressés directement à cette occasion par les sénéchaux aux consuls. Toutes les allégations de l'évêque ne parvenaient point à détruire des faits parfaitement démontrés. Le prélat ne pouvait pas davantage établir l'exactitude de ses allégations concernant la commune elle-même. Il était permis de discuter l'origine de certains des privilèges dont elle jouissait; mais révoquer en doute son existence même et la possession de toutes ses libertés, c'était aller trop loin. Les registres du Roi, les archives de la sénéchaussée, celles mêmes de l'évêché devaient recéler cent documents qui eussent fourni la preuve du contraire.

De part et d'autre, de nouvelles prétentions étaient émises et venaient s'ajouter à celles formulées dans les premiers *intendit*. Les consuls, par exemple, ne se bornaient pas à refuser de se soumettre à la juridiction du prévôt de l'évêque. Ils déclaraient que tout habitant de Saint-Léonard leur devait le serment de fidélité et demandaient au Parlement qu'à ce titre l'officier épiscopal

---

pauvres ou aux combattants d'occasion. Nous ne possédons aucun inventaire de celui du château de Noblat; mais un état des armes qui se trouvaient dans celui de Gimel vers le milieu du xiii⁰ siècle, nous a été conservé et peut nous donner une idée de ce qu'on trouvait dans ces petits arsenaux. Raoul de Beaufort possède à cette époque, dans son fort du bord de la Montane : vingt-cinq pourpoints; vingt-cinq chapeaux de fer; trente lances; deux javelots; quatre écus; dix balistes de diverses espèces; une cotte de mailles; neuf haubergeons; deux paires de jambières de fer; vingt-cinq gorgerins dont deux en fer; huit crocs et un tour pour tendre les balistes; trois cents carreaux; vingt épées; trois engins de guerre d'une valeur de cent livres clermontoises. Ajoutons que le château renferme vingt lits complètement garnis et qu'il s'y trouve un âne, dix porcs et cinquante muids de farine. — *Olim*, t. 1, p. 320. Arrêt du Parlement de la Chandeleur, 1269 v. s. (1270).

lui-même fût contraint de prêter ce serment aux magistrats de la commune. On voit que les parties ne se plaçaient pas précisément sur le terrain de la conciliation et des concessions réciproques.

IX. — ENQUÊTE DE 1280 : TÉMOIGNAGES CONTRADICTOIRES. ACQUISITION PAR L'ÉVÊQUE DES DROITS DES FAMILLES FÉODALES QUI OCCUPENT LE CHATEAU. INTERVENTION DES OFFICIERS DU ROI D'ANGLETERRE, DUC D'AQUITAINE.

Il est assez difficile de préciser la date des événements dont nous venons de résumer les principaux. Audier Normand paraît avoir été investi de la prévôté en 1277 ou 1278, peu après l'injonction signifiée à l'évêque au nom du Roi de se garder de toute innovation : ce qui faisait dire aux bourgeois, pour essayer de justifier leur résistance, que cet officier avait été établi au mépris des défenses formelles du souverain. Il résulte des témoignages recueillis à l'enquête de 1288 et de la déposition d'Audier lui-même (1), que, des scènes de violence dont le prévôt fut la victime, les plus graves s'étaient déjà produites avant le carême de 1280, époque de l'arrivée à Saint-Léonard des premiers commissaires envoyés par le Parlement.

La cour s'était enfin décidée à ordonner une enquête, à l'effet de constater les droits respectifs des parties, les coutumes en vigueur et l'état actuel des choses relativement aux divers points en litige. Ce premier arrêt, dont nous ne retrouvons pas de trace aux Registres des *Olim*, doit avoir été rendu dans la session de la Pentecôte 1279, ou dans celle de la Toussaint suivante.

Cette enquête fut confiée à deux commissaires : Pierre Lemoyne, archidiacre de Tours, et Guillaume de Châtellerault, prieur de Sainte-Radegonde de Poitiers, qui se transportèrent plusieurs fois, semble-t-il, à Saint-Léonard pour entendre les témoins produits par les deux parties. Nous constatons leur présence dans cette ville le mercredi après le dimanche de Lætare, 1279 (31 mars 1280) et le samedi avant les Rameaux, 1281 (21 mars 1282). Nous possédons le texte de cinquante-cinq des dépositions (2) reçues par eux. Toutes émanent, comme nous l'avons dit, de témoins produits

______

(1) Audier déclare à cette époque que la principale de ces scènes remonte à onze ans environ.

(2) On trouvera la liste des témoins à l'appendice, sous la lettre B.

par l'évêque Gilbert. Les témoignages des personnes citées à la requête des consuls existent aux archives départementales de Limoges et nous avons jadis dépouillé cette partie de l'enquête en vue de notre étude; mais, lors de récentes recherches pour vérifier nos textes, il nous a été impossible de retrouver le fragment de rouleau qui contient les dépositions (1).

Néanmoins, les diverses questions posées dans la première enquête ayant été comprises au programme de la seconde et le texte à peu près complet des dépositions recueillies en 1288 nous ayant été conservé et se trouvant sous notre main, nous sommes fixé d'une façon suffisante sur le sens et la physionomie générale des témoignages apportés à l'information de 1280 par les personnes entendues à la requête des bourgeois.

L'information portait sur les points principaux de la requête des consuls et du factum qu'y avait opposé l'évêque. Nous ne possédons pas le texte même du questionnaire remis aux commissaires; mais, en dépouillant les témoignages, il est facile de reconstituer le canevas de l'enquête. Chacune des parties toutefois avait remis à la cour la série des questions qui devaient être posées aux témoins produits à sa requête, et, comme nous ne pouvons consulter que les témoignages des témoins appelés sur la désignation de Gilbert de Malemort, nous ne pouvons mettre sous les yeux du lecteur que le relevé des points sur lesquels cette série de témoins fut « examinée », suivant l'expression alors consacrée.

Ces points étaient au nombre de sept :

1° Serment de fidélité : L'évêque est-il en possession de le recevoir des bourgeois?

2° Arrestation des crieurs du Consulat par l'évêque;

3° Bans et criées de la ville : Juridiction de laquelle relèvent les crieurs;

4° Allégations relatives à Gérald de Pierrebuffière;

5° Faits concernant le prévôt Audier Normand, que les bourgeois disent avoir été établi au mépris des injonctions du Roi et de son sénéchal;

6° Droit de taxer annuellement deux setiers de vin sur chaque taverne;

7° Droits respectifs de l'évêque et des bourgeois sur la forêt.

En regard des affirmations des témoins de l'évêque, qui déclaraient avoir été présents lors de la prestation, aux trois prédéces-

____

(1) Voir la notice B à l'Appendice.

seurs de Gilbert, du serment de fidélité dû par les consuls et la commune, les témoins produits par les bourgeois, sans nier que ce serment eût été prêté, attribuèrent la soumission des habitants de Saint-Léonard à l'abus fait par les prélats de l'emploi des armes spirituelles. A ce serment, ils opposèrent celui prêté par la commune aux rois d'Angleterre, ducs d'Aquitaine, et, depuis le retour de la province à la France, à quatre souverains successifs : Philippe-Auguste, Louis VIII, Louis IX et Philippe III. Ils rappelèrent que, chaque année, tous les membres de la commune ayant atteint l'âge de quinze ans juraient fidélité entre les mains des magistrats municipaux, librement choisis dans une assemblée générale des habitants par les consuls sortant de charge.

Les témoignages relatifs à la seconde et à la troisième questions furent, dans leur ensemble, beaucoup moins contradictoires que ceux relatifs à la première. Il résulte clairement de l'ensemble des dépositions que certains bans, ceux concernant les affaires de la commune exclusivement, étaient publiés au nom des consuls et de la commune seuls ; ceux relatifs à l'ost du Roi se publiaient au nom du Roi et des consuls ; ceux, enfin, qui avaient trait à la justice, au nom de l'évêque, de la seigneurie et des consuls.

Le quatrième point demeure obscur. La plupart des témoins déclarent n'en rien savoir. Nous avons vu que les habitants de Saint-Léonard avaient des griefs particuliers contre Gérald de Pierrebuffière. Mais Gérald n'ayant pris aucune part directe à la querelle entre les consuls et le siège épiscopal, l'évêque ne lui ayant donné aucun droit dans la ville et s'étant borné à se faire accompagner de ce personnage à son entrée à Saint-Léonard, on ne voit pas que le fait ait pu avoir une très grande importance.

Il est permis de se demander si Gérald de Pierrebuffière, chanoine du Dorat, ne serait pas le même que Gaucelin de Pierrebuffière, doyen de l'église de Limoges, lequel joua, vers la même époque, un rôle fort actif dans les négociations depuis longtemps entamées par l'évêque pour l'acquisition des droits appartenant aux familles féodales du château de Noblat et concernant soit le fort lui-même, soit la ville ? Mais nous n'avons pu établir ce point avec quelque certitude.

En ce qui avait trait à l'installation d'un prévôt épiscopal à Saint-Léonard, l'évêque établit aisément que ses prédécesseurs y avaient eu de temps immémorial un officier chargé, sous le nom de sénéchal ou de prévôt, de juger les causes de ceux de ses vassaux qui habitaient hors de la ville. Depuis plus de cinquante ans, le prévôt forain avait exercé son office sans interruption, et, semble-t-il, sans opposition de la part des bourgeois. Quant à la justice

de la ville, de part et d'autre des témoignages furent produits
attestant que chaque partie la possédait exclusivement. Peu de
témoins donnèrent à entendre qu'il y avait soit un partage des
droits, soit une association pour l'exercice du pouvoir judiciaire.
Aucun, semble-t-il, ne fournit à cet égard de renseignement catégorique et concluant.

Les personnes appelées sur la demande des consuls essayèrent
d'atténuer les scènes de violence dont nous avons donné le récit et
les mauvais traitements dont les prévôts, Audier Normand en
particulier, avaient été les victimes, sans pouvoir toutefois nier
l'exactitude matérielle des faits, sur lesquels des détails circons-
tanciés furent donnés par plusieurs témoins.

Le dernier point sur lequel porta l'enquête était le plus simple
et celui sur lequel il semblait le plus facile d'obtenir d'exactes
informations. Tout donne à penser que de temps immémorial les
habitants de Saint-Léonard avaient joui de certains droits d'usage et
d'approvisionnement dans la forêt de Noblat. Toutefois, profitant
des bonnes dispositions d'Aimeric Brun, qui témoignait le désir de les
indemniser de certains dommages causés à la ville par lui ou ses
gens, — dommages dont nous ne connaissons pas la nature, — ils
s'étaient fait concéder en forme par lui les droits jusqu'alors garantis seulement par la coutume; pour prix de cette concession, les
consuls avaient versé au chevalier une grosse somme, cent livres
d'alors, qui peuvent bien représenter 10,000 francs d'aujourd'hui.
L'évêque contesta le droit de son vassal d'avoir stipulé un tel
abandon à un être moral qui n'était pas « vivant et mourant »,
comme une commune : ce qui faisait tomber sa forêt en main-
morte. Il la fit saisir. C'était son droit. Toutefois, autre chose était
le fief, autre chose le droit d'affouage et d'approvisionnement
pour les constructions et même de défrichement et de culture
réclamé par la commune, et on entrevoit sur ce point, comme sur
d'autres, malheureusement secondaires, la possibilité de concilier
les prétentions de l'une et de l'autre parties.

Mais, sur les questions principales, les témoignages étaient absolument contradictoires, comme les prétentions des parties, et la
cause s'obscurcissait au lieu de s'éclaircir.

L'évêque pressentait, avant même le commencement des opéra-
tions confiées à Pierre Lemoyne et à Guillaume de Châtellerault,
que le résultat de l'enquête pourrait n'être pas absolument satis-
faisant pour ses prétentions. Il hâta donc la conclusion de ses pourparlers avec les familles nobles du château. Il lui semblait indispensable de faire disparaître, sans plus tarder, la complication qui

résultait de l'existence de leurs fiefs et de se trouver seul seigneur et seul justicier en face de la commune, devant le Parlement. Neuf mois avant l'audition des premiers témoins, le lundi après le second dimanche de la Pentecôte 1279, Aimeric de Noblat, chevalier, et Pierre de Noblat, damoiseau, frères, transigent avec l'évêque, par l'entremise de Gaucelin de Pierrebuffière, doyen de l'église de Limoges, et, moyennant une somme de 220 livres, cèdent définitivement au prélat la moitié de la vigerie engagée et tous les droits et juridiction qu'ils possèdent dans la ville de Saint-Léonard et dans ses faubourgs (1).

Le lendemain, mardi, Adémar de La Roche, damoiseau de Saint-Paul, et Alix, sa femme, transigent, aussi par l'intermédiaire du doyen, avec Gilbert de Malemort, et cèdent à celui-ci tous les droits qu'ils possèdent sur le château, la châtellenie de Noblat et la vigerie de la ville. Le prix est fixé à 40 livres; et un passage des registres de l'évêché, postérieur à la convention, établit que cette somme a été payée peu après, et que l'acquéreur a donné aux vendeurs au-delà de ce qui leur était dû. Il résulte d'une des mentions ayant trait à cette vente qu'Adémar possédait seulement la seizième partie de la vigerie et qu'il la tenait d'Audoine de Royère, sa mère (2).

Le mercredi, un troisième accord, plus important encore que les précédents, est conclu, toujours sous les auspices de Gaucelin de Pierrebuffière. Les trois fils d'Aymeric Brun : Aymeric, Elie et Gaucelin, damoiseaux, cèdent à leur tour à l'évêque, au prix de cent trente-cinq livres, tous leurs droits : vigerie, juridiction quelconque, rentes, etc., dans la ville et les faubourgs (3).

Le samedi suivant, c'est la fille d'Aimeric Brun, Aiceline, qui se dépouille, au profit du prélat, de tout ce qu'elle possède de la

(1) Voir Registres d'hommages de l'évêché : 1, *Noblac*, et Registre *Ac singularem*, fol. 265 : Quomodo Aymericus, miles, et Petrus de Nobiliaco, fratres, remiserunt episcopo medietatem vigerie et quicquid juris, dominii, justicie, census et redditus et cujuscumque deverii que ad se jure hereditario pertinere dicebant in villa seu burgo de Nobiliaco.

(2) Littera sigillata sigilli abbatis Sancti Martini Lemovicensis, quod P. Ademari et Haelis ejus uxor confessi fuerunt habuisse a domino episcopo, pro vendicione juris quod habebant in castro et castellania et vigeria burgi Sancti Leonardi, ultra summam debitam, quamdam aliam pecunie summam (*O Domina*, fol. 88 v°. — Reg. *Tuæ hodie*, fol. 4).

Le registre d'hommages de l'évêché nous fournit des détails plus précis et donne la date exacte de l'acte, qu'une annotation du registre *O Domina* fait remonter à tort à 1278.

(3) Reg. *Ac singularem*, fol. 365.

« seigneurie, justice, vigerie, juridiction » de Saint-Léonard. Elle abandonne en même temps tous les cens, rentes et devoirs qu'elle peut être fondée à y réclamer. L'acte est passé dans le cloître du monastère (1).

Les chevaliers de Noblat ne se lassent pas de vendre; l'évêque est toujours prêt à acheter. En 1285, Gaucelin de Châteauneuf confirme la cession faite en 1252 par son père à Aimeric de Serre. Le même, à peu près à cette époque, met fin à un différend déjà ancien en cédant à titre définitif à l'évêque et à ses successeurs tous ses droits sur la maison et la tour situées dans la partie inférieure de la forteresse de Noblat (2). C'est encore en 1285 qu'est conclu un accord entre le prélat et Gaucelin, au sujet de « la maison et tour assis devers la aulte partie du chasteau de Noblac, devers le cousté de Lymoges, auprès des maisons d'Oudoy et Constantin Marcheys, chevaliers ». Il s'agit probablement ici des bâtiments qui ont fait l'objet de la cession de 1275 (3).

Il ne restait plus à l'évêque, pour réunir entre ses mains tous les droits et revenus inféodés à diverses personnes par ses prédécesseurs, qu'à racheter la portion de la vigerie et des produits accessoires dont se trouvait depuis longtemps investie une famille bourgeoise de Saint-Léonard, celle des Paute, dont il a été plusieurs fois question. En 1293, Jean Paute, représentant de cette famille, agissant tant en son propre nom que pour le compte de son fils et de son gendre, consentit à abandonner à Gilbert de Malemort tous les « droits et devoirs » qu'il possédait en la vigerie ou bailie « de Noblac aux bancz de ladicte ville, en les emendes, en les » adjournements, prossès, et dation des testes de beufz, et les » solaiges des foyres » (4).

(1) Littera seu instrumentum quod Aycelina, filia quondam Aymerici Bruni, militis, quictavit domino episcopo quidquid juris habebat dominii, justicie, vigerie, juridicionis, census, redditus et cujuscumque deverii quod habebat in villa seu burgo de Nobiliaco et ejus bonis et pertinenciis universis (*O Domina*, fol. 90, r°). — Voir aussi Registre d'hommages, t. I, *Noblac*.

(2) Littere magne cum duobus sigillis, continentes et mencionem facientes de controversia mota inter dominum episcopum Lemovicensem et dominum Gaucelinum militem, dominum de Castro Novo, de et super domo et turre sitis in inferiori parte Castri de Nobiliaco. Demum dictus miles remisit eidem Domino Lemovicensi et suis successoribus quidquid juris in premissis domo, turri, ortis, appendiciis habebat, etc. (*Tuæ hodie*, fol. 3, v°).

(3) Il se pourrait même qu'il n'y ait eu qu'un seul acte, celui de 1285.

(4) Littera alia quod dictus Johannes Pauta vendidit domino Episcopo

Ajoutons, pour n'avoir pas à revenir sur les acquisitons de l'évêque, qu'en 1316 le successeur de Gilbert de Malemort acheta d'un autre bourgeois, Nicolas Desmoulins, la leide du vin dont lui et ses frères étaient en possession de lever le produit. Ce droit avait été vendu à Jean, leur père, par Pierre Adémar, aussi habitant de Saint-Léonard et qui en jouissait antérieurement.

Si l'évêque n'épargnait rien pour assurer le succès de ses prétentions, la commune, de son côté, ne restait pas inactive; c'est surtout auprès du sénéchal du Roi que nous constatons ses démarches et ses instances répétées; mais peut-être ces démarches n'ayant pas abouti et le délégué de Philippe III ne se décidant pas à intervenir et à prendre fait et cause pour les bourgeois, crut-elle devoir frapper à une autre porte.

En 1273 et 1274, la commune du Château de Limoges avait fait de grands efforts pour décider le roi d'Angleterre à intervenir dans la lutte engagée entre elle et ses vicomtes, et à prendre sa cause en mains. Elle faillit réussir. Edouard, on l'a vu plus haut (2), envoya des troupes pour secourir les bourgeois, et il ne fallut rien moins qu'une défense expresse de Philippe III pour arrêter cette intervention. Les consuls de Saint-Léonard tentèrent-ils une pareille démarche sinon auprès du roi d'Angleterre lui-même, du moins auprès de ses officiers? Il est permis de le croire. L'année même, en effet, où l'évêque de Limoges a acquis la plupart des droits possédés sur la ville par les chevaliers de Noblat, un ajournement devant la cour du Roi est donné aux bourgeois — peut-être sur leur propre requête — par les gens d'Edouard I, pour s'entendre proclamer les sujets du duc d'Aquitaine; mais le Parlement statue

jus quod habebat in baylia seu vigeria de Nobiliaco in taxacione vini, in emolumento taxacionis vini, in banno seu bannis ville, in emendis, in percepcione deu *Frau* et de la *Gacha*, in adjornamentis, judiciis et processibus judiciorum, et levacione capitum bovum, et soleariorum sutorum vendencium in nundinis Sancti Leonardi. (Reg. *O Domina*, fol. 88).

Johannes Pauta, burgensis Nobiliacensis, dedit Episcopo jus quod habebat in vigeria Nobiliacensi; et P. Pauta, filius suus, et P. Danielis, gener suus, hoc laudaverunt; et est sigillata sigillo regio. Et hoc tenebat in feodum a domino Episcopo (*ibid.*).

(1) Inter dominum episcopum et Nicholaum de Molendinis de Nobiliaco, fuit facta permutacio de leuda vini quam idem Nicholaus levabat apud Nobiliacum, cum IX sextariis avene et uno sextario siliginis quos dictus episcopus habebat in quodam manso dicti Nicholai. (*O Domina*, fol. 89 verso, et aussi fol. 85, — et Reg. d'Hommages, t. Noblac.)

(2) V. ci-dessus, p. 87.

sur cet ajournement dans le même sens qu'en 1260, et déclare de
nouveau, au mois de janvier 1280, que la ville de Saint-Léonard
est exclue des restitutions faites par le traité d'Amiens, et doit
rester en la main du Roi (1).

X. — ARRÈTS DU PARLEMENT DE 1285 ET 1286.

Le Parlement rendit un premier arrêt, dans l'affaire de Saint-
Léonard, à la session de la Pentecôte 1285 (2). La teneur de ce
jugement ne nous a pas été conservée dans les registres de la
cour; mais les archives de la Haute-Vienne en possèdent une
copie du temps (3). Il peut se résumer en quatre points principaux :

1° L'évêque de Limoges est en droit et en possession de recevoir
le serment de fidélité des habitants de Saint-Léonard. Ceux d'entre
eux qui le lui ont prêté l'ont fait de leur plein gré, et si les officiers
du prélat ont arrêté les crieurs du Consulat, c'est que ceux-ci
s'étaient refusés à donner caution conformément à l'usage du
pays.

2° Les consuls sont en possession de faire publier les bans dans
la ville, mais au nom de l'évêque, de la seigneurie et de la
commune.

3° L'évêque n'a en rien désobéi aux ordres du Roi ou de son
sénéchal, et n'a pas innové en établissant à Saint-Léonard un prévôt des causes foraines chargé de remplir ses fonctions dans la
dite ville et d'y faire résidence pour le prélat.

4° Les consuls sont reconnus en possession de percevoir tous
les ans au mois d'août, sur chaque taverne de la ville, avec le prévôt de l'évêque et le bailli (il s'agit probablement du vigier), la
valeur de deux setiers de vin.

5° Les consuls et la commune possèdent des droits d'usage dans
la forêt; toutefois l'évêque, comme seigneur, a pu saisir la dite forêt
et s'opposer à ce que ce fief passât d'une main noble à une main

(1) Appendice, A, n° 8.
(2) Il n'en est pas question aux *Olim*, à la session dont il s'agit;
mais on trouve à la session suivante (Toussaint 1885), un passage qui fait
mention expresse de cet arrêt : « Visis litteris super judicio in ultimo pal-
lamento facto, inter episcopum Lemovicensem et consules ville de Nobiliaco ». (*Olim*, t. II, p. 252.)
(3) D'août 1285. Voir l'App., lettre D, n° I.

non noble, sous réserve toutefois du droit d'usage reconnu aux bourgeois.

6° Les consuls arrêtent, jugent et emprisonnent les malfaiteurs de concert avec le prévôt de l'évêque et les vigiers des seigneurs.

Il faut noter les termes de cet arrêt et les prendre dans leur sens le plus précis et le plus étroit. S'il reconnaît à l'évêque de Limoges le droit de recevoir le serment des bourgeois, il ne déclare pas que ce droit soit exclusif de la prérogative du Roi de le réclamer aussi, à titre de seigneur supérieur, dans certaines occasions. On doit ne pas perdre de vue que les souverains français eurent toujours une tendance à considérer comme relevant directement de leur autorité toute ville en possession d'une charte de commune. C'est ainsi que Louis VIII avait réclamé le serment et le service militaire de nombre de bourgeoisies; Louis IX et Philippe III s'étaient fait, à l'exemple du précédent, jurer fidélité par les communes limousines et envoyer par elles des contingents de milice pour toutes leurs expéditions. Il est fort possible, au surplus, que le Conseil du Roi eût déjà une arrière-pensée en formulant l'arrêt dont nous résumons à dessein tout le dispositif.

Dix-huit ans plus tôt, une autre commune limousine, vassale elle aussi de l'évêque, avait obtenu un arrêt en apparence tout contraire à celui rendu dans l'affaire de Saint-Léonard, mais qui, au fond, n'excluait nullement la reconnaissance, dans une certaine mesure, du droit du prélat auprès ou plutôt au-dessous de celui du souverain. Il ne faut pas perdre de vue que les règles ordinaires des rapports féodaux ne pouvaient toujours être appliquées aux communes et que les rois, comme nous l'avons dit plus haut, y dérogeaient volontiers à l'occasion.

Brive relevait aussi de l'évêque; mais elle avait les Turenne et les Malemort pour seigneurs intermédiaires et peu à peu ces puissants voisins s'approprièrent, au détriment du prélat, la totalité des droits féodaux sur cette ville. Ainsi, dans le Château de Limoges, les vicomtes éliminèrent peu à peu la seigneurie des abbés de Saint-Martial. Le premier dignitaire ecclésiastique du diocèse était encore, au temps de Saint Louis, en possession au moins de droits honorifiques dans la capitale du Bas-Limousin, où, vers le milieu du siècle, les chefs des corporations de métiers avaient pris une influence prépondérante et modifié les vieilles coutumes municipales (1). La commune entreprit de s'affranchir de l'hommage et du serment de fidélité dû à l'évêque et prêta ce serment au Roi, entre les mains du sénéchal de Louis IX;

(1) Parlement de la Pentecôte, 1257 (*Olim*, t. 1, p. 13).

Aimeric de La Serre avait revendiqué sa prérogative et obtenu gain de cause devant le Parlement en 1265 (1). — Les bourgeois, vraisemblablement soutenus par le sénéchal, reprirent l'affaire et réussirent à prouver par une enquête que le Roi avait toujours reçu le serment des consuls et de soixante habitants : le Parlement maintint le souverain dans la possession de ce droit, à la session de l'octave de la Toussaint 1267 (2). Mais, de même que, dans l'arrêt relatif à la commune de Saint-Léonard, la Cour se tait complètement sur ce qui a trait à la prérogative du roi de France, alléguée seulement jusqu'ici par les bourgeois, — de même, dans l'arrêt rendu à la requête des habitants de Brive, elle garde le silence sur le droit de l'évêque, qu'il ne lui paraît pas utile de mettre en question et auquel elle n'entend point, pour l'instant, porter atteinte.

L'arrêt du Parlement de la Pentecôte 1285, s'il décidait une partie des questions controversées, laissait bien des points dans l'obscurité. D'autre part, son exécution pouvait donner lieu à des malentendus et à des difficultés de diverse nature. Ainsi le droit de l'évêque à recevoir le serment des bourgeois était constaté ; mais il n'était pas expressément stipulé que les bourgeois, qui avaient jusqu'ici refusé au prélat de le prêter, seraient contraints de s'exécuter. Le Parlement avait omis de statuer sur la prétention des consuls à recevoir le serment de fidélité du prévôt épiscopal. Enfin, l'arrêt gardait le silence sur le droit de mise en culture des clairières et terrains défrichés réclamé par les bourgeois.

Sur la demande des parties, ou peut-être du sénéchal chargé d'assurer l'exécution de l'arrêt du Parlement de la Pentecôte, l'interprétation de ces points fut demandée à la cour du Roi à la session de la Toussaint. Elle décida que ceux des bourgeois qui n'avaient pas juré fidélité à l'évêque lors de son avénement seraient tenus de s'acquitter de ce devoir. Injonction fut faite aux consuls et à la commune d'obéir au prévôt épiscopal, le Parlement ne s'arrêtant pas à l'allégation des magistrats municipaux relative au serment à eux dû par cet officier, et le Roi se réservant de s'enquérir des usages et de les faire observer. Quant au droit de cultiver les parties défrichées de la forêt, il fut reconnu que l'arrêt n'avait pas statué sur ce point. Les habitants de Saint-Léonard furent donc invités à introduire, si bon leur semblait, une action spéciale pour cet objet (3).

(1) *Olim*, t. II, p. 617, 618.
(2) *Olim*, t. I, p. 260, 261.
(3) Declaratum fuit quod burgenses de Nobiliaco, qui dicto episcopo, in prima creacione sua, non fecerunt fidelitatis juramentum, eidem

L'arrêt fut signifié par les officiers royaux à l'évêque et à la commune. Devant les termes précis de la décision explicative de la Toussaint, les bourgeois qui avaient suivi le parti des consuls et refusé jusqu'alors de jurer fidélité à Gilbert de Malemort, se décidèrent à se soumettre. Au nombre d'environ sept cents, ils prêtèrent serment, en audience solennelle, dans la salle épiscopale (1).

Les bourgeois de Saint-Léonard semblaient avoir perdu la partie et l'évêque Gilbert triomphait. Toutefois, divers articles de l'arrêt que le Parlement venait de rendre à son profit ne pouvaient entièrement le satisfaire. La situation définie par cet arrêt ne ressemblait guère à celle indiquée dans les *intendit* du prélat, où toute existence de droit et même de fait était déniée à la commune. Des droits, et des droits de justice, c'est-à-dire des droits seigneuriaux, des droits essentiellement réservés aux nobles et aux corps privilégiés, avaient été reconnus à la commune et à ses chefs par une solennelle déclaration du Parlement. La cour ne décidait rien, du reste, en ce qui avait trait à la connaissance des causes civiles, et les prétentions des consuls demeuraient entières. C'était beaucoup pour les bourgeois, et ils estimaient peut-être qu'ils avaient au fond gain de cause dans un arrêt en apparence favorable aux prétentions du prélat.

La commune puisa dans cette confirmation de ses coutumes et de ses privilèges de nouvelles forces pour continuer la résistance. Il fut impossible de s'entendre sur l'exécution des articles de l'arrêt relatifs à la justice. Quels étaient les droits réciproques du prévôt épiscopal et des consuls? Ceux-ci soutenaient que l'évêque n'avait pas la justice de Saint-Léonard, et que, s'il avait un auditoire et un prévôt dans la ville, c'était pour le jugement des procès de l'exté-

episcopo tenentur facere juramentum. Item, determinatum fuit quod, non obstante juramento quod consules et communitas de Nobiliaco dicebant sibi debere fieri a preposito foraneo episcopi, obediunt et obedire tenentur dicto preposito; et dominus Rex, ex officio suo, de plano sciri faciet si prepositi episcopi qui pro tempore fuerunt apud Nobiliacum, dictis consulibus et communitati consueverunt facere juramentum; quod si inventum fuerit, ad faciendum dictum juramentum dictus prepositus compelletur. Item, cum dicti burgenses Nobiliacenses, racione usagii quod habent in foresta dicti episcopi, vellent excolere plateas vacuas dicte foreste, episcopo per plures raciones contradicente, viso judicato, dictum fuit quod super dictis plateis excolendis nichil fuerat pro eis judicatum; set si super hoc voluerint contra dictum episcopum experiri, fiet eis jus (*Olim.* t. II, p. 252).

(1) Appendice, C. VII, 131, 132, 133.

rieur. Civiles ou criminelles, les causes des bourgeois relevaient des consuls seuls. Ces magistrats refusaient donc d'admettre l'ingérence d'un officier épiscopal dans le jugement de ces procès.

Il fallut revenir devant le Parlement. Celui-ci, saisi de ces difficultés dans sa session de la Toussaint 1286, ordonna que le prévôt épiscopal pour les causes foraines, agirait et jugerait comme agissaient et jugeaient les prévôts qui n'étaient point spécialement chargés de prononcer sur les différends ou les délits des justiciables du dehors (1) et comme jugeaient les consuls eux-mêmes; qu'il pourrait ajourner, arrêter, emprisonner seul les délinquants, mais qu'il les jugerait avec les magistrats municipaux. Que ceux-ci, de leur côté, auraient le droit de poursuivre, d'arrêter et d'incarcérer les malfaiteurs; mais qu'ils ne devraient prononcer qu'avec le concours du prévôt épiscopal et des vigiers des seigneurs (2). L'arrêt, à le considérer en soi, semble être la confirmation pure et simple d'une ancienne coutume ou d'un *modus vivendi* consacré par quelque transaction. Néanmoins, nous l'avons dit plus haut, il ne semble pas résulter de l'ensemble des témoignages de l'enquête que cette association de justice ait jamais existé à Saint-Léonard. La plupart des témoins, comme les parties, le nient de part et d'autre avec une égale énergie, et les deux ou trois témoignages moins absolus signalés plus haut par nous ne confirment que dans une certaine mesure l'existence antérieure d'un pareil état de choses.

(1) Le sens ici n'est pas très clair. Voir ce qui est dit plus haut, note de la page **88**, de la signification du mot *foraneus*.

(2) Declaratum fuit quod episcopus Lemovicensis uteretur judicato, prout ibi continetur, et habebit prepositum foraneum apud Nobiliacum, qui explectabit et justiciabit quemadmodum prepositi episcoporum qui non erant foranei explectare et justiciare consueverunt, et consules prout continetur in judicato. Nec impedient predicti consules quin prepositus episcopi foranens capiat malefactores et adjornet coram se et justiciet cum ipsis; nec prepositus similiter impediet dictos consules quin capiant per se et justicient malefactores cum preposito episcopi et vigeriis dominorum. Et fiet incarceracio de captis ab utraque parte, ubi ab antiquo extitit consuetum. — Nec fient super hoc alique novitates (*Olim*, t. II, p. 258).

XI. — Enquête de 1288 : impossibilité de concilier les témoignages qui y figurent.

Pas plus que les autres arrêts rendus jusqu'alors par la Cour du Roi dans l'affaire de Saint-Léonard, celui de la Toussaint 1286 n'offrait le caractère d'un jugement définitif. Rien n'était tranché au fond, et les décisions du Parlement avaient pour seul objet de régler, à titre provisoire et en attendant la solution de toutes les difficultés pendantes, l'exercice des droits respectifs dont les parties étaient actuellement en possession.

Le procès de l'évêque avec les consuls avait du reste donné lieu, dans cette même session de la Toussaint 1286, à un autre jugement de la Cour (1). Gilbert ne demandait pas seulement à être remis en possession des droits du siège épiscopal : il poursuivait aussi le châtiment des rébellions et des violences de la commune. Le Parlement fit droit en principe à sa requête sur ce point, et condamna les bourgeois à l'amende ; mais il fixa le montant de celle-ci à cent livres au lieu de mille, chiffre indiqué par le prélat.

Les évêques de Limoges, accoutumés depuis longtemps à la plus large indépendance, n'avaient pu voir sans dépit cette liberté d'allures diminuée et leur influence amoindrie par l'institution des sénéchaux du Roi de France, établis dans le pays dès 1248 ; peu sensible au début, l'action de ces officiers s'était exercée dans toute la province avec beaucoup plus d'énergie et d'une façon moins intermittente depuis la restitution à Henri III d'une portion des territoires des trois évêchés de Limoges, Périgueux et Cahors. Jamais, semble-t-il, notre pays n'avait subi au même degré la puissance centralisatrice de la royauté. A cet égard, le traité d'Amiens peut être considéré comme le point de départ du travail d'assimilation définitive de la région, qui fut interrompu quelques années seulement par les désastres du règne de Jean II.

En s'efforçant d'accroître le prestige de la puissance royale et de relever son autorité effective dans une province que, depuis un siècle, se disputaient l'Angleterre et la France, les sénéchaux se

---

(1) *Olim.*, t. II, p. 257. Il n'est pas bien sûr que cet arrêt, qui est conçu en termes très généraux, ait trait à l'affaire de Saint-Léonard ; mais tout donne à penser qu'il s'y rapporte.

heurtèrent plus d'une fois aux privilèges ou aux droits du siège épiscopal de Limoges. Nous avons déjà vu un différend s'élever entre l'évêque et le délégué du Roi dans la province, à propos du serment des consuls et de la commune de Brive. La justice de la Cité de Limoges donna également lieu, sous l'épiscopat d'Aymeric de La Serre, à certains débats sur la nature desquels nous sommes assez mal édifiés. Gilbert de Malemort, à son tour, eut, dès les premières années de son administration, d'assez graves démêlés avec le sénéchal de Poitiers. Le différend paraît avoir eu pour origine la prétention de l'évêque de ne pas être tenu au service militaire, et de considérer comme ne l'atteignant pas les mandements du sénéchal enjoignant aux seigneurs de faire publier le ban et de fournir au souverain le contingent qu'ils devaient mettre à sa disposition.

L'affaire vint devant le Parlement : celui-ci jugea, en 1280 (1), que l'évêque de Limoges devait l'ost au Roi comme les autres seigneurs terriens de son diocèse. D'autres difficultés surgirent entre Gilbert de Malemort et le sénéchal. L'évêque, appelé devant le tribunal de ce dernier, refusa de reconnaître sa juridiction : mais ses prétentions ne trouvèrent pas, auprès du Parlement, un accueil favorable et la Cour décida, en 1287, que l'officier royal avait le droit de justicier l'évêque de Limoges (2). Il était fait toutefois exception pour le procès pendant devant le Parlement entre le prélat et les deux communes de la Cité et de Saint-Léonard.

Nous avons vu plus haut à quel point ce procès était arrivé à la fin de l'année 1286. Les bourgeois, qui s'étaient, sans trop de résistance, résignés à prêter serment à l'évêque, ne se montraient point d'aussi facile composition en ce qui avait trait à l'exercice de la justice. Ils voyaient, dans l'institution à Saint-Léonard d'un prévôt à demeure, une violation flagrante de leurs droits ou plutôt une atteinte à l'état de choses qu'ils avaient peu à peu réussi à établir, en profitant des circonstances politiques et de l'impuissance où s'étaient trouvés réduits quelques évêques.

Le droit de justice était, on le sait, de beaucoup le plus important de ceux qui faisaient l'objet du litige ; on ne peut donc s'étonner qu'il fût, de tous, le plus vivement disputé et que les contradictions les plus nettes, les plus inconciliables se produisissent sur ce point, dans les dépositions des témoins comme dans les factums émanant des parties. L'enquête de 1280 n'avait été ni assez com-

(1) *Olim.*, t. II, p. 169.
(2) *Olim.*, t. II, p. 265.

plète ni assez concluante pour édifier à cet égard la religion du Parlement ; il jugea de nouvelles informations indispensables, et une seconde enquête fut ordonnée au cours de l'année 1287. Elle devait porter sur deux questionnaires fournis l'un par l'évêque, l'autre par les consuls. Voici le sens général des articles proposés par le premier, et sur lesquels devaient être *examinés* les témoins qu'il se proposait de produire :

1° L'évêque est seigneur justicier de la ville de Saint-Léonard ;

2° Ses officiers y ont exercé de tout temps le pouvoir judiciaire, tenu des assises, rendu des jugements, fait exécuter les condamnations prononcées par eux ;

3° Les habitants de Saint-Léonard sont justiciables de l'évêque, qui possède dans leur ville la justice haute, moyenne et basse : Aucun privilège ne les soustrait à la prérogative du seigneur ;

4° Ils ont usurpé, sans droit et sans titre, le consulat, la caisse commune, le sceau commun et tous les autres attributs de commune : ils sont de simples particuliers et ne constituent aucun corps ;

5° Les soi-disant consuls et leurs adhérents ont troublé l'évêque dans la jouissance de ses droits : ils ont commis des rébellions et des violences contre ses officiers, — maltraité, notamment, de la façon la plus grave le prévôt épiscopal ;

6° L'évêque a la garde et la police des foires ; il a la police de la voirie et donne les alignements ; les habitants n'ont pas le droit de louer la partie de la voie publique qui est au devant de leur maison ;

7° L'évêque a la police des poids et mesures ainsi que le produit des amendes prononcées en cette matière ;

8° C'est au nom de l'évêque que se publient les bans et criées ;

9° Le prélat et ses officiers lèvent annuellement un droit de deux setiers de vin sur chaque taverne de la ville ;

10° La forêt est dans la mouvance de l'évêque et lui appartient. — Il y avait un onzième article. Nous n'avons pu en déterminer exactement l'objet.

Le canevas sur lequel devaient être interrogés les témoins appelés à la requête des consuls, comportait neuf propositions principales :

1° Les consuls de Saint-Léonard possèdent le consulat au nom de la commune ; ils le tiennent du Roi : ils reçoivent chaque année, après leur élection, le serment de fidélité de tous les habitants ;

2° La commune fournit directement le service militaire au Roi ;

3° Les consuls ont la justice haute, moyenne et basse ; ils exercent toute juridiction dans la ville, au nom de la commune ;

4° Les consuls font crier les bans en leur nom et au nom de la commune ;

5° Ils ont la garde de la ville, l'entretien et la réparation des murs, tours et portes, tiennent les clés et exercent la police des foires ;

6° Ils ont la police des poids et mesures, et perçoivent deux setiers de vin sur chaque taverne ;

7° Les consuls ont la police de la voirie, donnent les alignements aux propriétaires qui veulent construire, et on ne peut édifier sans leur autorisation aucun bâtiment à l'intérieur de la ville, tout au moins aucun bâtiment confrontant à la voie publique ; les particuliers jouissent, en vertu d'une coutume immémoriale, du droit de louer, pendant les foires et marchés, une partie de la voie publique, chacun au devant de sa maison, à la condition de laisser au milieu de la rue un passage suffisant pour la circulation ;

8° Les habitants ont des droits d'approvisionnement dans la forêt et peuvent y prendre le bois de chauffage et le bois de construction dont ils ont besoin ;

9° L'évêque n'a exercé dans la ville d'autres droits de justice que ceux attachés à la vigerie qu'il tenait en gage ; il a acquis les droits des vigiers depuis le commencement du procès entamé devant le Parlement, pour essayer de justifier, dans une certaine mesure, les prétentions sans fondement émises dans ses *intendit*.

Par lettres du 29 août 1287, le Roi désigna pour procéder à la nouvelle enquête deux « maîtres » du Parlement : Philippe Suard, chanoine de Laon, et Jean de Morancy. Les deux commissaires ne paraissent pas s'être mis sur le champ en rapport avec les parties. On les voit attendre, pour s'occuper de l'affaire, un nouvel ordre de Philippe III, daté du 11 décembre de la même année. Trois jours après, un chanoine de Rodez, Flour *Agni*, leur est adjoint, en raison, semble-t-il, d'un empêchement de Philippe Suard ; mais celui-ci ayant pu remplir sa mission, il n'est pas autrement fait mention de ce Flour. Le 29 avril suivant, les enquêteurs enjoignent à Simon de Paris, sergent du Roi de France à Limoges, d'assigner les témoins pour le dimanche dans la quinzaine de la Pentecôte, 30 mai 1288. Les consuls notifient avant ce terme (10 mai), aux deux envoyés du Parlement, le choix de leurs procureurs : Étienne Faure et Nicolas Desmoulins, tous deux bourgeois de Saint-Léonard. Quant à l'évêque, on le voit représenté tantôt par un prêtre du nom de Pierre Dupin, tantôt par deux clercs, soit Pierre Durand et Robert Maurel, soit Jacques Gastard et P. de Vallières.

L'enquête s'ouvrit-elle à la date indiquée? Il est permis d'en douter; car la présence de Philippe Suard et de Jean de Morancy à Saint-Léonard ne nous est signalée par les documents de la procédure que le vendredi après la Saint-Clément 1288. Qu'il s'agisse de la Saint-Clément du 23 novembre, de celle du 4 décembre ou de la fête de la dédicace de l'église de Saint-Clément, 22 juillet, il est à présumer qu'il y a une erreur dans cette indication. Il faut noter qu'à cette date, les commissaires ont déjà entendu toute une série de témoignages. Nous possédons le texte des dépositions de quarante-un témoins : vingt-sept assignés à la requête de l'évêque, et quatorze produits par les consuls. La procédure nous apprend que les envoyés du Roi durent quitter Saint-Léonard le lundi suivant (la pièce indique le lundi de la Pentecôte) pour se rendre à Tours, où ils étaient attendus le samedi d'après. Le peu de temps dont ils pouvaient disposer les empêcha d'entendre un supplément de témoignages que les parties, au cours de l'enquête, sollicitèrent l'autorisation de produire (1).

De cette seconde enquête, nous avons en somme le dossier presque complet. C'est dans son ensemble le document le plus intéressant, le plus caractéristique et le plus circonstancié qui nous ait été conservé sur l'organisation et l'état de la commune de Saint-Léonard au xiiie siècle; c'est à lui que nous avons emprunté la plus grande partie des indications données aux chapitres précédents sur les institutions municipales de la petite ville. Pourquoi faut-il que nous soyons obligé de constater en même temps les contradictions dont il est rempli. Et, qu'on nous permette de le répéter encore une fois, ce ne sont pas seulement des différences de détail qu'on relève entre les témoignages produits par une des parties et ceux fournis par l'autre; ce sont des antithèses complètes, des affirmations absolument opposées et inconciliables.

L'existence de la commune, l'autorité de fait exercée depuis un temps immémorial par les consuls, le service militaire fourni au Roi par les bourgeois, ne purent toutefois être sérieusement contestés. Mais il fut de nouveau établi que, depuis le commencement du siècle, tous les évêques avaient reçu le serment de fidélité des habitants (2); que, dans une occasion au moins, ceux-ci avaient pris les armes pour marcher au secours de l'évêque (3); que, si certaines publications concernant exclusivement la commune se fai-

---

(1) Voir les 2e et 3e fragments des pièces analysées ci-après à l'Appendice, lettre B.

(2) App., C. VII, n°s 126, 127, 128, 129, 130, 130 *bis*, 131 et suivants.

(3) *Ibid.*, C. VII, n°s 136 et 137.

saient au nom des seuls magistrats municipaux, les bans d'un intérêt plus général, ceux des foires, par exemple, et ceux se rapportant
à l'exercice de la justice, étaient criés au nom de l'évêque, de la
« seigneurie » et des consuls(1). Tout cela résultait déjà suffisamment
des témoignages de la première enquête.

Quant à l'exercice du droit de justice, chaque partie produit des
témoins affirmant que seule elle le possède. Il n'y a pas d'explication satisfaisante à tenter de ces dires opposés. L'obscurité et la
contradiction demeurent complètes. Nous avons donné déjà, en
parlant des attributions des consuls et des privilèges de la commune,
le résumé des témoignages qui la représentent comme investie du
pouvoir judiciaire et l'exerçant dans la personne de ses chefs. Nous
n'y reviendrons pas ici (2).

Ce que cherche surtout à établir l'évêque, au moyen des déclarations de ses témoins, c'est que ni lui ni ses prédécesseurs ne se
sont jamais dessaisis de leurs droits de seigneur justicier de la
ville ; qu'ils les ont au contraire exercés sans opposition et sans
interruption depuis soixante ans au moins. Il résulte, en effet, de
l'ensemble des témoignages, que les évêques ont toujours tenu à
Saint-Léonard des officiers, sénéchaux, prévôts, sergents (3) ; que ces
officiers ont entendu et jugé les causes, non-seulement dans la salle
épiscopale, mais dans la maison de Pierre Astaix, sous le porche de
Notre-Dame ou même sur la place publique (4). Les témoins mentionnent un certain nombre de causes civiles portées devant le
sénéchal de l'évêque (5). Ils citent même une affaire dans laquelle
les consuls se sont présentés pour les parties devant le juge épiscopal (6). En matière criminelle aussi, les exemples ne sont pas
rares de causes déférées à ce dernier et de condamnations prononcées par lui et ayant reçu aussitôt leur exécution. Le prévôt de
l'évêque a fait pendre nombre de meurtriers, larrons, faux mon-
nayeurs, destructeurs de récoltes, incendiaires (7), couper la main ou
le pied à des voleurs (8), amputer l'oreille aux auteurs de moindres
méfaits(9), fustiger certains délinquants par les rues (10), bannir des

(1) App., C. VII, nᵒˢ 183, et C. IX, 194, 195, 196, 197, 198, 199.
(2) Voir ci-dessus chap. VI, p. 71.
(3) App., C. VIII, nᵒˢ 142, 143, 153, etc.
(4) *Ibid.*, VIII, nᵒˢ 140, 141, 142, 147, 148.
(5) *Ibid.*, VIII, nᵒˢ 145, 146, 147, 148, 149, 150, 151, 152.
(6) *Ibid.*, VIII, nᵒ 150.
(7) *Ibid.*, C. VIII, nᵒˢ 153, 155, 157, 160, 165, 166, 167.
(8) *Ibid.*, nᵒˢ 154, 156.
(9) *Ibid.*, nᵒˢ 159, 161, 168.
(10) *Ibid.*, nᵒ 171.

coupables, des complices et des suspects (1). Il a prononcé des amendes (2). Il a arrêté et incarcéré (3), exercé la police de la voirie et donné des alignements (4); vérifié les mesures : aunes coudées, pintes pour le vin, setiers pour les grains, et perçu des amendes pour celles qu'on a reconnu non conformes aux usages du lieu (5). Il a même reçu, et reçu seul, des gens tenant taverne, en valeur ou en nature, les deux setiers de vin auxquels ils sont taxés suivant la coutume (6). Enfin, il a exercé, à l'exclusion des officiers de la commune, la police des foires et marchés (7). En un mot beaucoup de témoignages de l'enquête nous montrent l'évêque et ses officiers exerçant seuls toutes les attributions qui semblent, d'après d'autres, exclusivement dévolues aux magistrats municipaux, — et cela à la même date.

Plusieurs témoins affirment non seulement que l'évêque a joui en paix de ces droits et que ses officiers les ont exercés sans résistance de la part de la population, mais que les consuls eux-mêmes ont, en mainte occasion, explicitement reconnu leur autorité. Ainsi ces magistrats sont intervenus auprès d'Audier Normand lui-même pour implorer sa pitié en faveur d'un pauvre diable qui avait volé des fèves (8). Dans un autre cas, informés d'une mort violente, suicide, accident ou crime, ils ont prévenu du fait les officiers de l'évêque et attendu que ceux-ci se fussent transportés sur les lieux pour le constater (9). Enfin, le gardien de la régale, qui n'est investi d'aucun autre droit que de ceux appartenant au siège épiscopal, a, dans une autre occasion, condamné les consuls à une amende pour avoir indûment reçu une plainte : ils se sont dessaisi de la plainte et ont payé l'amende (10).

Nous avons dit que tous les témoignages adjugent exclusivement le pouvoir judiciaire à une des parties. Deux ou trois, néanmoins, sont conçus en termes moins affirmatifs; mais il semble que les personnes interrogées ne se rendent pas bien compte de l'objet du litige. Une seule déposition, très précise, atteste l'existence d'une association qu'il serait intéressant d'étudier d'après d'autres témoignages,

(1) Append., nᵒˢ 159, 162, 163.
(2) *Ibid.*, nᵒˢ 164, 169.
(3) *Ibid.*, nᵒˢ 153, 156, 158, 161, 162.
(4) *Ibid.*, nᵒ 171 *bis*.
(5) *Ibid.*, nᵒˢ 172, 173, 174, 175, 176, 177.
(6) *Ibid.*, nᵒ 179.
(7) *Ibid.*, nᵒ 183.
(8) *Ibid.*, C. VIII, nᵒ 171.
(9) *Ibid.*, nᵒ 170.
(10) *Ibid.*, nᵒ 169.

et cette déposition mérite d'autant plus l'attention qu'elle émane d'un officier de justice, Elie Panabeus, prévôt des seigneurs de Noblat. Le témoin nous fait assister à une audience. Le sénéchal ou le prévôt de l'évêque siège, assisté des chevaliers de Noblat et des consuls. Il semble diriger les débats ; mais quand ils sont clos et que le moment de rendre l'arrêt est venu, on le voit se tourner vers ses assesseurs : « Que vous en semble? leur demande-t-il. Le malfaiteur qui est ici présent, sous telle inculpation, je vous propose de le condamner (ou de l'absoudre, selon le cas). Quelle est votre opinion? Telle peine me semble devoir être appliquée. J'ajouterai à cette peine si c'est votre avis ; je la réduirai si vous pensez qu'elle soit trop sévère. » — Et ainsi, ajoute le témoin, le sénéchal de l'évêque rendait la sentence d'après l'avis de ceux qui l'assistaient (1).

Parmi les propositions qui figurent au canevas de l'enquête de 1288 et dont il n'avait pas été question à la précédente, il faut noter les deux articles contradictoires relatifs au droit dont jouissaient les particuliers de Saint-Léonard de louer aux marchands forains, les jours de foire et de marché, la portion de la voie publique s'étendant au-devant de leur maison, et d'y installer des bancs d'étalagistes et des tentes (2). Cet usage, vraisemblablement fort ancien, est catégoriquement affirmé par plusieurs témoignages sérieux et nié de la façon la plus expresse par l'évêque. Il y a quelque raison de penser que les bourgeois réussirent à le faire maintenir et qu'ils en étaient encore en possession au xve siècle. Les nécessités de la circulation restreignaient seules l'exercice de ce droit ; il fallait qu'entre les tentes et les bancs un passage suffisant demeurât libre.

On pense bien que les affirmations des témoins produits par une des parties n'étaient pas accueillies sans protestation par les procureurs de la partie adverse, fort attentifs à toutes les particularités des dépositions, à tous les incidents de l'enquête. Presque toutes les personnes assignées à la requête de l'évêque sont récusées ou tout au moins suspectées par les consuls : elles ont intérêt

____

(1) Append., C. VIII, n° 165.

(2) Dicit... quod commorantes locant plateas vacuas ante domos suas venientibus ad nundinas et mercata, aliquotiens duos denarios et aliquotiens quatuor, a sexaginta annis... Non credit quod dicta locacio veniat in communi (Pierre Tutonis). — Quilibet burgensium explectat ante domum suam, tempore nundinarum et mercatorum, faciendo logias et stalos, prout sibi placet, durantibus nundinis et mercatis (Fr. Vincent, templier).

au procès, sont les hommes liges du prélat, appartiennent à sa maison, ou bien encore on les connaît pour les ennemis de la commune. Ce sont de mauvais religieux, des prêtres indignes, sacrilèges même..... Du côté de Gilbert de Malemort, on fait entendre des articulations non moins énergiques, mais qui semblent parfois plus précises. La plupart des témoins des bourgeois possèdent des biens situés dans les limites de la commune et par suite doivent être considérés comme parties dans la cause; les autres sont de pauvres diables ou de mauvais garnements, dont on a acheté le serment et la conscience, fort suspecte du reste (1). Il en est même un, Pierre *Goudelli,* clerc, ancien maître des écoles de la ville de Saint-Léonard, que l'évêque accuse de trigamie (2).

Naturellement la partie qui a produit le témoin mis en suspicion proteste : « C'est un bon témoin, apte à déposer dans la cause, honorable de tout point et digne de foi (3). » Pour les personnes n'habitant pas Saint-Léonard et qu'ils ont fait citer, pour trois ou quatre bourgeois de Montauban entre autres, les consuls produisent de curieux certificats de bonnes vie et mœurs, émanant de l'autorité municipale du lieu de leur domicile. On trouvera à l'appendice plusieurs de ces attestations (4).

Deux templiers, frère Mathieu Des Moulins et frère Vincent, originaires de Saint-Léonard, figurent parmi les témoins produits en faveur de la commune; le premier appartient à une des familles les plus anciennes de cette ville; il paraît être frère ou cousin d'un consul qui a été l'âme de la résistance et parent d'un des deux procureurs de la ville : Mathieu lui-même est accusé, par le procureur de Gilbert de Malemort, d'avoir été l'un des instigateurs de la révolte des bourgeois avant son entrée en religion, qui ne remonte qu'à sept ou huit ans (5).

Au nombre des témoins de l'évêque, on remarque plusieurs chevaliers et damoiseaux appartenant aux familles féodales du château de Noblat, et cinq ou six juristes, valets ou sergents du Roi de France, dont quelques-uns ont été gardiens de la régale ou juges pendant la vacance du siège épiscopal de Limoges.

---

(1) Quod ipse est vilis persona, pauper, male fame et conductus precio a gerentibus se pro consulibus.

(2) Appendice, D, n° 5.

(3) Procuratores dicunt eos esse bonos, ydoneos et fideles, et non esse conductos nec corruptos.

(4) Append., D, n° 2.

(5) Sa déposition se trouve sur le fragment de rouleau que nous n'avons pu retrouver. (Voir Append., B.).

Notons que le droit de régale a été très régulièrement exercé par le Roi de France dans le diocèse de Limoges après la mort de chacun des évêques : nous pouvons le constater à partir de 1235.

On trouve au procès le nom des officiers qui ont exercé ces fonctions : c'est Nantier et Raoul de Laron (1), après la mort de Gui de Clusel ; plus tard un sergent du Roi, nommé Larbalète ; ensuite Bertrand de Vassignac, puis Jean de Sainville, Guillaume de Razès, etc.

Il faut dire que le souvenir, plus ou moins net, de ce qui s'était passé durant ces périodes, d'un retour assez fréquent, puisque le siège de Limoges n'a pas été occupé par moins de huit évêques au cours du xiiie siècle, ne contribuait pas peu à entretenir la confusion et l'obscurité du procès. Les consuls attribuaient volontiers au jeu normal et régulier de l'autorité royale, à l'exercice de ses droits permanents, des actes que les officiers du souverain avaient accomplis pendant une vacance du diocèse, aux lieu et place de l'évêque et à titre intérimaire en quelque sorte. De son côté, Gilbert de Malemort mettait volontiers au compte des agents de la régale toute intervention des officiers du Roi dans les affaires du pays et spécialement toute démarche faite par eux auprès des chefs de la commune de Saint-Léonard, tout ordre direct envoyé à ceux-ci, tout acte dans lequel ses droits de seigneur immédiat n'étaient ni affirmés, ni réservés ou tout au moins rappelés. Cette constatation peut rendre compte de certaines difficultés ; mais la plupart des contradictions que nous avons signalées à l'enquête restent pour nous à peu près inexplicables.

XII. — Raynaud de la Porte, évêque de Limoges. — Échos de la lutte entre le pape et le roi de France. — La justice civile de Saint-Léonard, d'abord mise a la main du roi, est adjugée a l'évêque.

On ne voit pas que l'enquête de 1288 ait eu de résultats immédiats. Au surplus les pièces que nous avons entre les mains ne nous renseignent pas d'une façon précise sur cette phase de l'affaire. De 1286 à 1308, le texte d'aucun des arrêts successifs rendus par le Parlement sur le procès de l'évêque de Limoges avec les bourgeois de Saint-Léonard ne nous a été conservé ; nous

(1) *Leuron?* peut-être Levroux ?

ignorerions même la tournure que prit l'affaire et la suite des événements, si quelques mentions éparses dans les anciens registres de l'évêché ne nous fournissaient certaines indications et si nous ne trouvions dans un factum assez détaillé de Raynaud de La Porte, un sorte d'historique sommaire des phases du différend au cours des dernières années, historique malheureusement bien rapide et conçu en termes trop généraux (1).

Cet historique ne commence que vers 1301, et toute la période comprise entre 1289 et 1300 nous resté à peu près inconnue. D'un passage du registre *Ac singularem* de l'évêché, il résulterait qu'en 1291, le lundi avant la fête de la Toussaint, un commissaire royal, Naude d'Auxerre, se serait, sur l'ordre exprès de Philippe IV, transporté à Saint-Léonard pour enjoindre aux consuls d'avoir à obéir aux prévôt et officiers du Roi et de l'évêque(2); mais il y a toute raison de penser que la date indiquée est fautive et que la mention se rapporte à des faits postérieurs à l'établissement du Pariage. Il semble au surplus qu'une détente se soit produite dans les dernières années de la vie de Gilbert de Malemort, et que les hostilités entre l'évêque et les bourgeois n'aient pas recommencé dès le début de l'épiscopat de son successeur, Raynaud de La Porte. Celui-ci, nommé en 1294, vit son élection, d'abord approuvée par le pape Boniface VIII, annulée peu après sous le prétexte que Célestin III s'était réservé la disposition de l'évêché de Limoges. Raynaud ne fut reconnu définitivement et intronisé qu'en 1297 (3). On comprend que, durant ces trois années de négociations avec le Saint-Siège, de tiraillements et d'incertitudes, le procès de Saint-Léonard ait été un peu perdu de vue.

Une difficulté d'une autre nature avait surgi, en 1287, entre l'évêque de Limoges et la commune de Saint-Léonard, au sujet de l'imposition d'une taille sur les biens des clercs. Ceux-ci se prétendaient exempts et Gilbert de Malemort avait porté leurs réclamations devant le Parlement. La Cour prononça cette fois en faveur des consuls. Elle déclara, vers le commencement de l'année 1288, que, si les magistrats municipaux n'avaient pas le droit de soumettre le patrimoine de l'Église au paiement des contributions pour l'entretien et la réfection des murailles, et pour les dépenses des autres services communaux, ils pouvaient comprendre au rôle

(1) Append., D, n° 9.

(2) Evêché : Reg. *Ac singularem*, fol. 32ᵃ, v°.

(3) LEGROS, *Mémoires pour servir à l'histoire des évêques de Limoges*, p. 334. — *Gall. christiana nova*, t. II, p. 531.

de leur taille les héritages appartenant aux clercs à titre personnel (1).

Ce procès n'avait rien de commun avec la grande querelle dont nous cherchons à retracer ici les phases successives. Toutefois la solution qui lui fut donnée confirmait en quelque sorte les privilèges des bourgeois et proclamait une fois de plus l'existence de fait et de droit de la commune.

Un nouvel arrêt du Parlement suivit-il le dépôt du dossier de l'enquête et le rapport des commissaires? Nous l'ignorons absolument. Peut-être quelques productions nouvelles furent elles réclamées aux parties et le retard apporté à les fournir fit-il perdre le procès de vue à la Cour? Quoiqu'il en soit, une accalmie dut se produire, comme nous l'avons dit plus haut; car dix années s'écoulent sans qu'il nous soit possible de constater aucune trace soit de procédures, soit de scènes de violence analogues à celles dont on a trouvé plus haut le récit.

Des événements étrangers à la cause elle-même pourraient bien avoir exercé une action décisive sur la dernière période du différend et sur son issue. Mais à peine nous est-il permis de les entrevoir.

Le rôle de Raynaud de La Porte au cours du grave différend qui éclata entre le souverain Pontife et le Roi de France, n'a pas été étudié avec l'attention qu'il semble mériter. On voit l'évêque de Limoges prendre part au concile de la province de Bourges tenu à Clermont, en 1294, et où un subside est voté au Roi. On le retrouve à l'assemblée générale des évêques convoquée par Philippe à Paris, le 27 mai 1296; il y assiste, seul de toute la province de Bourges, avec l'évêque du Puy (2). On sait quelles protestations s'élevèrent contre cette assemblée, qui avait consenti à accorder un décime au Roi. Les prélats furent accusés d'avoir « tendu le dos en silence et évité le combat du Seigneur pour la maison d'Israël »; ils furent traités de « chiens muets ne sachant pas même aboyer » (3).

Mais en 1302, lorsque Boniface VIII convoque un concile à Rome, l'évêque de Limoges quitte son diocèse, malgré la défense formelle du Roi; il est à Rome le 1er novembre, jour fixé pour

(1) Inventaire des Archives nationales. Boutaric : *Actes du Parlement*, t. I. p. 410, 411.

(2) D. Martenne, *Thesaurus Anecdotorum*, t. I, col. 277 et 1286; Boutaric, *Documents relatifs à l'Histoire de France sous Philippe le Bel*, passim.

(3) Terga facile præbuisse ac pugnam pro domo Israel in prælio Domini evitasse... Canes muti qui non valent latrare.

l'ouverture du concile (1). Quatre archevêques et trente-cinq
évêques français seulement se trouvent présents. On sait que beaucoup de prélats n'avaient pas cru pouvoir répondre à l'appel du
souverain Pontife et avaient chargé trois d'entre eux de se rendre
auprès de lui pour exposer les motifs de leur conduite. Philippe
donna ordre à ses sénéchaux de saisir le temporel de tous les
évêques qui avaient enfreint ses défenses. Quelques indices
pourraient donner à penser que cet ordre fut exécuté dans le
diocèse de Limoges. Toutefois il est permis de se demander si c'est
vraiment contre la défense du souverain que Raynaud de La Porte
se serait rendu à Rome. N'y alla-t-il pas, soit chargé d'une mission par ses confrères, soit à titre d'agent du Roi? Son attitude
avant et après ce voyage ne rend improbable ni l'une ni l'autre de
ces hypothèses.

Quoiqu'il en soit, si l'évêque de Limoges encourut un instant la
colère du Roi, il ne tarda pas à rentrer en grâce. Sa présence est
signalée aux assemblées tenues au Louvre les 13 et 15 juin 1303.
L'abbé de Beaulieu s'y trouvait avec lui. On sait que les membres
de ces deux assemblées firent acte solennel d'adhésion à la cause
de Philippe, s'engagèrent à ne pas se considérer comme déliés de
leur devoir d'obéissance par les lettres du Saint-Siège les relevant
du serment de fidélité prêté au souverain, et demandèrent la convocation d'un concile œcuménique pour juger Boniface VIII, déclarant qu'ils appelaient d'avance à ce concile de toutes les sentences
d'excommunication et autres que le pontife pourrait fulminer
contre eux.

Aussitôt commence une singulière campagne en vue d'un appel
à l'opinion, unique dans l'histoire de France. Des clercs du Roi
parcourent le royaume tout entier, s'arrêtant dans chaque ville,
dans chaque abbaye, convoquant les communes, réunissant les
chapitres, exposant les griefs de la Couronne contre le souverain
Pontife, demandant au nom du Roi l'adhésion de tous les corps,
de toutes les communautés aux résolutions des assemblées du
Louvre et à l'appel, à un concile général, de tous les actes qu'il y a
lieu de redouter de la part de Boniface VIII. Non seulement les
bourgeois du Château de Limoges, de la Cité et de Saint-Junien,
mais le chapitre cathédral, le prieur général et les religieux du
monastère de Grandmont, le prieur et la communauté de Saint-
Martial de Limoges firent des déclarations conformes aux désirs

(1) Velly, *Histoire de France*, t. VII, p. 226.

de Philippe IV. Procès-verbal fut dressé de ces délibérations (1).
Plusieurs de ces assemblées, celle de la commune du Château de
Limoges, par exemple, s'étaient tenues dans des églises (2).

L'envoyé du Roi en Limousin était Jean d'Auxois, grand chantre de l'église d'Orléans et clerc du Parlement, très mêlé aux affaires politiques durant quinze ou vingt années. Il était accompagné,
semble-t-il, de plusieurs ecclésiastiques, de Pasquier de Blois,
chanoine de Péronne, et d'un autre chanoine, Pierre de La Tour-
nelle, entre autres. Ce fut dans les dix derniers jours du mois d'août
1303, que l'envoyé de Philippe IV traversa le Limousin ; il venait
du Languedoc et se dirigeait sur Bourges. De là il devait gagner le
diocèse de Poitiers.

Jean d'Auxois se heurta sans nul doute à plus d'un refus. Les
documents conservés aux archives nationales ne nous permettent
toutefois de noter, dans le diocèse de Limoges, qu'un seul exemple
de résistance aux désirs du Roi. Les Frères Prêcheurs du couvent
de la ville épiscopale déclarèrent qu'ils avaient député auprès de
Philippe IV leurs supérieurs et qu'ils croyaient devoir attendre les
instructions de ces derniers.

Deux mois plus tard, dans la seconde quinzaine d'octobre, le
clerc du Roi passa de nouveau à Limoges. Il retourna au couvent
des Frères Prêcheurs, somma les religieux au nom du Roi de lui
donner une réponse, et fit tout ce qu'il put pour l'obtenir favorable :
ses prières et ses menaces demeurèrent vaines. Les fils de saint
Dominique persistèrent dans leurs refus ; ils déclarèrent que le
prieur provincial avait été chargé de faire connaître leur réponse à
Philippe IV, au nom de tous les prieurs et de toutes les communautés de l'ordre, et qu'ils avaient lieu de croire que cette réponse
était parvenue au Roi (3). Dans toutes ou presque toutes les maisons
des Dominicains, la même réponse fut rendue aux commissaires de
Philippe IV. Des mesures d'une extrême rigueur furent prises contre ces religieux dans quelques villes : à Montpellier notamment, où
Denis de Sens se trouvait à la fin de juillet, les Frères Prêcheurs,
sollicités par lui de donner leur adhésion aux actes de l'assemblée
du Louvre, ayant refusé et déclaré qu'ils ne pouvaient répondre
sans l'autorisation de leurs supérieurs, reçurent l'ordre de sortir du
royaume dans les trois jours (4).

(1) Ces procès-verbaux sont conservés aux Archives nationales, J 480
et J 490. Nous en avons pris la copie.

(2) Celle des bourgeois du Château se tint dans l'église de Saint-Pierre-
du-Queyroix.

(3) Archives nationales, J 490, n° 703.

(4) BOUTARIC : *La France sous Philippe-le-Bel*, p. 287.

Il n'est pas question de l'évêque de Limoges aux procès-verbaux des assemblées tenues à cette occasion ; mais Raynaud de La Porte ne put se montrer hostile à ce singulier appel au peuple, qui n'est pas un des actes les moins extraordinaires du règne de Philippe le Bel, si plein, si mouvementé, si digne d'étude. La grande manifestation d'opinion publique provoquée par le Roi n'était que la conséquence des assemblées du Louvre. L'évêque demeura ferme dans sa fidélité à la cause du Roi : il assista, seul de la province avec l'évêque de Mende, au concile de Bourges réuni pour voter sur une nouvelle demande de subsides.

Nous avons dit que, dans les premières années de l'épiscopat de Raynaud, une détente s'était produite dans la lutte entre l'évêque et les consuls de Saint-Léonard. Quelques indications des archives de l'évêché pourraient même faire croire que les bourgeois s'étaient décidés à se soumettre, au moins sur certains points. On trouve, en effet, à un registre auquel nous avons déjà emprunté maint renseignement, mention d'une importante déclaration faite au nom de la commune, s'il faut en croire une note marginale, par les consuls, le lundi avant la saint Barnabé 1296 (1) : ils reconnaissent que l'évêque de Limoges a le droit d'exiger chaque année, la veille de Noël, de chaque boucher, une côte et une tête de bœuf; à la même époque, de chaque marchand de sel de la ville, une demi-émine de sel; de percevoir un denier de *solage* sur tous les marchands étrangers vendant des cuirs aux foires. Ils confessent enfin que le prélat possède des revenus sur certaines maisons et terres tant dans la ville qu'à l'extérieur, le *fiau* ou le *frau*, qui est dû le jour de l'Assomption, la *gache* (guet) due le jour de la fête de saint Michel; mais tous ces droits il faut bien le remarquer, relèvent de la vigerie, et les consuls n'ont garde de ne pas insister sur ce point (2). La commune paraît, on l'a vu plus haut, n'avoir jamais

(1) Reg. *Tuœ hodie,* fol. 52, r° et 84, v°.

(2) Le passage en question, deux fois copié au Reg. *Tuœ hodie,* fol. 51, v°, et 84 v°, donne, avec plus de détails et quelques différences, la mention qu'on trouve en note au chap. III ci-dessus, p. 54, d'après le registre *O Domina.* Nous le reproduisons ci-dessous :

Item in eodem cophino sunt quedam littere cum uno sigillo, signate per dupplicem D. D., continentes quod consules ville Nobiliacensis pro se et communitate dicte ville recognoverunt et confessi fuerunt dominum episcopum Lemovicensem habere super carnifices dicte ville, videlicet super quolibet carnifice carnes bovis seu bovium vendente, quolibet anno, in vigilia Nativitatis Domini, quandam costam (*alias* testam) bovis nomine vigerie dicte ville, recipiendam more consueto; item, supra mercatores ex-

contesté la possession de certains droits par les vigiers, représentants en somme des seigneurs de Noblat et dont il est souvent parlé au procès ; ceux-ci y sont plusieurs fois désignés sous cette dénomination bizarre : *les Jamborteus* (1), dont nous avons en vain cherché l'explication (2) ; mais tout en reconnaissant au moins d'une façon tacite les droits des vigiers, les consuls protestaient contre l'acquisition, au cours du procès, de la vigerie par l'évêque, acquisition qui modifiait l'état de choses sur lequel le Parlement avait été appelé à statuer lorsque le procès s'était engagé.

Cette acquisition, celle notamment faite en 1293, de Jean Paute, agissant pour lui et les siens, avait été suivie d'un procès entre l'évêque et les consuls, par devant le sénéchal (3). La reconnaissance mentionnée plus haut mettait fin au procès : les consuls déclaraient se désister expressément de leurs revendications.

En 1300 ou 1301, un arrêt favorable à l'évêque avait été rendu par le Parlement ; nous n'en connaissons pas la teneur ; mais des lettres du Roi du vendredi avant la Noël 1301, prescrivant l'exécution de cet arrêt, nous ont été conservées. Il y est dit que les injonctions de la Cour devront recevoir leur entier accomplissement ; que tous les obstacles apportés jusqu'alors par les consuls à l'exercice

---

traucos vendentes coria in nundinis [duos denarios, et super habitatoribus ejusdem ville vendentibus etiam coria in dictis nundinis] unum denarium, quod publice *solagium* vocatur ; item, supra vendentes sal in dicta villa, videlicet super quolibet vendente, dimidiam eminam salis, quolibet anno in Nativitate Domini ; item, supra certa loca domorum et terrarum sitarum in dicta villa et extra, recognoverunt ipsum dominum episcopum habere certos redditus qui vocantur publice *Li Frau* (*ou* Fiau) in quolibet festo Assumptionis Beate Marie, et plura alia jura pertinentia ad dictam vigeriam ; item recognoverunt ipsum dominum episcopum habere supra certa loca domorum eciam et terrarum certos redditus qui vocantur *La Gacha* in quolibet festo Beati Micaelis : quorum omnium (*sic*) habere jus levandi et percipiendi ipsum dominum episcopum recognoverunt, et omnibus causis motis inter eos coram domino senescallo Lemovicensi renunciaverunt, promittentes contra in aliquo non venire.

(1) Cum olim episcopi qui pro tempore fuerunt, habuissent ab ipsis *Los Jamborteus* : Aymerico Bruni, milite, et ejus comportionariis, nomine gatjerie, vigeriam quam habebant in dicta villa, et Johannes Pauta et ejus pater jure hereditario tenuissent et tencant medietatem dicte vigerie pro dictis *Los Jamborteus*, etc. (Arch. Haute-Vienne, Évêché, 2440).

(2) Ce nom ne pourrait-il pas venir de *Jaubert* ? On a vu plus haut qu'un chevalier de Noblat de ce nom avait précisément engagé la vigerie à l'évêque.

(3) Peut-être est-ce à cette occasion que le sénéchal avait établi deux sergents royaux, que le Parlement lui interdit de maintenir.

des droits de l'évêque devront disparaître et que les bourgeois de
Noblat paieront au Roi une amende de mille livres tournois et au
prélat une somme de trois cents livres, à titre de dommages intérêts (1). Peu après, le sénéchal de Poitiers, qui plaidait en ce moment contre Raynaud de La Porte devant le Parlement au sujet de la
mise sous séquestre de la justice de la Cité de Limoges, revendi-
quée par l'officier du Roi comme appartenant à son maitre, rece-
vait ordre d'assurer aux arrêts de la cour obéissance et respect.

La justice civile de Saint-Léonard fut mise à la main du Roi le
mercredi 20 février 1303, au témoignage des anciens registres de
l'Evêché (2). Il est vraisemblable que l'attitude de Raynaud de La
Porte, dans le différend de Boniface VIII et de Philippe IV, fut
étrangère à l'affaire, car un autre registre nous apprend que
le séquestre devait durer « jusqu'au prochain parlement » (3) :
un clerc du nom de Jean Chauvet était investi des fonctions de
juge à titre provisoire.

Pour éclairer sa religion sur ce chef spécial, le Parlement
ordonna une troisième enquête. De cette dernière, aucun témoignage, croyons-nous, n'a été conservé ; du moins n'en avons-nous
pu retrouver un seul. On constate seulement que la commission
pour procéder à cette enquête fut donnée à Etienne Bourret, sous-
doyen de Poitiers, clerc du Roi, et à Jean d'Harblay — *de Arre-
blayo* — chevalier du Roi et sénéchal du Périgord. Ils sont nommés tous les deux à un acte du samedi après la Quasimodo (20
avril) de l'année 1303.

Le 8 mars 1304, vieux style (1305), la justice était encore à la
main du Roi et Jean Chauvet continuait à occuper la charge de

---

(1) ... Quod judicata predicta tenebunt, et integre fiet et explebitur
execulio corumdem ; et impedimenta super hiis eidem episcopo oppo-
sita(?) amovebuntur ; et quod dicti Nobiliacenses, pro predicis eorum inobedienciis, nobis solvent mille libras turonenses pro emenda, ac dicto
episcopo trecentas libras turonenses pro suis dampnis (Arch. Haute-
Vienne, fonds de l'Evêché, liasses diverses). — Lictere regie continentes
quod, per arrestum, dicti consules Nobiliacenses fuerunt omnino exclusi,
quantum ad possessorium, a cognicione causarum civilium, et quod quantum [ad] emendas in quibus ipsi consules fuerunt condempnati propter
eorum inhobedientias et excessus : Regi, in mille libris, et episcopo Lemovicensi, in trecentis libris, amplius non audirentur, et dicta con-
dempnacio execucioni demandaretur (*Ibid.*, Evêché, Reg. *Tuœ hodie*,
fol. 35, r°).

(2) Le 10 des calendes de mars 1302, vieux st. (Reg. *Tuœ hodie*,
fol. 36, v°).

(3) Reg. *Ac singularem*, fol. 326, 327.

juge civil malgré les protestations de l'évêque; mais cette situation touchait à sa fin : cette même année, le Parlement déclara que la justice civile appartenait au prélat et elle fut en effet remise à Raynaud de La Porte par l'officier à qui le sénéchal en avait confié l'exercice : rien n'étant d'ailleurs modifié au contenu des arrêts précédents en ce qui a trait à la justice criminelle (1).

C'est surtout sur les incidents de la dernière phase de l'affaire, — celle qui suit l'arrêt de 1305, — que le mémoire de l'évêque nous fournit de précieux renseignements.

Les consuls ne se soumirent pas à la décision du Parlement; ils prétendirent que l'arrêt rendu en faveur de l'évêque ne portait en rien atteinte à leur droit de connaître des causes civiles dont leurs concitoyens leur déféraient le jugement. Ils firent si bien qu'ils obtinrent du sénéchal de Poitiers un mandement prescrivant une information sur ce point précis. L'évêque forma opposition. L'affaire revint devant le Parlement, qui, après s'être montré dans un premier arrêt favorable à l'évêque, parut un moment disposé à admettre les prétentions de la commune, tout au moins à les examiner avec bienveillance ; et, comme les consuls affirmaient que le dossier des premières enquêtes avait été perdu, et d'un autre côté prétendaient qu'ils étaient troublés par l'évêque dans l'exercice des droits garantis par la coutume aux chefs de la bourgeoisie (2), ils obtinrent un arrêt ordonnant une nouvelle enquête; mais l'ancienne ayant été retrouvée et la vérité connue, cette enquête, ou simplement l'ordre d'y procéder fut annulé (3).

Presque aussitôt, les consuls revinrent à la charge : ils firent si

(1) Per arrestum curie dictum fuit quod manus regia amoveretur de causis civilibus de villa de Nobiliaco. De cognitione causarum civilium predictarum dictus episcopus vel ejus prepositus explectabit, et consules dicte ville cum dicto episcopo vel ejus preposito incarcerabunt et justiciabunt..... Quod per arrestum curie, causa cognita, dicti gerentes se a possessione causarum civilium penitus fuerunt exclusi (Procédures, 5e fragment).

(2) Consules Nobiliaci conquesti fuerunt quod dominus episcopus Lemovicensis ipsos impediebat in possessione, in qua erant, cognoscendi inter partes de causis civilibus, ob quod pluries fuerat commissum informacionem super premissis fieri; quarum alique fuerant deperdite (*Tu œ hodie*, f. 35, r°). — Asseruerunt... quod episcopus impediebat eos in cognitione causarum civilium, et impetraverunt commissionem quod super hoc inquireretur (Factum de l'évêque).

(3) Curia, comperta veritate, predictam inquestam annullavit, et de hoc exstat littera curie (*ibid.*).

bien qu'ils réussirent à obtenir une seconde fois de la cour un arrêt portant qu'il serait procédé à une enquête. Mais, de rechef, sur les protestations de l'évêque, le Parlement revint sur sa décision; l'affaire fut arrêtée et toute la procédure depuis la restitution de la justice civile à l'évêque annulée (1). Les bourgeois ne se tinrent pas pour battus et s'efforcèrent de regagner encore une fois l'oreille du Parlement; ce fut en vain. La cour repoussa leurs prétentions, déclara qu'elle ne pouvait ordonner une enquête sur une matière jugée; il fut enjoint au sénéchal de Poitou de faire exécuter les arrêts et d'obliger la commune à se soumettre, à payer au Roi l'amende à laquelle elle avait été condamnée en 1301 et à indemniser l'évêque.

Vaincus sur ce point, les consuls essayèrent de conserver au moins la police des poids et mesures, alléguant qu'elle appartenait à la juridiction criminelle et non à la juridiction civile. Une sentence du sénéchal déclara qu'elle dépendait de cette dernière, les contrevenants étant passibles d'une peine pécuniaire seulement, d'après la coutume du pays. La commune essaya d'empêcher les officiers de l'évêque de vérifier les poids et mesures; il fut de nouveau enjoint aux consuls et aux bourgeois, de la part du Parlement et du sénéchal, de cesser toute résistance. Cet ordre leur fut signifié par Jean de Compiègne — un sergent du Roi sans doute — qui dut non seulement leur défendre de troubler le prévôt de l'évêque dans l'exercice de la justice en ce qui se rapportait aux causes civiles, mais aussi leur interdire toute connaissance de ces causes, sous peine d'un châtiment exemplaire.

XIII. — INTERVENTION DU ROI ; ARTICLES DU PROCUREUR DE LA COURONNE. — MÉMOIRE DE L'ÉVÊQUE.

Trente années s'étaient écoulées depuis le jour où le différend entre l'évêque de Limoges et la commune de Saint-Léonard avait été porté devant la Cour du Roi; depuis quinze ans les enquêtes prescrites par le Parlement sur le fond même de la cause étaient

(1) Informacio fuit per judicium curie annullata, et de hoc exstat littera curie. (Mém. de l'évêque.) — Demum, visis litteris... annullatione prioris informacionis per Parlamenti judicium facta, secunda informacio per ipsius Parlamenti judicium fuit totaliter annullata (Reg. *Tuœ hodie*, fol. 35, r°).

terminées et rapportées. L'une et l'autre parties avaient présenté leurs conclusions. Toutes les allégations, tous les moyens avaient été examinés, tous les incidents vidés. Le procès semblait épuisé et il ne manquait plus, au volumineux dossier du greffe, que l'arrêt décisif devant mettre fin à cette longue querelle (1).

En attendant avec confiance une solution définitive, l'évêque travaillait sans se lasser à obtenir des habitants de Saint-Léonard la reconnaissance des droits dont les divers arrêts prononcés jusqu'à ce jour, auraient dû lui assurer la jouissance; mais la résistance que rencontraient ses officiers ne faiblissait pas. Tantôt passive, tantôt violente, cette résistance s'exerçait avec certaines apparences de légalité et la commune avait toujours à faire valoir, pour l'expliquer, sinon pour la justifier, quelque argument plus ou moins spécieux, tiré de l'arrêt même qui venait de condamner ses prétentions. Les consuls y trouvaient toujours, en effet, quelque point obscur ou ambigu, quelque lacune, dont ils savaient tirer parti en tournant toute phrase douteuse au profit de leurs prétentions.

Leur cause, néanmoins, semblait perdue, et nous ne voyons guère sur quoi ils purent s'appuyer pour continuer la lutte après les ordres du Parlement obtenus par le prélat en 1305 et 1306. Ils ne désarmèrent point, pourtant : n'avaient-ils pas, dès lors, quelque motif de compter sur l'intervention d'un puissant auxiliaire, et ne pressentaient-ils pas, s'ils ne le savaient pertinemment, que l'affaire allait changer de face?

Raynaud de La Porte somma le sénéchal de faire respecter ses propres injonctions et celles de la Cour suprême. L'officier royal ne répondit pas à cette mise en demeure. Celle-ci fut renouvelée dans les termes les plus énergiques et les plus pressants. Le sénéchal fit la sourde oreille.

La mauvaise volonté de l'officier du Roi était flagrante. Elle ne pouvait s'expliquer que par des instructions récemment adressées au sénéchal et inspirées par les calculs politiques des conseillers du Roi. A force de revenir devant le Parlement, l'affaire de Saint-Léonard avait fini par appeler l'attention de Philippe IV et de son entourage. Longtemps on n'avait pas prêté l'oreille aux allégations des consuls, et on n'avait considéré leur thèse que comme un moyen de défense, un argument de procédure plus spécieux que solide; on parut peu à peu y accorder quelque importance. Nul

(1) Super premissis litigaverunt cum dicto domino modo per triginta annos et amplius... Sunt inqueste facte, et super hiis est conclusum hinc et inde, jam quindecim anni sunt elapsi, et jam non restat, nisi quod feratur sententia (*Procédures,* 5e fragment).

doute que les bourgeois, voyant le succès de leur cause très compromis, n'aient fait de grands efforts pour obtenir que le Roi fît valoir ses droits à l'encontre de ceux de l'évêque et se décidât enfin à se porter partie au procès.

Ces efforts auraient, sans doute, réussi plus tôt, si la commune avait consenti à s'effacer complètement et à laisser le Roi se substituer, pour ainsi dire, à elle : on trouve trace des pourparlers qui furent engagés en vue de donner à l'affaire cette tournure plus nette ; mais les bourgeois ne purent se résoudre à se retirer complètement du procès et à déclarer que leurs magistrats n'avaient jamais été que les préposés de la Couronne, comme les consuls de certaines bastides royales. Tout en avouant le Roi pour leur seigneur immédiat, ils continuèrent à affirmer et à défendre leurs libertés communales, à invoquer en leur faveur la garantie de la coutume non moins que celle résultant de l'octroi du souverain.

Quoiqu'il en soit, l'évêque ne s'aperçut pas seulement à l'inertie du sénéchal du changement qui s'était opéré à son endroit dans les dispositions du Roi et de son conseil par rapport à l'affaire de Saint-Léonard. La rébellion persistante des consuls l'inquiétait moins que les complications qu'il pouvait déjà entrevoir. Il concevait de sérieuses appréhensions qui ne tardèrent pas à être justifiées.

En effet, quand le procès revint devant le Parlement, entre les deux parties qui, depuis trente années, se trouvaient en présence, on en vit tout à coup surgir une troisième : le Roi s'était décidé à intervenir. Son procureur exposa les raisons de cette intervention.

Il avait été, suivant lui, établi au cours des diverses phases du procès, que le Roi ne pouvait rester désintéressé dans le débat qui s'agitait entre l'évêque de Limoges et les consuls de Saint-Léonard. Ceux-ci, en effet, n'étaient que les officiers du souverain, ses délégués. Du Roi seul ils tenaient les droits qu'ils possédaient. En son nom et par son investiture, ils jouissaient de la juridiction haute, moyenne et basse ; ils exerçaient la justice pour son compte ; ils avaient reçu de lui la garde de la ville, de ses remparts, de ses tours, de ses fossés et les clés de ses portes. Tout cela, la commune, dans la personne de ses magistrats, le tenait en fief immédiat du Roi, et devait à celui-ci, à raison de ce fief, l'hommage et le serment de fidélité (1).

(1) Asseruit idem procurator pro domino Rege quod ipsi gerentes se [pro consulibus] pro jure suo et pro consulatu predicto, quem tenebant a Rege, habebant altam, mediam et bassam justiciam et omnimodam justiciam ab antiquo... que premissa tenebant in feodum a Rege, et pro pre-

L'organe officiel de la Couronne exposait, dans un factum dont nous ne possédons pas le texte, les preuves des droits réclamés par lui au nom du souverain et celles de la mouvance directe de la ville de Saint-Léonard. Il s'efforçait d'établir que la seigneurie et la justice de cette ville, comme celles de la Cité de Limoges, appartenaient au Roi, et demandait en conséquence qu'elles lui fussent définitivement adjugées. Il parlait, du reste, pour le compte des consuls comme au nom du Roi, et proclamait les droits de la commune, en affirmant ceux de son maître (1).

A ce factum, l'évêque riposta par un long et intéressant mémoire qu'on retrouve dans un des rouleaux du procès. Il nous a paru nécessaire d'en indiquer les points principaux et d'en donner une rapide analyse.

Le prélat ne se laisse pas effrayer par l'intervention du Roi et n'abandonne aucune de ses prétentions. Il réclame avec énergie le bénéfice des divers arrêts obtenus jusqu'ici du Parlement et déclare qu'il n'entend ni renoncer à la situation résultant de ces arrêts ni laisser de nouveau mettre ses droits en question. Il rappelle qu'il est seigneur temporel de la ville de Saint-Léonard à la suite des prélats ses prédécesseurs ; qu'il en a le gouvernement et la défense ; qu'il les tient directement du Roi, à foi et hommage, comme seigneur immédiat et baron. Il formule de nouveau toutes ses revendications concernant la justice pleine et entière de la ville et constate que le Parlement les a reconnues bien fondées.

Le serment prêté au Roi dans des circonstances exceptionnelles et en vue de l'intérêt général, par les prétendus consuls et les habitants, ne prouve rien en faveur de la thèse qu'ils s'efforcent de faire accepter à la Cour. Il y a en France, et en particulier dans la sénéchaussée de Périgueux et dans celle de Poitiers, de laquelle dépend Saint-Léonard, un grand nombre de villes plus importantes, plus célèbres que celle-ci, et ne possédant aucun droit de justice. Les consuls ou les échevins de ces villes n'ont d'autre auto-

dictis faciebant homagium et juramentum fidelitatis... Asseruit idem procurator domini Regis quod omnia que spectant ad altam, mediam et bassam justiciam, et omnimodam juridictionem, et quod fortalicia, muri, fossata et porte ville et claves earum erant ipsorum se gerentium et quod ea tenébant dicti gerentes a domino Rege... Per ipsos ut per ministros Rex in dicta villa utitur alta, bassa et media justicia. (Appendice, B, 5e fragment).

(1) On trouvera à l'appendice D, n° 7, les *articles* donnés pour le Roi, qui se trouvent attachés à la suite d'un des rouleaux de l'enquête de 1288.

rité, d'autres attributions que celles qu'ils tiennent du seigneur immédiat et que celui-ci a consignées dans leur charte. Le seigneur demeure en possession de la justice haute, moyenne et basse comme de tous les droits dont il n'a pas fait abandon.

En ce qui concerne les bourgeois de Saint-Léonard, ils ne peuvent justifier de leurs droits prétendus. Depuis peu ils ont un sceau et un hôtel de ville qu'ils ont toujours déclaré posséder au nom de leur commune, et non pas au nom du Roi, comme ils l'assurent à présent. Or, la coutume, le droit et la raison veulent qu'ils n'aient pu acquérir les libertés de la commune sans un privilège ou un titre concédé par leur seigneur immédiat; ce privilège n'a jamais été accordé par les évêques de Limoges. Les bourgeois ont usurpé l'état de commune sans droit et au mépris du serment de fidélité prêté par eux à tous les prélats qui se sont succédé sur le siège épiscopal. Ils violent ce serment en empiétant sur le domaine de leur seigneur, et en assurant, dans leurs libelles mensongers, qu'ils tiennent leurs privilèges d'un octroi du Roi de France. Ils n'ont pas le droit d'avouer celui-ci pour seigneur au préjudice de leur seigneur direct, et le Roi lui-même n'a pas le droit de recevoir un pareil aveu.

Et l'évêque, reprenant, un à un, tous les arguments qu'il a fait valoir contre les prétentions de la commune, lui dénie de nouveau toute organisation, tout privilège. Les habitants de Saint-Léonard ont pu tenir des réunions pour traiter d'affaires ayant un intérêt commun. Ils ont pu même charger quelques prud'hommes de s'occuper spécialement de ces affaires; mais ils ne forment point un corps et, en tant que collectivité, n'ont pas d'existence légale, ne sauraient par conséquent revendiquer aucun droit. S'ils en possédaient, ils ne pourraient les tenir que de l'évêque de Limoges, leur seigneur immédiat, et jamais le prélat ne s'est dessaisi, en leur faveur, d'aucune portion de son domaine.

Le prélat aborde ensuite un sujet plus délicat. Il s'agit de répondre aux allégations du procureur du Roi et de repousser les prétentions de la Couronne. Raynaud de La Porte ne songe pas à contester les prérogatives que Philippe IV tient de sa qualité de seigneur supérieur et de la majesté royale. Il reconnaît que le souverain a pu demander et recevoir, à son avènement, le serment de fidélité des hommes des diverses villes, dans le ressort des sénéchaussées de Poitiers, de Limoges et de Périgueux; mais c'était à la suite d'événements graves et dans des circonstances extraordinaires; il s'agissait, quand les villes furent appelées à prêter ce serment pour la première fois, d'assurer la paix du royaume et le maintien de la tranquillité publique. L'exercice par le Roi de sa prérogative, en cette occurrence, ne saurait avoir pour effet de priver de ses privilèges les plus incontestables, de ses droits essentiels, le seigneur immédiat, ni de porter en quoi que ce soit atteinte à son domaine.

Et que le procureur de la Couronne n'allègue pas on ne sait quel droit de seigneurie directe du Roi sur la ville de Saint-Léonard. Où est l'origine de ce droit? Quand et comment a-t-il été réclamé, reconnu, exercé? Tout le monde sait qu'en Limousin et en particulier dans la portion de la province où est située cette ville, le roi ne possède ni propriété directe ni domaine immédiat (1). Il est, dans la contrée, seigneur supérieur, pas autre chose, et il n'y exerce qu'à ce titre et en cette qualité, soit la juridiction, soit toute autre prérogative. Tous les droits directs sont aux mains de seigneurs, qui les tiennent en fief de lui.

Il n'y a pas longtemps, au surplus, que le nom du Roi a été prononcé dans le procès, et qu'il a été question des droits directs de la Couronne sur Saint-Léonard. Les consuls n'avaient jamais parlé de ces droits, et ne paraissaient pas se soucier beaucoup de leur existence. Jamais, dans leurs nombreux différends avec le siège épiscopal, ils ne les ont allégués. C'est à leur profit et non au profit du Roi qu'ils ont tenté d'empiéter sur les droits de l'évêque, qu'ils ont cherché à usurper la juridiction de leur ville, et ils n'ont jamais réclamé ni exercé cette juridiction pour le compte du souverain; ils la voulaient pour eux seuls. C'est en leur propre et seul nom qu'eux et leurs adhérents ont engagé le procès et se sont présentés devant leurs juges. Au cours des incidents de l'affaire, ils ont pu constater le peu de chances qu'offrait leur entreprise, et toute la difficulté qu'ils auraient à soutenir et à justifier leurs prétentions. Alors seulement ils se sont résignés, en haine de l'autorité épiscopale, à essayer de substituer le souverain à leur seigneur.

Au surplus, le procureur du Roi, assure l'évêque, a lui-même reconnu, au moment même où des pourparlers se sont engagés entre la Couronne et les bourgeois pour la revendication de ces prétendus droits du Roi, combien la thèse imaginée et soutenue depuis peu par eux se conciliait mal avec l'attitude et les dires des consuls au début du procès et la jouissance des droits dont ils se prétendaient en possession. Ce procureur n'a-t-il pas dit qu'il se refuserait à récla-

(1) L'évêque oubliait la bastide de Masléon, fondée par Philippe IV en 1289, et les châteaux récemment acquis des héritiers de Gérald de Maumont.

mer la justice pour le Roi et à intervenir au procès, si les consuls ne déclaraient expressément que cette justice appartenait toute entière au souverain, qu'elle était de sa propriété et de son domaine, que le produit devait lui en revenir, et que les magistrats communaux avaient toujours jugé les causes et perçu les émoluments pour le compte du Roi, comme ses officiers et ses mandataires ?

Cette déclaration, ils ont refusé de la faire puisqu'ils restent partie au procès. Au surplus l'eussent-ils donnée, il serait aisé d'en démontrer la fausseté. Jamais, en effet, dans les audiences qu'ont indûment tenues les magistrats municipaux, dans les jugements que sans droit ils ont rendus, dans les actes quelconques de leur administration, le nom du Roi n'a été prononcé ; jamais les consuls ne se sont dits officiers ou préposés du souverain et on chercherait vainement, dans les archives des sénéchaussées ou de la Chambre des Comptes, la trace d'une gestion quelconque de deniers royaux exercée par eux.

On trouvera à l'appendice, avec les articles du procureur du Roi, quelques extraits du mémoire de Raynaud de La Porte. C'est une des pièces les plus intéressantes et les plus caractéristiques du procès.

XIV. — LA JUSTICE CIVILE DE SAINT-LÉONARD PLACÉE DE NOUVEAU SOUS LE SÉQUESTRE. — RÉBELLION DES BOURGEOIS. — L'ÉVÊQUE NÉGOCIE AVEC LE ROI ; CONCLUSION D'UN TRAITÉ DE PARIAGE.

La Cour ordonna une nouvelle enquête ; mais elle décida que provisoirement, l'évêque jouirait du bénéfice des arrêts obtenus par lui jusqu'ici et continuerait à exercer la justice dans les conditions où la lui avaient adjugée les deux décisions de 1286 et de 1305. Raynaud de La Porte, rencontrant toujours la même opposition de la part des bourgeois qui continuaient à tenir les audiences civiles au nom de la commune, renouvela ses instances auprès du sénéchal. Il lui adressa une dernière sommation en pleine audience, alors que cet officier tenait ses assises. Le représentant du souverain déclara que, ne sachant pas s'il devait, en somme, considérer les actes reprochés aux bourgeois comme un empiètement sur les prérogatives du prélat ou comme la jouissance légitime de droits acquis, il allait mettre la juridiction contestée à sa main et en référer au Parlement.

L'évêque adressa une protestation à la Cour, qui enjoignit de nouveau au sénéchal d'avoir à faire respecter ses arrêts, et ordonna une enquête supplémentaire, sans toutefois, semble-t-il, prescrire la restitution de la justice civile à l'évêque.

Mais avant que ce nouvel arrêt eût été signifié aux parties, il s'était produit à Saint-Léonard des faits assez graves et qui n'étaient point de nature à concilier aux bourgeois la protection des officiers de Philippe IV et la bienveillance du Roi.

Le sénéchal de Poitiers avait envoyé dans cette ville un sergent, Guillaume Paperet ou Paparet, pour remplir, à titre provisoire, les fonctions de juge civil. Cet agent était également chargé de défendre aux consuls de continuer l'exercice d'une juridiction dans laquelle plusieurs arrêts successifs leur avaient interdit de s'immiscer. Les consuls, qui avaient perdu l'habitude d'obéir et dont les rébellions multipliées avaient jusqu'alors rencontré une trop indulgente tolérance, crurent qu'ils pourraient traiter les officiers royaux comme ils avaient fait des préposés de l'évêque : non seulement ils persistèrent à recevoir des plaintes, à donner des ajournements et à juger les affaires civiles qui leur étaient déférées; mais on les vit braver ouvertement les ordres du juge commis par le sénéchal, briser les scellés apposés par lui, violer les saisies qu'il avait opérées et empêcher par tous les moyens les habitants de Saint-Léonard d'obéir à ses injonctions.

La punition ne se fit pas attendre : les consuls furent condamnés à une forte amende, dont une portion dut revenir à l'évêque, reconnu possesseur de la juridiction mise sous séquestre.

Paparet fut chargé de faire payer cette somme aux bourgeois. Ce n'était point chose facile ; malgré les avertissements, puis les menaces que leur adressa le sergent royal, ils refusèrent d'établir une taxe pour le paiement de l'amende, et comme Paparet insistait et faisait mine de procéder à une saisie des deniers communaux, ils se mirent en état de rébellion ouverte, sans toutefois commettre d'actes de violence à l'endroit du délégué du sénéchal.

Celui-ci fit son rapport. Une enquête spéciale fut ordonnée sur ces faits. Reconnus de nouveau coupables de désobéissance au Roi et de rébellion contre ses officiers et ceux de l'évêque, les habitants de Noblat furent condamnés, par arrêt du Parlement du 25 février 1308, à payer les amendes qui leur avaient été précédemment infligées et dont le chiffre fut porté à douze cents livres tournois : mille livres au profit de la Couronne et deux cents au profit du prélat. On se souvient qu'ils avaient déjà été condamnés à payer 1,300 livres deux ans auparavant (1).

Il avait été, peu de temps auparavant, procédé au supplément d'information ordonné par la Cour du Roi, sur la demande de l'évêque. Gui de Huys, désigné par le sénéchal pour y procéder, se rendit à Saint-Léonard afin de remplir cette mission ; mais les témoins assignés à la requête de Raynaud de La Porte furent l'objet d'injures et de menaces de la part des bourgeois, et le commissaire paraît s'être trouvé dans l'impossibilité de remplir son mandat. Il retourna soit à Poitiers, soit plus probablement à Limoges où se trouvait en ce moment le sénéchal, et rapporta à

(1) **Cum,** ex parte Lemovicensis episcopi, jamdudum fuisset propositum coram senescallo Pictavensi, contra gerentes se pro consulibus ville Nobiliacensis quod, cum propter debatum quod pendet in curia nostra inter dictum episcopum ex una parte, et dictos Nobiliacenses ac procuratorem nostrum, ex altera, saisina cognicionis causarum civilium dicte ville posita fuisset ad manum nostram, tanquam superioris, et hoc fuisset per dictum senescallum eisdem Nobiliacensibus significatum, et ad exercendum in dicta manu nostra cognicionem dictarum causarum, dictus senescallus deputaret Guillelmum Papéreti, servientem nostrum, et eisdem precepisset quod dicto Guillelmo parerent et intenderent in premissis et ea tangentibus, et eisdem inhibuisset ne de dictis causis cognoscerent; et quod postea, contemptis predictis inhibicionibus, predicti Nobiliacenses de dictis causis cognoscere communiter presumpserunt, et dicto Guillelmo, cognicionem dictarum causarum exercere volenti, multipliciter restiterunt, inhibendo hominibus dicte ville ne coram dicto Guillelmo de dictis causis litigarent, frangendo saisinas per eum factas et multas eidem rescussas faciendo, domos firmatas et sigillatas per eum aperiendo et sigilla frangendo, et ad terram prohiciendo, et plures alios excessus, rescussas et inobedientias faciendo in contemptum nostrum et prejudicium dicti episcopi non modicum et gravamen. Propter quos excessus ipsi, tam nobis quam dicto episcopo, in certis pecunie summis condempnati fuerunt et eidem senescallo mandavimus quod dictos Nobiliacenses compelleret ad solvendum condempnacionem predictam ; demum, dicto Guillelmo deputato per dictum senescallum ad execucionem predicte condempnacionis faciendam, ipsi Nobiliacenses multipliciter in hujus modi restiterunt, plures excessus, rescussas, et inobediencias faciendo, et iterato mala malis accumulando, in contemptum nostrum et prejudicium episcopi supradicti ; super quibus, vocatis partibus, inquiri fecimus veritatem. Tandem, inquesta super premissis facta, visa et diligenter examinata, per curie nostre judicium dictum fuit quod dicti Nobiliacenses, pro predictis excessibus et inobedienciis iterato factis, solvent nobis mille libras Turonenses pro emenda, et dicto episcopo ducentas libras, pro suis dampnis et interesse. Dominica post cathedram sancti Petri (25 février 1308). Pasquerius reportavit. (*Olim.*, t. III, p. 305).

celui-ci, en audience publique, ce qui s'était passé. Le sénéchal ne châtia point les coupables. L'évêque renouvela ses protestations et dénonça de nouveau au délégué royal tous les actes irréguliers, tous les excès et les violences des consuls et de leurs adhérents, en le sommant de les punir ; mais ces mises en demeure restèrent, comme les précédentes, sans aucun résultat.

L'évêque avait maintenant de bonnes raisons de supposer que son mémoire ne produirait pas sur le Parlement une impression assez décisive pour lui faire gagner son procès. On le vit modifier tout à coup son attitude et changer ses batteries. Ne se préoccupant plus des bourgeois relégués au second plan par suite de l'entrée en scène du procureur du Roi, il prit le parti, qui peut-être lui fut suggéré par quelque membre du Conseil, d'entamer directement des pourparlers avec Philippe IV, pour obtenir le retrait de cette intervention. Dans sa belle *Histoire de la bourgeoisie en Limousin* (1), M. Leymarie assure que les négociations commencèrent dès 1304 et que l'évêque offrit alors au Roi de remettre la solution de l'affaire à trois arbitres dont Philippe IV lui-même aurait le choix. Nous n'avons pu retrouver la source de cette information et nous avons lieu de croire en tout cas que Raynaud de La Porte n'entra pas avant la fin de l'année 1305 ou le commencement de 1306 en négociations suivies avec le Roi. Le prélat crut devoir se montrer, dès le début, disposé à de larges concessions. Il fit sagement, car les conseillers de Philippe IV avaient jeté leur dévolu sur la Cité et Saint-Léonard, et on demanda au prélat des sacrifices qui lui semblèrent sans doute bien durs ; mais menacé de voir son siège dépouillé de tous ses droits sur deux des villes les plus importantes de son domaine, il consentit à ce qu'on exigeait de lui, et, de peur de perdre le tout, se résigna à céder à la Couronne la moitié de ses droits, tant de ceux contestés que de ceux reconnus au cours du procès par le Parlement.

Le traité qui consacra le résultat de ces négociations fut conclu à Pontoise, dans les premiers jours du mois de septembre 1307.

Par cet accord, Raynaud de La Porte, en son nom et pour le compte de ses successeurs, associait le Roi de France à tous ses droits de seigneurie et de justice sur les villes de la Cité de Limoges et de Saint-Léonard, se réservant toutefois, dans cette dernière, la propriété de la salle épiscopale, des fortifications, le produit du vinage. Le Roi consentait de même à partager sa seigneurie avec l'évêque, réservant de son côté les droits de la Couronne sur les

(1) Tome II, p. 273.

consuls, celui de recevoir le serment des magistrats municipaux et des habitants à chaque avénement (1), et ses prérogatives de justicier supérieur.

Il fut convenu que, dans chacune des deux villes, le Roi et l'évêque auraient un prévôt commun, un juge commun et des sergents. Ces officiers seraient désignés de concert ; au cas où cette nomination donnerait lieu à quelques difficultés, le Roi les nommerait pour le compte commun la première année, le prélat la seconde, et ainsi de suite.

Il n'y eut, pour le pariage, qu'un seul sceau, un seul auditoire, une seule prison, un seul gibet. Les bans et les ordonnances durent être faits et proclamés au nom des deux coseigneurs, qui partagèrent les émoluments de la justice et du greffe.

Les fourches qui existaient dans les villes du pariage devaient être abattues sur le champ.

L'évêque réservait naturellement tout ce qui avait trait à sa juridiction sur les vassaux demeurant hors des limites du pariage, qu'il ferait arrêter, incarcérer, juger et punir dans la plénitude de ses droits.

Le Roi consentit, par faveur spéciale, à ce que les sénéchaux de Poitiers et de Limoges, ses baillis et ses sergents fussent tenus de s'engager, par serment, à observer et à maintenir les conventions du traité.

Il va sans dire qu'en ce qui concerne Saint-Léonard, le pariage s'étendait à la ville et aux faubourgs, c'est-à-dire au territoire compris dans les limites de la *montre,* sur laquelle nous nous sommes expliqué à un précédent chapitre.

Tout ce qui, dans les procédures faites jusque-là, pouvait être contraire aux stipulations de cet accord, était rapporté et annulé.

On relève, à ce traité, un article qui semble gros de menaces pour les communes de Saint-Léonard et de la Cité de Limoges, et dont il faut bien peser les termes. Il est ainsi conçu :

« En concluant ce traité de pariage, à titre de composition ou de transaction, il n'entre ni dans nos intentions ni dans celles de l'évêque de porter un préjudice quelconque aux consuls et aux consulats desdits lieux touchant les droits et la juridiction revendi-

______

(1) Exceptis tamen... juribus quæ habemus supra consules dictorum locorum, si status eorum remaneat inquestis judicatis (le texte porte *indicatis,* évidemment par erreur), et jure sacramenti fidelitatis, quod dicti consules et (ut ?) singulares personæ nobis et nostris successoribus in novitate nostri regiminis tenentur et consueverunt prestare. (*Ordonnances des Rois de France,* t. XIII, p. 206, 207).

qués par les consuls au nom de leur consulat sur ces lieux, droits
dont certains sont l'objet d'un procès pendant devant notre cour
entre eux et ledit évêque ; nous n'entendons non plus qu'ils puissent acquérir par ce fait aucun droit nouveau. Et s'il était reconnu
par le Parlement que ces consuls n'ont aucun droit sur la juridiction
des dits lieux ou que leurs consulats doivent être abolis, nous voulons que les droits ainsi supprimés soient dévolus à l'Association
établie entre nous et l'évêque par le présent traité » (1).

Ces pariages royaux étaient chose nouvelle dans notre région.
Inconnus encore, semble-t-il, vers le milieu du siècle, ils y avaient
été établis par les Rois de France, désireux d'implanter leur
autorité dans les territoires où elle n'avait pas poussé encore de
profondes racines et où elle se heurtait à chaque pas au souvenir
de la domination des Rois d'Angleterre, ducs d'Aquitaine.
Philippe III avait eu recours à des associations de ce genre pour
fonder des bastides en Périgord ; il avait notamment traité avec
l'abbaye de Dalon pour avoir part à ses droits de seigneurie sur une
localité du nom de Tauriac, où il avait établi une de ces bastides,
villes franches fortifiées avec siège d'une juridiction royale (2).

(1) Nec est intentionis nostræ vel dicti episcopi, per præsentem asso-
ciationem vel transactionem seu compositionem, consulibus et consulati-
bus dictorum locorum in juribus et jurisdictionibus dictorum locorum, in
quibus ipsi consules ratione consulatus sui habere pretendunt, et de
quorum aliquibus pendet lis in curia nostra inter episcopum et eos, aliquod
prejudicium generari, vel aliquod jus novum acquiri; et si pro (sic) curia nostra cognoscatur ipsos jus aliquod in jurisdictionibus dictorum locorum
non habere, vel consulatus eorum cadere debere, volumus quod illud
veniat in communionem præsentem, inter nos et episcopum memoratum.
(Ordon. des Rois de France, t. XIII, p. 207).

(2) Cum abbas et conventus Dalonensis associassent dominum Regem
ad quendam locum qui dicitur Tauriacus, pro quadam bastida ibidem
construenda, et dominus Garnerius de Castro Novo, miles, et vicecomes
Turenne se opponerent et dicerent dictam bastidam absque eorum prejudicio non posse fieri : auditis eorum contradicionibus et racionibus, pronun-
ciatum fuit quod dicta bastida ibidem fieret et remaneret. (Olim., t. II,
p. 147, Parlement de la Toussaint, 1279.)
Les consuls de Tauriac, comme les consuls de Masléon (Voir notre Notice
sur les Enclaves poitevines du diocèse de Limoges. Limoges, imp. Vᵉ
Ducourtieux, 1886), paraissent avoir rempli les fonctions d'officiers royaux.
On peut consulter, à ce sujet, un arrêt du Parlement rendu en 1301 sur une
requête des consuls de Tauriac à l'effet d'obtenir, aux dépens de Martel,
de Brive etc., une extension du territoire soumis à leur juridiction).
(Olim., t. III, p. 88, 89.)

Un peu plus tard et vers l'époque même de la conclusion du traité de Pontoise entre le Roi et l'évêque, Philippe IV obtenait, après des négociations auxquelles paraît avoir eu part le fameux Guillaume de Nogaret, que le chapitre de Saint-Yrieix l'associât dans les mêmes conditions à ses droits de seigneurie. Ce chapitre avait depuis longtemps de graves démêlés avec les vicomtes de Limoges, et il comptait trouver dans le Roi un défenseur.

XV. — LA COMMUNE RÉSISTE AUX OFFICIERS DU PARIAGE : DERNIÈRES RÉVOLTES ET DERNIERS ARRÊTS.

Aussitôt le traité de pariage conclu, le Roi et l'évêque désignèrent, pour exercer les fonctions de juge de la Cité de Limoges et de la ville de Saint-Léonard, au nom des deux coseigneurs, maître Gérald *de Solo*, chanoine de Saint-Yrieix, et pour remplir celles de prévôt et receveur, un damoiseau du nom de Raimond de Saint-Dizier. La nomination du premier porte la date du 15 septembre, et celle du second du 14 du même mois.

Les nouveaux officiers ne perdirent pas de temps pour prendre possession de leurs charges. Le samedi avant la fête de saint Luc, évangéliste, 18 octobre suivant, ils arrivaient à Saint-Léonard. Les consuls avaient été vraisemblablement prévenus : le sénéchal avait dû leur faire signifier l'accord de Pontoise, ainsi que les commissions du juge et du prévôt. Il y a toutefois quelque chose d'incompréhensible dans la conduite du délégué du Roi, au cours de cette dernière phase de l'affaire de Saint-Léonard. L'agent qu'il avait nommé en 1306 pour remplir les fonctions de juge pendant le second séquestre de la justice civile, Adémar Vincent, était demeuré dans la ville et n'avait pas été relevé de son mandat : en sorte qu'il paraît faire cause commune avec les bourgeois, lors des événements dont il nous reste à faire le récit.

Le juge et le prévôt du pariage, à peine entrés dans la ville, parcoururent les rues à la tête de leur petite escorte, s'arrêtant à chaque place, à chaque carrefour, publiant à son de trompe les lettres royales dont ils étaient porteurs et en exposant le contenu en langue vulgaire, afin que le peuple l'entendît (1).

(1) In plateis et quadriviis, palam et publice legerunt et publicaverunt, ac in vulgari et linga (*sic*) materna contenta in predictis litteris exposuerunt.

Puis, au nom du Roi et de l'évêque, ils requirent les consuls de se dessaisir des fonctions judiciaires qu'ils avaient depuis long-temps usurpées, au mépris des arrêts du Parlement, et de leur remettre tous les insignes, papiers et objets se rapportant à l'exercice de ces fonctions. Sommés d'ouvrir l'armoire où se trouvaient renfermés les registres et les procédures du greffe, les chefs de la commune répondirent par un refus formel; ils refusèrent également de livrer au juge et au prévôt les clés d'une prison qu'ils avaient fait établir dans la maison même où se trouvait cette armoire (1). Cette maison était celle où se tenaient alors leurs audiences, sans doute l'hôtel de ville. Non contents de cette désobéissance, ils dirent des injures aux officiers du pariage. Ceux-ci les firent saisir par leurs sergents et conduire à la salle épiscopale, où ils les détinrent pendant plusieurs jours (2); puis ils ordonnèrent de hisser, sur la maison même où les consuls avaient rendu la justice, une bannière portant les insignes réunis des deux seigneurs du pariage, des fleurs de lys et une crosse (3).

Les magistrats municipaux, mis en liberté sur l'ordre du lieutenant à Limoges du sénéchal de Poitiers, excitèrent les bourgeois à une nouvelle révolte. A la tête d'une troupe armée, ils reprirent possession du local de leurs audiences, au mépris de la défense qui leur en avait été faite, arrachèrent la bannière plantée au-dessus de l'entrée du prétoire et la jetèrent dans la boue (4). On les accusa même de l'avoir ignominieusement foulée aux pieds (nous les verrons plus loin se défendre avec énergie de cette imputation). Enfin, ils chassèrent le juge et le maltraitèrent (5).

Il y a lieu de remarquer de nouveau combien nos renseignements sur ces derniers épisodes sont incomplets. Il résulte, comme nous l'avons dit plus haut, de quelques mentions des procédures et d'un passage très catégorique d'un document cité par M. Leymarie (6),

---

(1) Requisiti ut archam quondam existentem in quadam domo, in qua archa processus et registra ad explectum et exercicium jurisdictionis et officii sibi commissi aperirent, hoc denegaverunt expresse... Item claves cujusdam carceris privati quem in dicta domo fecisse dicebantur predicti gerentes se requisiti et jussi quod redderent, hoc facere noluerunt.

(2) LEYMARIE, *Bourgeoisie*, t. II, p. 279.

(3) Quandam banneriam seu quoddam vexillum cum floribus lilii et crossa... in dicta domo erexerant aut erigi fecerant.

(4) Ceperunt dicti gerentes se dictum vexillum, et captum ad terram et in luto prostraverunt et projecerunt, et cum dicto vexillo, quod detestabilius fuit, sotulares tergi fecerunt. *(Procédures)*.

(5) Ejecerunt eum de dicta domo, impingendo.

(6) LEYMARIE, *Bourgeoisie*, t. II, p. 281.

que le juge commis par le sénéchal de Poitiers, n'avait pas encore reçu, lors de ces dernières scènes, avis de la révocation de ses pouvoirs. Il se joignait donc aux consuls pour protester : lui, en vertu de la commission d'autorité royale lui remettant l'exercice provisoire de la justice civile dans la ville de Saint-Léonard; les magistrats municipaux, en vertu non seulement de leurs prétentions et des droits qu'ils revendiquaient, mais encore de la copossession de la justice criminelle, que le Parlement leur avait reconnue par les arrêts de 1285 et 1286.

Ajoutons qu'Adémar Vincent, juge civil commis, n'est pas le seul officier du Roi dont nous constations à ce moment la présence à Saint-Léonard et dont l'attitude nous semble inexplicable. Un agent d'un ordre plus relevé, Jean Minuit, bailli de Limoges, est désigné par les consuls comme ayant assisté à l'abattage de la bannière des coseigneurs sans qu'il paraisse s'en être ému et sans que rien indique qu'il se soit cru obligé d'intervenir. On le voit seulement s'approcher, ramasser la bannière pour la préserver de tout outrage, la plier avec soin et la mettre en lieu sûr (1).

Il semble donc évident que les consuls durent se croire soutenus dans leur résistance aux agents du pariage, tout au moins par le sénéchal de Poitiers; cet officier, s'il ne fut pas complice de la rébellion dans une mesure plus ou moins large, montra certainement dans cette affaire une négligence ou une réserve que nous ne nous chargeons pas d'expliquer.

Mais n'existait-il pas alors, dans l'organisation féodale et judiciaire de la contrée, une complication qui, sans donner la clé de tous ces petits problèmes, serait peut-être de nature à expliquer certaines anomalies, certains tiraillements, certaines incertitudes de direction. Limoges et le Limousin, comme l'Angoumois, firent partie de l'apanage constitué par Philippe IV à son second fils, Philippe-le-Long. Or, une ordonnance rendue par ce dernier, lors de son avénement au trône, rétablit les anciennes circonscriptions judiciaires et supprime les grands offices et juridictions créés par lui dans les domaines qui constituaient cet apanage : « Nous voulons, dit-il, que nos terres soient replacées dans le ressort des sièges royaux dont elles dépendaient avant de nous appartenir. Nous supprimons donc entièrement la charge de sénéchal d'Angoulême et celle de bailli de Limoges, entendant que la sénéchaussée d'Angoulême soit remise dans la dépendance du sénéchal de Saintes, et

(1) Joannes Mienuit, bajulus Lemovicensis pro Rege, deposuit dictum vexillum et eum plicavit, etc.

le bailliage de Limoges dans la circonscription du sénéchal de Poitiers ». (21 décembre 1316) (1).

Des modifications apportées par l'établissement de cet apanage à l'état de choses constitué sous saint Louis dans notre région, nous ne savons guère, à dire vrai, que ce que nous apprend cette ordonnance. L'existence d'un bailliage, établi par l'apanagiste à Limoges, qui nous est signalé par elle, ne se trouve attestée par aucune pièce de procédure du temps, et l'institution de l'apanage lui-même n'a pas laissé de traces dans nos archives locales.

Les officiers du pariage réussirent, aidés de leurs sergents, à rentrer dans la maison commune de Saint-Léonard et à remonter sur leur siège; on procéda à l'appel des causes, et les plaideurs furent invités à se présenter; mais on vit bientôt revenir les consuls à la tête d'une nombreuse troupe d'hommes du peuple, armés de verges et de bâtons. Cette foule envahit la salle d'audience; les plaideurs qui avaient comparu furent frappés et contraints de se retirer (2). Le magistrat se vit entouré et menacé; on lui enleva le papier qu'il tenait; on s'empara du sceau de la juridiction; on le brisa. Finalement, les gens des consuls arrachèrent le juge de son siège et une seconde fois le jetèrent à la porte avec force horions (3).

Mais l'évêque avait montré qu'il ne se laissait pas aisément décourager. Il ordonna à ses officiers de faire une nouvelle tentative. Peut-être jugea-t-il qu'effrayés eux-mêmes des conséquences de la faute dont ils s'étaient rendus coupables en résistant aux ordres

---

(1) Philippus ..... dilectis et fidelibus gentibus nostris nostrum presens tenentibus parlamentum, salutem et dilectionem. Cum nos, ex deliberacione nostri consilii, duxerimus ordinandum ut omnes terre nostre in regno nostro Francie existentes, quas habebamus antequam ad nos devenirent regna Francie et Navarre, eodem modo et sub eisdem ressortis deinceps regantur, quibus antequam essent nostre regebantur; quodque senescallia Engolismensis per Xanctonensem, et ballivia Lemovicensis per Pictavensem, senescallos teneantur et regantur, senescallum Engolismensem et ballivum Lemovicensem exinde totaliter amoventes; mandamus vobis quatinus ordinacionem hujusmodi publicantes, eam teneri faciatis et firmiter observavi (*Olim*, t. I, p. 629).

(2) Dicti se gerentes venerunt, secum multos homines viles, quos virgas et baculos portare faciebant, ducentes; et cum homines litigare coram dicto judice incepissent, predicti baculos defferentes dictos litigantes verberando et impingendo exinde recedere faciebant. (*Procédures*).

(3) De manibus judicis quandam litteram arripuerunt et sigillum ruperunt et in personam ipsius irruerunt et impegerunt.

du Roi et en maltraitant un de ses agents, les consuls se décide-
raient à cesser une lutte sans espoir et consentiraient enfin à se
soumettre. Il n'en fut rien : l'énergique résolution des chefs de la
commune égalait, si elle ne la surpassait, la persévérance du prélat, et peut-être se savaient-ils des appuis, ou tout au moins
avaient-ils quelque raison de le supposer.

De nouveau, le mercredi avant la fête de la Toussaint, Gérald *de
Solo* et Raymond de Saint-Dizier se rendirent à Saint-Léonard. On
essaya de leur interdire l'entrée de la ville : mais ils réussirent à
s'introduire par une poterne laissée ouverte, et se rendirent aussitôt sur la place commune ; ils y trouvèrent les consuls réunis au-
devant de l'église de Notre-Dame, sous ces ormeaux, où, depuis si
longtemps, ils avaient rendu la justice. Les officiers du pariage
leur déclarèrent derechef qu'ils venaient prendre possession de
leurs charges et les invitèrent à les laisser s'acquitter de la commission qu'ils avaient reçue.

Les bourgeois ne pouvaient s'imaginer que tout fût fini :
ils répondirent qu'ils en appelaient au sénéchal et au besoin au
Parlement, et qu'ils protestaient contre toute entreprise faite, au
mépris de cet appel, par les officiers du pariage. Ceux-ci, sans
s'arrêter à ces protestations, voulurent tenir audience, tout au
moins donner des ajournements aux plaideurs pour une date prochaine ; mais les consuls et les personnes qui les accompagnaient
refusèrent de reconnaître leur autorité et la foule, devenue hou-
leuse, se mit à les huer (1).

Le juge et le prévôt se retirèrent, mais en annonçant qu'ils
reviendraient le premier jour de marché pour tenir audience.
Gérald chargea même son lieutenant de faire publier le ban du
marché. Les consuls le firent annoncer de leur côté par les crieurs
de la commune et maltraitèrent l'agent du juge (2).

(1) Estans davant l'esglise de Nostre Dame de la dicte ville de Sainct-
Lienard, comparurent les dictz consulz de ladicte ville, que firent res-
ponce ausdicts juge et prevostz, assavoir est que maistre Gerault, juge
susdict et ledict Raynaud (*sic*), prevostz, estants par le Roy et par Monsieur de Limoges expressement commis, ledict maistre pour exercer
office de judicature ou le dict Raynaud, son lieutenant, et ledict prevostz :
contre lesquieulx lesdicts consulz se appellarent par davant le seneschal
de Poictiers ou au Grand Conseilh. Ce nonobstant, lesdictz juge et prevostz se efforsarent exercer et tenir la dicte [audience] au lieu des bans
charniers et en place commune, et assignarent aux juridicts pour exercer
leurs causes..... Les consulz et commune ne leurs volurent aulcunement
obeyr et la maieur partie se misrent a crier : Ho ! ho ! ho ! » (Reg. *Ac
Singularem*, fol. 325).

(2) Leymarie, *Bourgeoisie*, t. II, p. 279.

Au jour fixé, les deux officiers du pariage arrivèrent de Limoges, accompagnés de trompettes et de quelques sergents à cheval. Les bourgeois, cette fois, avaient pris leurs mesures, et le juge et le prévôt virent se fermer à leur approche la porte vers laquelle ils se dirigeaient. C'était la porte Aumônière. Vainement ils frappèrent l'huis de leur baguette et sommèrent les gardes de les laisser remplir les devoirs de leur charge. L'entrée leur demeura interdite. Ils allèrent à la poterne Maupertuis, ensuite à la porte Champlepot, puis à celle de Champmain, qui restaient ouvertes pour tous les gens venant au marché, mais qu'on ferma successivement dès qu'ils se montrèrent. Il leur fallut demeurer, pendant la durée du marché, hors de la ville. On pense qu'ils ne se firent pas faute de renouveler leurs sommations, avec force protestations et menaces : si bien qu'à la fin une multitude de bourgeois, armés de bâtons, sortit de la ville, fondit sur eux et força, en les chargeant de coups, les chevaux de la petite troupe à reprendre le chemin de Limoges (1).

La punition de ces nouveaux excès ne se fit pas attendre. Une fois encore le Parlement condamna les bourgeois à consigner une grosse somme d'argent pour garantir le paiement de l'amende qu'ils avaient encourue en désobéissant aux officiers des coseigneurs de Saint-Léonard et en les maltraitant : amende dont la cour se réservait de fixer le chiffre après enquête.

Dès le dimanche avant les Rameaux (31 mars 1308), Jean de Roye, chanoine de Lille, clerc du Parlement, et Jean de Vaissiac, chevalier, désignés comme commissaires enquêteurs, arrivaient à Saint-Léonard. Les consuls tentèrent de justifier leur conduite. Ils avaient, prétendirent-ils, vainement réclamé une copie du traité conclu entre le Roi et l'évêque, lequel ne leur avait pas été notifié. On leur avait bien fourni une pièce ; mais la teneur en était telle qu'elle leur paraissait fausse et qu'elle n'avait pu être obtenue que par fraude. — Les malheureux se débattaient en vain contre la réalité. Pour atténuer la gravité de leur faute, ils faisaient remarquer qu'ils avaient agi de concert avec un officier du Roi, le juge civil délégué par le sénéchal ; que c'était sur sa réquisition qu'ils avaient fait fermer les portes de la ville devant le juge et le prévôt du pariage ; que les pouvoirs de Vincent n'avaient pas été révoqués ; que celui-ci avait en vain sommé les nouveaux magistrats de lui exhiber les lettres du souverain ou de son sénéchal révoquant sa commission.

Ils reconnaissaient que la bannière aux armes du Roi et de

(1) LEYMARIE, *Bourgeoisie*, t. II, p. 279 et 280.

l'évêque avait été enlevée de l'hôtel de ville, mais elle n'avait subi aucun outrage et elle avait été remise au bailli de Limoges.

Ils ajoutaient que les précautions prises par les gens du pariage, l'escorte armée dont ils s'étaient fait accompagner, le pennon inconnu que portaient ses gens, leur soin de recourir à des crieurs étrangers, avaient excité les inquiétudes et la colère des bourgeois; que le bruit s'était répandu dans la ville qu'ils venaient pour faire violence aux habitants, et que les consuls avaient interdit à ces officiers l'entrée de la ville non moins pour préserver leurs concitoyens de mauvais traitements que pour prévenir un soulèvement populaire, tout près d'éclater (1).

Malgré la phrase menaçante que renfermait une des clauses du traité intervenu entre le Roi et l'évêque, il n'avait été, semble-t-il, porté aucune atteinte à la constitution même de la commune de Saint-Léonard. Les chefs de la bourgeoisie continuaient à exercer leurs fonctions administratives avec une entière indépendance. La justice civile, seule, leur avait été enlevée. Quant à la juridiction criminelle, on peut supposer, en l'absence de tout renseignement précis, qu'elle s'exerçait dans les conditions déterminées par les arrêts de 1285 et 1286. La commune conservait non seulement son existence, mais le droit de s'assembler, d'élire ses magistrats, de gérer elle-même ses affaires; elle était restée en possession de son sceau, sur lequel ne figurait aucun emblème de l'autorité royale ou épiscopale. On voit, quelques semaines à peine après leur condamnation à 1,200 livres d'amende et de dommages intérêts prononcée contre eux par le Parlement, les consuls et la commune donner, le 1er mai 1308, sans l'intervention des officiers du pariage et sous le sceau du consulat, une procuration à six bourgeois de la ville pour les représenter aux Etats Généraux qui allaient s'assembler à Tours (2).

A ce moment, les consuls devaient éprouver de grandes difficultés à se procurer les sommes dont ils avaient besoin, tant pour payer les condamnations prononcées contre la commune que pour subvenir aux divers frais du procès. Ils n'avaient pas toutefois abandonné complètement la partie, et ils se préparaient à tenter un dernier effort pour détourner de leurs lèvres un calice que des illusions longtemps entretenues leur faisaient trouver par trop amer.

Une entente avait depuis longtemps existé entre les chefs de la commune de Saint-Léonard et les consuls de la Cité de Limoges.

(1) Leymarie, *Bourgeoisie,* t. II, p. 281, 282.
(2) Appendice, E.

Le procès avec l'évêque avait été, semble-t-il, entrepris et pour-
suivi, pendant un certain temps, d'un commun accord. Les bourgeois de Limoges, toujours sous la main du prélat et soumis à l'influence de son entourage, s'étaient montrés, dans la défense de
leurs libertés, moins confiants et moins violents que leurs voisins.
Mais, accablés sous la même catastrophe, les uns et les autres se
réunirent de nouveau pour adresser une suprême protestation au
Parlement. Ils se plaignirent des arrestations opérées par les officiers du pariage, d'excès commis au détriment des consuls et de
jugements prononcés en violation des droits que garantissaient à la
commune les arrêts de la Cour non moins que l'usage local. Le
Parlement consentit encore une fois à l'enquête qu'ils sollicitaient,
et trois « maîtres » du Parlement, Jean d'Auxay, chantre d'Orléans,
Jean de Roye, chanoine de Saint-Quentin, et Denis d'Aubigny furent désignés pour y procéder par lettres du mardi après les
Rameaux 1310 (1309 v. st.). Il leur était enjoint de ne pas
s'occuper des points litigieux qui avaient fait l'objet des enquêtes
précédentes et de s'en tenir aux seuls faits reprochés aux officiers
du pariage (1).

Jean d'Auxay était déjà venu trois fois au moins en Limousin.
On le trouve envoyé, en 1298, dans cette province pour régler, avec
d'autres commissaires, les graves différends qui avaient éclaté entre
le vicomte de Limoges et le chapitre de Saint-Yrieix (2). Nous
l'avons vu, dans le cours de l'année 1303, séjourner à deux reprises
au moins à Limoges, et recueillir des adhésions aux délibérations
de l'assemblée du Louvre et à l'appel des actes du Souverain Pontife à un concile œcuménique.

Quant à Jean de Roye, il était sans doute le même que le chanoine de Lille délégué en 1308 à l'information sur les mauvais
traitements dont les consuls et leur adhérents s'étaient rendus coupables à l'égard des officiers du pariage.

Nous ne connaissons aucun des témoignages recueillis à cette
dernière enquête, aucun des incidents qui purent la signaler. Peut-
être l'affaire fut-elle jointe, en ce qui concerne la commune de
Saint-Léonard tout au moins, à la poursuite relative aux actes de
rébellion et de violence commis par les bourgeois au mois d'octobre 1307. La réalité de quelques-uns des griefs allégués par les
consuls détermina sans doute la Cour à modérer la peine qu'ils
avaient encourue par leurs désobéissances ; un arrêt du 23 février

(1) Arch. Haute-Vienne, fonds du Chapitre, liasses diverses.
(2) Arch. des Basses-Pyrénées, E. 855.

1311 les condamna à deux cents livres seulement d'amende envers le Roi et l'évêque (1).

Cet arrêt est le dernier ayant trait au procès de la commune de Saint-Léonard dont on trouve trace, soit aux registres du Parlement, soit dans les archives de l'évêché de Limoges. Le procès reçut-il une solution judiciaire? Nous ne le croyons pas. A Limoges, la population de la Cité se divisa sur la fin du procès. Les mécontents, — ils étaient nombreux — formèrent une sorte de syndicat pour refuser tout concours aux consuls et à leurs adhérents et pour protester contre la continuation de la résistance. Ils réussirent même à obtenir du Parlement un arrêt (jeudi après la Purification 1310) prescrivant aux chefs de la commune de rembourser aux plaignants leur quote-part de tous frais à compter de l'établissement du pariage. Il est probable que les choses ne se passèrent pas autrement à Saint-Léonard, où de tout temps l'évêque avait compté des partisans (2). Les bourgeois, las de la lutte, désireux de vivre en paix et espérant aussi sauver leur argent, obligèrent sans doute les magistrats à se soumettre. Peut-être le gage de cette soumission, dont la remise d'une partie des amendes encourues put être le prix,

(1) Cum in Parlamento quod fuit anno Domini millesimo trecentesimo septimo, gerentes se pro consulibus ville de Nobiliaco, pro pluribus violenciis, injuriis ac inobedienciis, per eos illatis judici et preposito communibus domini Regis et episcopi Lemovicensis apud Nobiliacum constitutis, per arrestum curie nostre condempnati fuissent ad gagiandum emendam, et ipsi gagiassent eandem, fuissetque dictum, per curiam nostram, quod taxacio dicte emende differretur quousque fuisset plenius inquisitum et ad curiam nostram reportatum de modo, qualitate et quantitate excessuum predictorum, ad finem majoris vel minoris taxacionis dicte emende faciende : Tandem, inquesta super hoc, de mandato curie nostre, advocatis partibus, facta, visa et diligenter examinata, quia inventum est sufficienter probatum quod, judice et preposito communibus supradictis intrare volentibus dictam villam Nobiliacensem, ipsi dicte ville portas claudi fecerunt contra eos, licet alios indistincte intrare volentes admitterent, in tribus tamen portis dicte ville introitum denegarunt eisdem, verberando equos tubicinatorum qui cum ipsis erant, dictosque judicem et prepositum volentes suum in dicta villa exercere officium commune, in introitu domus communis in pressura gencium pulsaverunt, pluresque alias injurias ipsis et nostris servientibus communibus intulerunt, per curie nostre judicium taxata fuit, pro Nobis et dicto episcopo, predicta emenda ad ducentas libras turonenses, pro excessibus supradictis. — Dominica qua cantatur *Reminiscere.* — Creci reportavit. (*Olim.*, t. III, p. 445, 446).

(2) Les consuls, au cours du procès, prétendent que l'évêque a usurpé la justice de la ville « procurantibus aliquibus de communitate, causa odii » et malivolencie suborte inter aliquos burgenses dicte ville ».

fut-il l'abandon définitif, par la commune, des droits de participation à l'exercice de la justice criminelle, expressément reconnus aux consuls par l'arrêt de la Pentecôte 1285 ? Il est certain que pas un document, à notre connaissance, ne donne lieu de penser qu'à partir de l'installation définitive du pariage à Saint-Léonard, les bourgeois aient eu la moindre part soit aux poursuites, soit au jugement des procès criminels ou à leur exécution.

Il ne serait pas impossible que les choses se fussent passées autrement et que le Roi eût, par exemple, fait mettre à sa main, durant un certain temps, les droits de justice des bourgeois, pour obtenir que de guerre lasse ils y renonçassent au profit des justiciers du pariage. Il n'y aurait à cela rien de bien étonnant. On voit, en effet, précisément dans les premières années du xive siècle, le Roi séquestrer la justice de la ville de Périgueux, à cause de la mauvaise administration du maire et des consuls (1). On pouvait aisément alléguer un prétexte semblable pour achever de dépouiller les magistrats municipaux de Saint-Léonard du bénéfice des arrêts du Parlement de 1285 et 1286.

Toutefois, nous inclinons à penser que les consuls prêtèrent les mains à un arrangement les excluant définitivement de l'exercice de la justice, mais garantissant à la commune la jouissance d'une partie de ses coutumes et de son autonomie administrative. Quelques passages, non datés malheureusement, des registres de l'évêché, nous confirment dans cette opinion. On voit, par exemple, les consuls reconnaître en justice, devant le lieutenant du sénéchal, que l'évêque a le droit de percevoir des taverniers de la ville les deux setiers de vin (2) dont il avait été si souvent question au procès, et prendre l'engagement de ne plus troubler le prélat, se réservant seulement de fixer la valeur du setier d'accord avec le prévôt de l'évêque (3). L'acquisition de la vigerie par l'évêque avait évidemment

---

(1) *Propter malum regimen majoris et consulum, exigente justicia, fuit apposita manus nostra.* (*Olim.*, t. III, p. 1165).

(2) Ce droit sur les tavernes, qui dépendait de la vigerie, avait donné lieu, vers la même époque, à un procès. L'évêque avait attaqué devant le Parlement Léonard Paute, marchand de Saint-Léonard, un des héritiers de l'ancien copossesseur de la vigerie, au sujet de ce droit et de la quarte du sel. Un accord intervint et le prélat garda la paisible jouissance des divers revenus de la vigerie. (*Tuœ hodie,* fol. 61 ro).

(3) *Sunt alie lictere signate per dupplicem AA, per quas consules ville de Nobiliaco confessi fuerunt judicialiter, coram locum tenente domini senescalli Lemovicensis, dominum episcopum Lemovicensem jus levandi et percipiendi habere, a quolibet tabernario dicte ville vinum vendente de festo assumpcionis Beate Marie usque ad sequens festum Nativitatis Domini, duos

modifié à son profit l'état de choses existant au début du procès. Toutefois, cette déclaration des consuls implique tout au moins une détente après la crise aiguë dont nous venons de raconter quelques épisodes. Il est fort possible que les reconnaissances analogues ayant trait aux divers produits de la vigerie et signalées plus haut, d'après une annotation du Registre *Tuæ hodie,* sous la date de 1296, se rapportent à la même époque et soient postérieures au dernier effort tenté par la commune pour défendre ses privilèges.

Si la lutte cessa, les haines qu'avait excitées cette longue querelle ne s'éteignirent pas avec elle. Pendant plusieurs années on en relève en maint endroit les manifestations. Citons-en un exemple : en 1318 un bourgeois de Saint-Léonard, Étienne des Moulins, dénonce au Parlement un ancien juge du pariage, Jean Jaubert, qu'il accuse d'avoir, durant ses fonctions, violé une femme nommée la Riffaude (1). On se souvient qu'un Jaubert avait joué au cours du procès un rôle important quoique mal défini et que les procureurs des consuls s'étaient efforcés de le faire récuser comme témoin, l'accusant d'être un « ennemi de la ville » ; on a vu, d'autre part, que plusieurs membres de la famille Des Moulins comptèrent parmi les instigateurs de la résistance et les chefs les plus déterminés de la commune.

A la date où nous sommes parvenu, toutes les communes limousines du cours de la Vienne ont été vaincues après une lutte plus ou moins longue contre leurs seigneurs respectifs. Les bourgeois de Saint-Junien se sont soumis les premiers, et dès 1251 ont conclu avec l'évêque un accord tout à l'avantage du prélat. Le Château de Limoges, après une longue et vigoureuse résistance, a dû subir le joug de la vicomtesse Marguerite et de sa fille. La population, longtemps unie dans une même résolution énergique, dans un même dévouement à ses libertés, a fini par se diviser, et le parti de la résis-

sestarios vini vel precium ipsorum, taxacione tamen prehabita per prepositum et bajulum dicti domini Lemovicensis, una cum consulibus dicte ville : omne impedimentum per ipsos consules in predictis appositum amovendo. Et ultra hoc recognoverunt dicti consules, pro se et eorum communitate, eundem dominum Lemovicensem habere, percipere et levare alios duos sestarios vini a quolibet tabernario vinum vendente in dicta villa a festo Nativitatis Domini usque ad sequens festum Assumpcionis Beate Marie, vel precium dicti vini, et fiet taxacio nisi *(sic)* tabernarii habeant vinum in Nativitate Domini, promictentes a cetero dictum dominum episcopum in predictis non impedire. (*Tuæ hodie,* fol. 51, v°).

(1) Boutaric, *Actes du Parlement,* n° 5534.

tance, personnifié dans le Conseil des prud'hommes de l'Hôpital et dans la ligue dite des *Croisés*, a vu grandir en face de lui un parti de plus en plus puissant qui a réussi à faire triompher au sein des assemblées communales des idées de paix et de soumission. Les bourgeois se sont résignés à accepter les conditions dictées par deux de leurs ennemis avérés et que le Roi a à peine adoucies. Leur hôtel de ville ne leur appartient plus ; leurs magistrats sont en partie choisis par le seigneur ; le prévôt vicomtal préside les réunions des consuls et reçoit leurs comptes.—La Cité et Saint-Léonard sont soumises les dernières. Toute prérogative de justice est enlevée à ces deux communes ; mais elles conservent au moins les traits principaux de leur vieille constitution, la garde de leurs remparts, une certaine indépendance administrative et surtout le droit d'élire librement leurs consuls et de lever des contributions pour faire face aux dépenses d'intérêt commun. Aucune de nos bourgoisies limousines ne possède de plus larges privilèges au début de la guerre de Cent Ans.

APPENDICE

A.

Extraits des privilèges de la ville de Saint-Léonard, produits par les consuls au procès de la commune avec l'Evêque de Limoges.

I. — *Lettres de Philippe II Auguste pour les habitants de Saint-Léonard (mars 1212, v. st. : 1213) (1).*

Philippus, Dei gracia Francorum Rex, omnibus ad quos littere presentes pervenerint, salutem. Noveritis quod Nos volumus quod homines et villa Sancti Leonardi de Moalhe (2) (*sic*), sint in nostra custodia et protectione, sicut alie ville regni nostri, quum ipsi Nobis vel mandato nostro juraverint et fidelitatem fecerint. Neque Nos ipsam villam de manu nostra removebimus. Actum apud Pontem Arche, anno Domini m° cc° xii°, mense martio.

II. — *Lettres de Louis VIII ordonnant aux consuls et à la commune de Saint-Léonard de préter le serment de fidélité entre les mains de Raynaud, clerc du Roi de France (août 1224).*

Ludovicus, Dei gracia Francorum Rex, dilectis et fidelibus suis consulibus et universitati burgensium Sancti Leonardi de Noalhe, salutem et dilectionem. Mittimus ad vos dilectum et fidelem clericum nostrum Reginaldum, latorem presencium, pro fidelitate ville vestre accipienda ex parte nostra, (et?) vobis mandamus et vos rogamus ut dictam fidelitatem coram ipso, loco nostri, faciatis sub forma quam vobis dicet. Actum apud Rupellam, anno Domini m° cc° vicesimo quarto, mense augusto.

---

(1) Cette lettre est contestée à cause du mauvais état du sceau : *Non apparent caracteres, nec littere, nec ymago, nec potest discerni cujus fuerit sigillum predictum.*

(2) Ce nom est écrit *Noqclach* à un vidimus donné par Philippe III au mois d'avril 1277.

III. — *Lettres de Louis VIII confirmant les coutumes et libertés des consuls et de la commune de Saint-Léonard* (août 1224).

Ludovicus, Dei gracia Francorum Rex. Noverint universi presentes litteras inspecturi quod Nos dilectis et fidelibus nostris consulibus et universitati burgensium Sancti Leonardi de Noclac (1) concessimus consuetudines et libertates quas habuerunt et tenuerunt tempore Henrici et Richardi, quondam regum Anglie, et eos in protectione nostra et conductu nostro recepimus sicut alios burgenses terre nostre, ut salvi possint ire et redire per terram nostram, reddendo suas rectas consuetudines. Actum apud Rupellam, anno Domini m° cc° vicesimo quarto, mense augusto.

IV. — *Mandement de Thibaut* de Bazonis, *sénéchal du Poitou pour Louis IX, aux consuls de Saint-Léonard, pour qu'ils prétent le serment de fidélité au Roi de France entre les mains de Guillaume Relhier, chevalier* (s. d.).

Theobaldus de Bazonis senescallus Pictavensis, dilectis suis consulibus de Sancto Leonardo, salutem et amorem. Cum tenetmini (*sic*) domino Regi Francorum jurare et tenere fidelitatem, et ipse Rex nobis specialiter dederit in mandatis ut a vobis fidelitatem reciperemus, nos ad presens, pro fidelitate recipienda, ad vos non possumus accedere ; set dilectum nostrum Guillelmum Relherii, militem, latorem presentium, ad vos mittimus loco nostri, pro fidelitate recipienda. Unde vobis mandamus et ex parte domini Regis Francorum diligenter requirimus, quatinus ipso Guillelmo presente fidelitatem domino Regi Francorum fideliter (*sic*) tenere et servare juretis. Et eidem Guillelmo super hiis que ex parte nostra dixerit, credatis tanquam nobis, et quid inde feceritis nobis per vestras litteras rescribatis (2).

V. — *Mandement de Raoul de Trapes, sénéchal du Roi de France dans les diocèses de Périgueux, Cahors et Limoges, aux consuls et aux prud'hommes de Saint-Léonard, pour qu'ils fassent publier le ban de l'ost et se tiennent préts à fournir le service militaire au souverain* (22 juillet 1269).

Radulphus de Trapis, domini Regis Francie illustris in Petragoricensi, Caturcensi et Lemovicensi civitatibus et dyocesibus senescallus, consu-

(1) Au vidimus qui suit, on peut lire Noelac.
(2) La pièce parait incomplète.

libus et probis hominibus ville Sancti Leonardi Nobiliacensis, salutem in
Domino. Ex parte dicti domini Regis et nostra vobis precipimus et mandamus quatinus, visis litteris, faciatis arma preconizari et clamari in villa
predicta ; item, quod parati sitis nos sequi ad submonitionem nostram vel
nostri mandati, ubi mandandum duxerimus vobis. Datum Lemovicis, die
lune in festo Beate Marie Magdalene, anno Domini m° cc° lx^mo nono.

VI. — *Lettres de Simon de Cubitis, chevalier, de Nicolas de Ver-
neuil et de Gilles de la Cour, clercs du Roi, attestant qu'ils ont
reçu des consuls, du Conseil de ville et de la commune de
Saint-Léonard, le serment de fidélité au Roi. — 27 février 1271,
v. st. (1272).*

Universis presentes litteras inspecturis, Symon de Cubitis, miles, et
magistri Nicolaus de Vernhouil et Egidius de Aula Pictaviensi (?), clerici,
missi a domino Rege ad recipienda juramenta fidelitatis a consulibus,
consiliariis et aliis hominibus Sancti Leonardi de Nobiliaco, salutem in
Domino. Noverit Universitas vestra nos recepisse mandatum illustris domini Regis Francie in hec verba : « Philippus, Dei gracia Francie Rex,
universis presentes litteras inspecturis salutem. Cum nos magistrum
Nicholaum de Vernolio, clericum nostrum, et Symonem de Cubitis,
militem, et Egidium de Aula, clericum, exhibitores presencium, mit-
tamus pro juramentis fidelitatis recipiendis ex parte nostra, ac vice
et nomine nostro a consulibus et hominibus civitatis Lemovicensis
et ab hominibus ville Sancti Leonardi de Nobiliaco, necnon pro quibusdam inquestis et negociis que sibi indicimus faciendis et exponendis in
illis partibus, mandamus vobis et requirimus, quatinus, in hiis que ad
premissa pertinent, pareatis efficaciter et intendatis eisdem. Actum apud
Rupellam, die Jovis post octabas Purificationis Beate Marie Virginis, anno
Domini m° cc° septuagesimo primo ». — Hujus autem auctoritate mandati
predicti, Nos, Symon de Cubitis, miles, et magistri Nicholaus de Vernholio
et Egidius de Aula Pictaviensi, clerici, ad villam Sancti Leonardi accedentes
die dominica post cathedram Sancti Petri, hora misse, in mane, in claustro
prioratus dicti loci, anno predicto, recepimus a consulibus, consiliariis et
universitate hominum dicti loci juramentum fidelitatis predictum. In cujus
rei testimonium presentibus litteris sigillum nostrum duximus apponendum. Datrum dicta die dominica post cathedram Sancti Petri, anno Domini m° cc° septuagesimo primo.

VII. — *Vidimus et confirmation par Philippe III des libertés de la
commune de Saint-Léonard (mars 1271, v. st. : 1272).*

Philippus, Dei gracia Francorum Rex, notum facimus tam presentibus
quam futuris quod Nos litteras inclite recordationis Regis Ludovici, avi nos-

tri, vidimus in hec verba : *Ludovicus, Dei gracia.., mense augusto* (1). Nos autem eisdem fidelibus nostris consulibus et universitati burgensium dictorum, predictas consuetudines et libertates prout ipsis consuetudinibus et libertatibus pacifice et rationabiliter hactenus usi sunt, et alia que superius continentur auctoritate regia confirmamus. Quod ut ratum et stabile permaneat in futurum, presentibus litteris nostrum fecimus apponi sigillum Actum apud Jarnacum, anno Domini m° cc° septuagesimo primo, mense marcio.

VIII. — *Lettres de Philippe III déclarant que la sauvegarde spéciale accordée à la ville de Saint-Léonard lui interdit de la placer sous une autre main, et rejetant les réclamations faites à ce sujet par le Roi d'Angleterre, duc d'Aquitaine, et ses gens.* — Janvier 1279, v. st. (1280) (2).

Philippus, Dei gracia Francorum Rex. Notum facimus universis tam presentibus quam futuris, quod, cum gentes illustris regis Anglie, ducis Acquitanie, fideles nostri, procurassent adjornari coram nobis homines Sancti Leonardi de Nobiliaco, nitentes revocare in dubium an homines dicti loci ita privilegiati essent, quod extra manum nostram poni non deberent, tandemque nobis legitime constitit quod predecessores nostri voluerunt quod homines et villa Sancti Leonardi essent in sua custodia et protectione, sicut alie ville regni sui, quum ipsi homines eisdem predecessoribus nostris jurarent et fidelitatem facerent, neque villam ipsam de manu sua removerent, — communicato bonorum consilio, predictos homines et villam ad manum nostram retinuimus, dicto Regi Anglie et ejus gentibus super hoc perpetuum silencium imponentes. Quod ut ratum et stabile permaneat in futurum, presentibus litteris nostrum fecimus apponi sigillum. Actum Parisius, anno Domini m° cc° septuagesimo nono, mense januario (2).

(1) Charte n° 3 ci-dessus.
(2) Cette pièce a déjà été publiée par M. l'abbé Arbellot, d'après D. Estiennot (*Bull. de la Soc. arch. et hist. du Limousin*, t. IV, p. 144); nous la donnons de nouveau à cause de quelques différences que nous avons relevées entre les deux textes.
(3) On sait que pareille décision avait déjà été prise dès 1260 par le Parlement.—S'il faut en croire l'abbé Oroux (*Histoire de la vie et du culte de Saint-Léonard*, p. 164), le Roi d'Angleterre réclama derechef Saint-Léonard sous Philippe-le-Bel, et celui-ci déclara de nouveau que cette ville n'avait pu être aliénée. Il y a lieu de croire à un double emploi des lettres ci-dessus, vu la ressemblance des dates : janvier 1279 et janvier 1299.

B.

Description et analyse sommaire de six rouleaux ou fragments de rouleau se rapportant au procès entre l'évêque de Limoges et la commune de Saint-Léonard, — avec un relevé des noms, qualités, âge et demeure des témoins dont les dépositions sont consignées à trois d'entre eux (1279-1308).

Les témoignages recueillis aux enquêtes de 1279-1282, 1288 et la copie des dires et principaux documents produits par les parties au cours du procès entre l'évêque de Limoges et la commune de Saint-Léonard de Noblat, se trouvent consignés sur sept rouleaux ou fragments de rouleau en parchemin, dont six — ceux ci-après décrits — ont ensemble une longueur d'environ cinquante mètres (exactement : 49^m,45). De ces fragments, deux seulement constituaient jadis, avec d'autres pièces étrangères à l'affaire, la liasse n° 2440 du fonds de l'Évêché (classement provisoire) aux archives du département de la Haute-Vienne. Les cinq autres se trouvaient disséminés dans d'autres liasses de l'Évêché, du fonds du chapitre de Saint-Léonard et de celui du chapitre de Limoges. De ces derniers, dépouillés par nous en 1885 et 1886, nous n'avons pu, lors d'une récente révision à laquelle nous nous sommes livré, retrouver que quatre, aujourd'hui réunis aux deux rouleaux principaux dans la liasse 2440. Quant au cinquième, que nous avions étudié il y a cinq ans avec les autres, nous nous sommes vu dans l'impossibilité, par suite de la perte de quelques-unes de nos fiches, de remettre la main sur la liasse dont il faisait partie et où il avait été réintégré. Toutes nos recherches sont demeurées infructueuses, et cette pièce ne pourra vraisemblablement être jointe aux autres que lors de la confection de l'inventaire du riche fonds de l'Évêché.

Ainsi constituée, la liasse 2440 recèlera des éléments précieux pour l'étude de l'histoire municipale dans notre province. Quatre surtout des sept rouleaux que nous avons dépouillés, ceux qui reproduisent les dépositions des témoins entendus à la requête de l'évêque et de la commune, sont des pièces d'une importance exceptionnelle. Nulle part nous ne saisissons aussi nettement, nous ne prenons ainsi sur le fait le fonctionnement de nos communes et la vie bourgeoise au XIIIe siècle. Nulle part nous ne rencontrons une pareille abondance de détails caractéristiques et une aussi pittoresque mise en scène.

Il nous a paru utile de donner, des six fragments à présent réunis dans la liasse 2440, une description sommaire.

Le premier fragment a une longueur de 8m,98 sur une largeur de 0m,192 à 0m,219. Il comprend la fin des dépositions des témoins entendus à la requête de l'évêque à une date non indiquée — première production; — le mercredi après le dimanche de *Lætare*, 4 avril 1279 v. st. (1280) — seconde production, — et le samedi avant les Rameaux 1281 v. st. (1282) — troisième production. — Les derniers témoins sont entendus par Pierre Le Moine, archidiacre de Tours, et par Guillaume de Châtellerault, prieur de Sainte-Radegonde de Poitiers, commissaires royaux. Ce fragment commence au milieu d'une déposition qui précède celle de Bernard de La Porcherie : *[In]terrogatus de tercio articulo, videlicet preconizatione*, et se termine à la fin de la déposition de Pierre dit *Prune*, prêtre de Saint-Michel de Noblat, par ces mots : *de auditu*, — *Facta est collatio*. — Cote ancienne : *Inquesta pro jurisdictione Nobiliaci F. (?)* ED. XXVII. On lit plus loin : *Ce rouleau contient ecritures [et] enquestes faictes requerent Monsieur l'Evesque a cause de la jurisdiction de Saint-Leonard. Dattees Saint-Leonard, 1279*. La dernière peau ne présente pas de trace de coutures, ce qui peut faire penser que nous avons ici la fin d'un rouleau. Notre fragment ne contient pas moins de cinquante quatre dépositions. Voici la liste des témoins, qu'il nous a semblé intéressant de reproduire in-extenso :

  1. Bernardus dictus de Porcheria (1), miles, sexagenarius.

  2. Bernardus Helye, miles, quadragenarius, uxoratus, homo ligius Episcopi.

  3. Bernardus dictus de Peruce, miles, quinquagenarius, uxoratus, homo ligius vicecomitis Lemovicensis.

  4. Petrus Tyson, miles, quaterviginti annorum, uxoratus, homo ligius vicecomitis Lemovicensis.

  5. Petrus de Quadris, miles, trieginta quinque annorum.

  6. Fulco de Rueria, valletus, quinquagenarius.

  7. Jordanus de Muris, valletus, quadragenarius, uxoratus, homo ligius Episcopi.

  8. Petrus dictus Chabecut, sexagenarius, uxoratus, homo ligius Episcopi Lemovicensis et capituli Lemovicensis.

  9. Bertrandus de Vacignac, valletus, quinquaginta quinque annorum, uxoratus.

10. Guillermus Chambellani, sexagenarius, burgensis de Brivâ, uxoratus.

11. Petrus Ademari, presbiter, sexagenarius, testis.

12. Petrus Rannulphi, miles, sexagenarius, uxoratus, homo ligius Episcopi.

13. Petrus Fabri, presbiter, quinquagenarius.

14. Johannes Boisson, presbiter, quadragenarius et plus.

15. Guillelmus de Maignat, miles, sexagenarius et plus.

16. Bernardus La Galamache, presbiter, canonicus sancti Leonardi Nobiliacensis, sexagenarius.

17. Stephanus Puygnet (Purgnet?), presbiter, sexagenarius.

18. Johannes Jauberti, sexagenarius, uxoratus, homo ligius et juratus episcopi.

---

(1) La Porcherie, château de la commune de ce nom, détruit une première fois au milieu du XIII° siècle (canton de Saint-Germain-les-Belles, arrond. de Saint-Yrieix, Haute-Vienne).

19. Constantinus Marches, quadragenarius, homo ligius domini Episcopi
  Lemovicensis.
20. Petrus Stephani, sexagenarius, uxoratus, homo Episcopi, serviens,
  et de familia Episcopi.
21. Helias Panebuou, castri Nobiliacensis, quadraginta quinque annorum.
22. Hugo, prior Saucti Leonardi, ordinis Sancti Augustini.
23. Girardus Silvani, miles, homo ligius Episcopi, quadragenarius.
24. Martinus Jornet, clericus uxoratus, quinquaginta et quinque annorum et plus, usque ad sexaginta.
25. Audoynus Marches, presbiter, prior de Chastelutz-Marches (1), sexagenarius.
26. Oliverius de Nobiliaco, miles, homo ligius episcopi.
27. Jaucelinus de Aurifolio, quinquagenarius, uxoratus, homo dominu-
  rum Castri Nobiliaci.
28. Stephanus, subprior Sancti Leonardi, quadragenarius.
29. Jocelinus de Aneto (2), homo ligius, uxoratus.

Après la déposition de ce témoin se lit la mention suivante : Anno
Domini m° cc° lxx^mo nono, die mercurii post Lætare Jerusalem, inquesta
facta pro episcopo Lemovicensi contra burgenses et communitatem ville
Nobiliaci in lite mota inter eos coram domino Rege Francorum, secundum (?)
articulos dicti episcopi in secunda productione testium, seu secunda dila-
tione.

30. Jaubertus dictus Trenche Serpent, canonicus Nobiliacensis.
31. Petrus (?) dictus Peirade, presbiter, rector capelle Beate Marie Nobl-
  liacensis, quadragenarius.
32. Ademarus (?) de Rocha, domicellus, sexagenarius et plus, uxoratus.
33. ..... Vigerii (?) de Bualuou (3), quinquaginta annorum et plus, uxoratus, prepositus domini Castri Novi.
34. Helias de Sancto Marcho, miles, quinquagenarius, uxoratus, homo
  domini Castri Novi.
35. Durandus Las Moleres, miles, quadragenarius, uxoratus.
36. Guillermus de Fonte Pynay, presbiter, vicarius perpetuus in ecclesia
  Beati Leonardi.
37. Petrus Jauberti, canonicus et capellanus curatus ecclesie de Nobiliaco, natus de Nobiliaco, de licencia prioris sui.
38. Petrus, capellanus Sancti Dyonisii de Muris (4), presbiter, quinquagenarius et plus.
39. Petrus Lateris, canonicus ecclesie Rausoliensis (5), subdyaconus.
40. Bernardus Bordes, clericus, vicarius capelle de Exidolio (6), quadragenarius.
41. Petrus d'Escinaygues, miles, quadragenarius.

---

(1) Châtelus-le-Marcheix, commune du canton de Bénévent (Creuse‍.
(2) Il n'est pas probable qu'il s'agisse ici de Nedde : il y aurait *Anedda*.
(3) Bujaleuf, aujourd'hui commune du canton de Saint-Léonard.
(4) Saint-Denis-des-Murs, aujourd'hui commune du même canton.
(5) Le Moûtier Rozeille, aujourd'hui canton de Felletin, arrondissem. d'Aubusson (Creuse).
(6) Excideuil, aujourd'hui chef-lieu de canton de l'arrondiss. de Périgueux (Dordogne).

42. Bernardus Pigmaur, miles, sexagenarius.
43. Johannes Arditi, presbiter, quinquagenarius et plus.
44. Johannes Morelli, de castro Nobiliaci, homo et bajulus Fulconis de
    Royere, quinquagenarius, uxoratus.
45. Girardus Bajulus, quinquagenarius.
46. Petrus Stephani, de villa Nobiliaci, triginta quinque annorum (non
    fuit receptus).
47. Constantinus Bernardi, canonicus regularis Beati Leonardi, de licen-
    cia prioris, presbiter, triginta quinque annorum.
48. Bernardus, dictus de Ponte (?), presbiter, triginta quinque annorum.
49. Matheus de Podio Albano, presbiter, viginti quinque annorum.
50. Marcialis Jauberti, clericus, sexaginta annorum.

On lit ici : Anno Domini m° cc° octuagesimo primo, die Sabbati ante
Ramos Palmarum, inquesta facta pro episcopo Lemovicensi contra consules
et homines ville Nobiliaci per nos, Petrum Monachi, archidiacono Turo-
nensi (?), et Guillermo de Castro Ayraudi, priore Beate Radegundis Pictavensis, in tercia dilacione seu productione :

51. Jacobus Alaraude, clericus, quinquagenarius, uxoratus.
52. Petrus Reginaldi, burgensis de La Sosterrana (1), quadragenarius,
    uxoratus.
53. Girardus Jorneti, canonicus Sancti Leonardi Nobiliacensis, dyaco-
    nus, viginti quinque annorum et plus, de licencia sui prioris.
54. Petrus, dictus Prune, presbiter Sancti Michaelis de Nobiliaco, triginta
    annorum, beneficiatus in dicta ecclesia Sancti Michaelis.

La liasse 2440 ne renferme que ce fragment relatif à la première enquête : Il a trait seulement à des dépositions de témoins cités à la demande
de l'évêque. On conçoit que les archives de l'évêché aient conservé ces
dépositions avec soin. Si les archives communales de Saint-Léonard avaient
gardé aussi religieusement les dires des témoins des consuls, nous possé-
derions un précieux élément d'information de plus. Par malheur, la
commune s'est laissé enlever jusqu'à la copie de ses privilèges, qui existait encore à la Mairie en 1870, dernière épave d'un passé communal
qu'on aurait peut-être, même ignorant de son histoire, dû traiter avec
plus de respect.

Le second et le troisième fragments se rapportent à la deuxième enquête
et ont appartenu au même rouleau.

Le second, qui mesure 18^m,530 sur 0^m,225 à 0^m,244, renferme les dépositions des témoins de l'évêque au nombre de vingt-sept (première et
seconde productions à la deuxième enquête). Ces deux séries de témoignages sont complètes. Quelques lignes seulement de la première déposition manquent, ainsi que tout le préambule, qui aurait eu pour nous un
grand intérêt. Cette portion de l'enquête est suivie de divers dires,
pièces et productions dont on trouvera ci-après le détail. La première
peau commence par ces mots de la première déposition..... *in septimo*

----

1) La Souterraine, aujourd'hui chef-lieu de canton de l'arrond. de Guéret (Creuse).

articulo. R[equisitus] super decimo articulo, dicit quod nescit. Le fragment finit : *nec monstra, quatinus lacior facta est quam peticio paciatur.* — *Collacio facta est,* La première peau est cotée *III^a pecia.* — Autres cotes : Première liasse. *Enquestes pour Monsieur de Limoges contre les consuls et comm^{ne} de Sainct Lienard, a cause de la jurisdiction dud. lieu, es annees 1287 et 1288,* D. n° 6. — Signé : Rogier des Essarts ; Romanet, procureur du Roy. — Plus loin : *Enquestes faictes a la requeste de Monsieur l'Evesque contre les consuls et commune de Sainct-Leonard a cause de la jurisdiction haulte, moyenne et basse, mere, mixte, de la ditte ville, appartenent a mondit seig^r Evesque, et aussy a cause de la forest appartenent a mondit seigneur : Elles sont sans datte.* — *Sainct-Leonard.*

Nous donnons ci-dessous le relevé des témoins.

[*Testes episcopi*]. — 1. N.....

2. Helyas Panabeus, de castro Nobiliacensi, etatis sexaginta annorum.

3. Petrus Nigri, etatis quinquaginta annorum.

4. Bernardus Bordas, rector capelle de Exidalio (*sic*), Lemovicensis dyocesis, quinquagenarius.

5. Stephanus, subprior Sancti Leonardi de Nobiliaco, de dicta villa oriundus, etatis quinquaginta annorum et plus.

6. Petrus Bernardi, francus serviens, oriundus de Aenmoter (1), etatis quatuor viginti annorum vel circa.

7. Audoynus, prior de Castelluz-Marcheis, oriundus de Castro Nobiliacensi, ubi moratus fuit quondam bene per triginta annos ; set sunt viginti quatuor anni quod moram continuam non fecit ibidem..... etatis sexaginta annorum.

8. Dominus Guillelmus de Rezeis, miles, homo ligius Episcopi, commorans apud Rezeis (2), etatis sexaginta annorum.

9. Petrus Jouberti, canonicus regularis Sancti Leonardi et capellanus Sancti Stephani de Nobiliaco, oriundus de villa Nobiliaci, et ibidem quasi per totam vitam, excepto quod fuit scolaris et extra dictam villam vicissim per quindecim annos vel circa, etatis sexaginta quatuor annorum.

10. Magister Petrus Latere, canonicus ecclesie Rausoliensis, oriundus de Ahento, etatis quinquaginta annorum.

11. Ernaudus de Bordelose, oriundus et commorans de (*sic*) Juncheria (3), que distat a villa Nobiliaci per quatuor leucas, etatis sexaginta annorum, qui multum conversatus fuit in villa Nobiliaci, et ibidem [fuit] custos Regalium.

12. Hugo, prior Sancti Leonardi de Nobiliaco, oriundus prope villam Nobiliaci per leucam, etatis quinquaginta annorum.

Testes producti ex parte Episcopi Lemovicensis contra consules et com-

---

(1) *De Aentis monasterio,* Eymoutiers, chef-lieu de canton de l'arrondissement de Limoges.

(2) Razès, château de la commune de ce nom, canton de Bessines, arrondissement de Bellac (Haute-Vienne).

(3) La Jonchère, aujourd'hui canton de Laurière, arrondissement de Limoges, appartenait à l'Evêque.

munitatem sub secunda productione, anno Domini m° cc° octogesimo octavo, die veneris post festum Beati Clementis :

13. Hugo Botineau, miles, etatis sexaginta annorum vel circa, qui moratur prope villam de La Souterrenne.

14. Magister Johannes Jocosi, sive Gay, jurista, de Subterranea, quinquagenarius vel circa.

15. Petrus Raymondi, valletus de castellania de Guaret (1), cujus domicilium distat a dicta villa Nobiliaci per tresdecim leucas, etatis triginta octo annorum vel circa.

16. Stephanus Vigerii, francus serviens, de Murart (?), etatis sexaginta annorum.

17. Constantinus Marcheis, miles, commorans in castello de Nobiliaco, etatis sexaginta annorum vel circa.

18. Petrus Faure, presbiter dicte ville Nobiliaci, quinquagenarius vel circa.

19. Marcialis Joberti, clericus, burgensis de dicta villa, etatis triginta quinque annorum, vel circa.

20. Petrus Renaut, de Subterranea, burgensis, etatis quadraginta annorum vel circa.

21. Riguaudus de Quercu, presbiter, curatus ecclesie de parrochia de Porcheria (2), etatis sexaginta quinque annorum et plus.

22. Petrus, rector ecclesie de Barsages (3), canonicus regularis Sancti Leonardi Nobiliacensis, quadragenarius vel circa.

23. Ademarus de Brelac, serviens domini Regis, quadragenarius vel circa.

24. Jordanus de Muris, miles, commorans infra monstram, etatis quinquaginta annorum vel circa.

25. Jocealmus de la Foelle, miles, quinquagenarius.

26 Audierus Normanni, armiger de Rezeis, prope villam Nobiliaci, per quinque leucas, etatis quadraginta annorum et plus.

27. Johannes Moreau, de Castro Nobiliaci, etatis quinquaginta annorum vel circa.

On trouve à la suite de ces dépositions : des lettres de Mathieu, abbé de Saint-Denis et de Simon, seigneur de Nesle, lieutenants du Roi de France, du mois d'août 1285, rappelant les prétentions des parties et l'arrêt rendu par le Parlement, à la Pentecôte 1285 ; — la Commission donnée par Philippe IV, le 29 août 1287, à Philippe Suard, chanoine de Laon et à Jean de Morancy, clercs du Roi, de procéder à l'enquête et de recevoir les déclarations des témoins de la première production ; — les lettres du Roi exécutoires de l'arrêt du Parlement déclarant que l'Evêque n'a pas innové et n'a agi ni contre les ordres du Roi, ni contre ceux du sénéchal en établissant à Saint-Léonard un prévôt des causes foraines, et enjoignant à l'Evêque et aux consuls de ne pas apporter réciproquement d'entraves à

---

(1) Guéret, *Garactum*, *Waractum*, actuellement chef-lieu du département de la Creuse.

(2) La Porcherie, auj. commune du canton de Saint-Germain-les-Belles, arrondissement de Saint-Yrieix (Haute-Vienne). Possédait autrefois un château occupé par une branche de la grande famille des Bernard.

(3) Probablement Barsanges, canton de Bugeat, arrondissement d'Ussel (Corrèze).

l'exercice des droits de justice qu'ils possèdent de part et d'autre, ces droits devant être exercés conformément aux usages, mars 1286 v. st. (1287) ; — les propositions et récusations des procureurs des consuls contre les témoins de l'Evêque ; — enfin diverses protestations et réponses. Il est dit à la fin que les commissaires doivent partir de Saint-Léonard le lundi après la Pentecôte, pour se trouver à Tours le samedi suivant.

C'est le troisième fragment, de beaucoup le plus intéressant, qui nous conserve les dépositions des témoins cités à la requête des consuls (première et deuxième productions de la seconde enquête).

On doit regretter à tous les points de vue que cette portion de la procédure nous soit arrivée aussi incomplète ; nous avons, en effet, les déclarations des douze témoins des consuls qui comparurent à la deuxième production, mais celles des deux derniers témoins, seulement, de la première. On trouve de plus, dans ce rouleau, le texte des privilèges de la ville et diverses pièces que nous analysons plus bas. Notre fragment, de 17ᵐ,73 de long sur 0ᵐ,225 à 0ᵐ,259 de large, commence par ces mots : *Frater Vincencius, ordinis milicie Templi.* Il finit : *per ipsos articulos liquide apparet. Collacio facta est.* On y a ajouté les dires des consuls en français, commençant par : *A ceste fin que nostre sires li Rois,* et finissant : *de fait et de droit, en leu et en temps.* — Cote : *Informacion pour les consuls de Saint Lienard a cause de la jurisdᵒⁿ de lad. ville contre Monsʳ de Limoges. F.* CLXXIII. Autre plus récente : *Ce rouleau de parchemin ne contient aultre chose que les informations faictes par les consulz de Sainct Leonard, a cause de sa jurisdiction de laditte ville, contre Monseigneur de Limoges, a Montauban (sic), l'an 1280.* SAINT-LEONARD. Signé : ROGIER DES ESSARTS.

Voici la liste des témoins cités par la Commune :

1. Frater Vincencius, ordinis milicie Templi, quinquaginta quinque annorum.
2. Magister Galterius, factor ciforum, de Laitora (1), sexaginta annorum et plus.

Utraque pars voluit et patrata fuit plures testes producere coram nobis, auditoribus, sub prima productione ; sed nos, auditores, non potuimus eos examinare nec recipere, cum ego, magister Philippus Suardi, necesse haberem recedere et alibi, de mandato domini Regis, me transfferre.

3. Magister Leonardus Goudelli, clericus, quadraginta quinque annorum, horiundus de Nobiliaco, commorans apud Mastacium (2).
4. Petrus de Ruppe Amatoria (3), quinquaginta annorum et plus... natus apud Nobiliacum, et moratus fuit apud Ruppem Amatoriam et Montem Albauum, et adhuc moratur, bene per viginti duos annos.

---

(1) Il s'agit de Lectoure, chef-lieu d'arrondissement du Gers, comme on le voit à la déposition.

(2) Probablement Matha, aujourd'hui canton de l'arrondissement de Saint-Jean-d'Angély (Charente-Inférieure). On trouvera plus loin de singulières articulations sur le compte de ce témoin.

(3) Roc Amadour, canton de Gramat, arrondissement de Gourdon (Lot), célèbre pèlerinage.

5. Martinus Le Tourneur, horiundus de Burgondia, sexaginta annorum. Viginti sunt anni quod non moratus fuit in villa Nobiliaci ; set ante illud tempus ipse moratus fuit in dicta villa per viginti annos.

6. Petrus Tutonis, octoginta annorum, oriundus au Venal (?) prope villam Nobiliaci, per tres leucas parvas : moratus fuit in villa predicta bene per quindecim annos, et sunt triginta anni.

7. Dominus Johannes de Bosco, presbiter, qui fuit natus apud Pairac (1), prope villam Nobiliaci per quatuor leucas; et moratus fuit in dicta villa per quatuor annos, tempore quo erat juvenis : octoginta annorum.

8. Petrus d'Arfeuille, natus in villa Nobiliaci, septuaginta annorum et plus.

9. Petrus Velade, natus in villa Nobiliaci, octoginta annorum : xxxii sunt anni quod ipse non moratus fuit in dicta villa.

Suit le texte des pièces produites par les consuls et dont nous reproduisons ci-dessus (Appendice, lettre A) la teneur. Les procureurs de l'évêque en demandent copie. Les enquêteurs les invitent à s'adresser à la cour pour l'obtenir.— La liste des témoins reprend ici, avec un en-tête que nous reproduisons :

Testes producti a procuratoribus ville Nobiliaci contra episcopum Lemovicensem in secunda productione, anno Domini m° cc° octogesimo octavo, die veneris post festum Beati Clementis, qua die predictus episcopus constituit procuratorem suum coram nobis Petrum de Pignu, presbiterum, ad omnia in hoc negocio necessaria vel... oportuna, et que faceret vel facere posset, si personaliter interesset, qui procurator in presencia procuratorum ville et consulum Nobiliaci, se producturum bonos et fideles testes juravit. Et.... procuratores dicte ville illud idem juraverunt, videlicet Stephanus Faure et Nicholaus de Molendinis.

10. Ademarus Bordes, de Breno (2), octogenarius.

11. Petrus Philippi, civis Lemovicensis (3), sexaginta annorum etatis.

12. Petrus de Bilhax, lathomus de Alodiis (4), quinquagenarius.

13. Petrus Jouaus, ballivus defuncti (?) Petri de Jumellis, domicelli, apud Oriacum (5), octogenarius, vel circa.

14. Johannes Vueriau, commorans in castro Lemovicensi, sexaginta annorum etatis vel circa.

Suivent des dires et protestations des procureurs de l'évêque contre les témoins produits par les consuls. Texte de divers dires et productions et de lettres du Roi aux commissaires enquêteurs ; lettres des commissaires

---

(1) Peyrat-le-Château, vieux bourg qui a ses sénéchaux particuliers au xiiᵉ siècle (aujourd'hui commune du canton d'Eymoutiers, arrondissement de Limoges).

(2) Bré, château dont les ruines subsistent dans la commune de Coussac-Bonneval, arrondissement de Saint-Yrieix (Haute-Vienne).

(3) C'est-à-dire bourgeois de la Cité de Limoges. Les bourgeois du Château sont désignés d'habitude sous la dénomination de *burgensis*, parfois de *castrensis*.

(4) Les Allois, ancienne abbaye de filles, dont il ne reste que des ruines; aujourd'hui village de la commune de La Geneytouse, canton de Saint-Léonard.

(5) Auriat, aujourd'hui commune du canton de Bourganeuf (Creuse).

et documents relatifs au procès. — A la fin, factum des consuls en français.

Le quatrième fragment (0^m,71 sur 0^m,248) constitué par une seule peau, donne le commencement d'un *intendit* de l'évêque : il commence par ces mots : *Dicit et probare intendit episcopus...* Il est lacéré après les mots *se adimplere negligit et neglexit*, qui terminent du reste un paragraphe. Cote : *Pour Monsr de Lymoges, contre les consulz de Saint-Leonard. Hec sunt articuli contra homines de Nobiliaco, pro episcopo Lemovicensi.* — ET DIVINA. E cxlviii. Autre : *Ce rouleau contient les escriteures et articles pour Monsieur l'Evesque contre les consulz, a cause des causes civiles de la ville de Saint-Leonard et Cité de Lymoges, estant dit par arrest que Monsieur de Limoges, ou son prevost, congnoistra en laditte ville des causes civiles.* NOBLAC. Sign. ROGIER DES ESSARTS et ROMANET, procureur du Roy.

L'évêque y rappelle les événements depuis l'arrêt du Parlement qui lui a adjugé la juridiction civile, et signale la résistance des bourgeois.

Le cinquième fragment a 2 mètres 70 de long sur une largeur de 22 à 23 centimètres. Il commence : *Ad istum finem quod episcopus Lemovicensis, nomine ecclesie* (déchirure), et finit par ces mots : *ad intencionem suam fundendam, et probare poterit.* Il renferme un mémoire de l'évêque relatif à la justice de Saint-Léonard.

Ce mémoire non seulement énonce les prétentions de l'évêque, mais rappelle les dires des consuls et aussi les arguments du procureur du Roi qui est intervenu au procès. Cote : Iz (ou R) 6. *xxv* (ou *xpd*). Autres : KCxlj, n° 25. *Escrittures balhees par Monsieur l'Evesque de Limoges, comme seigneur temporel et juridict de St-Leonard par la moytié, ou il y a plusieurs articles, et n'est signé.— Saint-Leonard.* — ROGIER DES ESSARTS, ROMANET, procureur du Roy.

D'une longueur de 82 centimètres environ, le sixième fragment est composé d'une peau de 25 centimètres de largeur et d'un petit parchemin de 22, qui y est attaché : il mentionne des comparutions et dires divers des procureurs, tant de l'évêque et du Roi que des consuls, du dimanche de la Passion 1307 v. st. (1308) jusqu'au 1er mai suivant, devant Jean de Roye, chanoine de Lille, clerc, et Jean de Vaissiac, chevalier, commissaire du Roi. Il commence par ces mots : *Memoria est quod die dominica ante Ramos Palmarum, anno Domini millesimo ccc° vii°, comparuerunt apud Nobiliacum...* et finit : *quorum rotulorum tradicioni procurator dictorum dominorum Regis et episcopi contradixerunt.* Au dos, cote du xve ou xvie siècle : n° 20. SS. *Memorial pour Monsr de Limoges contre les consulz de Sainct-Lienard*, oicc, et d'une écriture du xviie siècle : *Actes et proces-verbal des commissaires contenant le discepte faict devant les commissaires, accordés entre le procureur du seynieur evesque et le sindic des hommes et consulz de Noblac, ou n'i a que delays a bailler et articles a produire, sans aulcune decision ni resolution, et le tout n'en vault gueres. Nôblac, 1307.* Puis les signatures ROGIER DES ESSARTS et

Romanet, *procureur du Roy*. Au dos du petit parchemin, ces mots, contemporains de la pièce : *Memoria et processus factus de Nobiliaco.*

Le septième fragment de rouleau, celui que nous avions étudié il y a cinq ans-et que nous n'avons pu retrouver dans nos récentes recherches, conserve le texte de plusieurs dépositions fort intéressantes : mentionnons celles de Mathieu des Moulins, Pierre Dupin (*de Pinu*), Pierre de *Ranca-nas*, Bernard de La Chenaud, Giraud Pareau, Imbert Boise (*sic*), Pierre Chabeau, témoins produits en 1288 par les bourgeois. Il a une longueur de plusieurs mètres, mais nous ne l'avons pas exactement notée.

C

Extraits des dépositions recueillies aux enquêtes.

I. — *Origine de la commune. Elle a été fondée par les Rois d'Angleterre, qui ont fait don aux bourgeois d'une bannière à leurs armes.*

Charte de Henri II ; bannière. — 1. Ipse vidit privilegium Henrici, quondam Regis Anglorum, suo sigillo sigillatum ut prima facie apparebat, in quo continebatur quod dominus Rex eisdem contulerat communitatem et confirmaverat eorum libertates et dederat eis vexillum in quo est signum leonis, prout vidit dictum vexillum; sed non recolit de colore vexilli. (Léonard Goudelli, clerc, maître des écoles de Saint-Léonard, 1288).

Charte de Richard-Cœur-de-Lion ; bannières. — 2. Item, dicit quod habent consolatum et communitatem ex dono regis Richardi, quondam regis Anglorum, prout audivit dici a patre suo ; et dicit quod dicti homines habent duas banerias in quibus arma regis Anglie sunt depicte, scilicet leopardi. (Pierre d'Arfeuille, ancien bourgeois de Saint-Léonard, 1288).

D°. — 3. Et audivit dici a patre suo quod ipse erat presens quum rex Richardus Anglie dederat eis consolatum et communitatem; et dicit quod dicti homines habent vexilla in quibus armature regis Anglie sunt depicte. (Pierre Velade, 1288).

Charte d'un Roi d'Angleterre. — 4. Vidit burgenses dicte ville habere consolatum et communitatem sexaginta anni sunt, et a sexaginta annis citra... ipsi habent ex dono regis Anglie, prout audivit dici. (Pierre Tutonis, 1288).

D°. — 5. Ipsi habent consolatum et communitatem a tempore quo se recolit (1)... et predicta habent ex dono Regis Anglie, prout audivit dici, et dicit quod predicta tenent a rege Francie. (Pierre de Roc Amadour, 1288).

D°. — 6. Dicit quod ipsi habent (la commune et le consulat) ex dono Regum Anglie seu Regis, prout audivit dici communiter : ipse vidit eos uti de predictis septuaginta sunt anni et a septuaginta annis citra. (Jean du Bois, prêtre de Peyrat, 1288).

Possession paisible du Consulat et de la commune. — 7. A tempore quo se recolit, ipse vidit in villa Nobiliaci consules et communitatem pacifice et sine contradictione. Non vidit quod Episcopus et gentes ipsius super his se in aliquo opponerent. (Fr. Vincent, templier, 1288.)

(*Bannières*, v. n°ˢ 7, 52, 57, 62, 63, 68.)

II. — *Les consuls, au nombre de huit, sont désignés dans une assemblée de ville par les consuls sortant de charge. Ils reçoivent le serment de fidélité de la commune.*

Des consuls et de leur nombre. — 8. Vidit quod, in dicta villa, eran octo burgenses ejusdem ville qui vocabantur et se vocabant *consules*; et illi custodiebant homines dicte ville ab injuriis et molestiis. (Pierre Joubert, curé de Saint-Etienne de Noblat, 1288).

Election des consuls. Serment. — 9. Vidit eos creare, a dicto tempore citra (soixante-dix ans), pluries consules, per consules antiquos, in festo cathedre Sancti Petri; et vocatur ad hoc communitas ex parte consulum antiquorum et communitatis, et, dictis consulibus ita creatis, dicta communitas jurat se obedire dictis consulibus (Jean du Bois, prêtre, 1288).

D°. — 10. Consules... quolibet anno mutantur. (Audoin, curé de Châtelus-le-Marcheix).

D°. — 11. Iste vidit... quod consules antiqui creabant alios consules novos. (Pierre d'Arfeuille, 1288).

D°. — 12. Consules vocabant communitatem dicte ville semel in anno, in festo cathedre Beati Petri; et faciebant dictam communitatem jurare quod obedirent eis... In dicto festo creantur consules in dicta villa, prout vidit; et ipsis creatis... ipsi accipiunt sacramentum a communitate. (Léonard Goudelli, clerc, 1288).

D°. — 13. Vidit per triginta annos quod homines congregabant se semel in anno, in festo cathedre Sancti Petri, in domum communem dicte ville ; et tunc consules antiqui, qui fuerant in anno preterito, eligebant et faciebant consules novos pro anno futuro, et quod consulibus novis creatis per antecessores, ut dictum est, communitas dicte ville faciebat... sacramentum fidelitatis. (Pierre Velade, 1288).

D°. — 14... Porte dicte ville firmabantur et claves dictarum portarum ponebantur in domo communi.... postmodum dictas claves dicti consules cre-

---

(1) Depuis le temps qu'il se souvient, aussi loin que peut remonter sa mémoire.

debant ad custodiendum illis qui morabantur prope portas quarum claves erant, et a consulibus de novo creatis ipsi accipiebant dictas claves et portas dicte ville apperiebant. (Pierre Velade.)

D°. — 15. Vidit pluries, semel in anno, in festo cathedre Sancti Petri, quum consules creantur in domo communi, quod porte Nobiliaci firmantur, et, eis firmatis, claves ponuntur in domo communi, et creatis consulibus, predicti consules tradunt claves portarum predictarum ad custodiendum alicui habitatori de dicta villa, cui volunt. (Léonard Goudelli.)

D°. — 16. Vidit pluries in dicta villa dictos consules... eligi in festo Beati Petri. Cum ipsi creabantur, homines dicte ville faciebant eis sacramentum, et ipsemet fecit bene sex vicibus. (Maître Gautier de Lectoure, 1288.)

Serment de fidélité et d'obéissance. — 17. Vidit juramentum prestari a quibusdam hominibus dicte ville dictis consulibus in domo communitatis, et a quibusdam aliis in quadruvio ville, triginta anni sunt elapsi. Et postea illud vidit per decem annos. (Pierre Dupin, homme (de l'abbaye) de Saint-Martial, 1288).

D°. — 18. Sexaginta anni sunt elapsi, ipse testis, qui tunc erat de communitate Sancti Leonardi, in domo communitatis, una cum hominibus dicte ville, fecit juramentum fidelitatis consulibus. (Pierre de *Rancanas*, 1288.)

D°. — 19. Consules recipiebant juramentum... ante domum consulatus, et aliquociens in eadem domo et per vicos. (Bernard de Lachenaud, 1288.)

Formule du serment. — 20. Et ipse vidit a quinquaginta annis... et ipse testis, viginti anni sunt elapsi, pluries recepit hujusmodi juramentum a pluribus hominibus dicte ville, tanquam unus de consulibus dicte ville. (Fr. Mathieu des Moulins, templier, soixante ans, 1288.)

D°. — 21. Faciebant juramentum fidelitatis et quod starent ad esgardum consulum. (Pierre du Bois.)

D°. — 22. Jurabant servare bonas consuetudines et profectum ville, et stare ad esgardum consulum. (Giraud Pareau, 1288.)

D°. — 23. — Jurabant bonas consuetudines ville servare et libertates, et stare ad esgardum consulum. (Imbert Boyse, 1288.)

D°. — 24. Jurabant fidelitatem et profectum ville servare. (Pierre Chabau.)

III. — *Attributions des Consuls. Ils réunissent la commune, réparent et entretiennent les fortifications. — Hôtel-de-Ville. Armes communes. Caisse commune. Archives. Sceau.*

Assemblées de commune. — 25. Fuit trumpatum in villa Nobiliaci, ex parte consulum, quod omnes venirent ad domum communem in vim sacramenti quo erant astricti consulibus.

D°. — 26. Vidit multotiens dictos burgenses in domo communi et alibi in plateis communibus dicte ville; et ibi congregabantur pro tractando de negociis illorum communibus. (Pierre Tutonis, quatre-vingts ans, 1288). (Assemblées de commune, n°s 9, 12, 13, 68, 69).

Garde et entretien des fortifications. — 27. Vidit, a tempore quo se recolit, muros et portalicia (*sic*) dicte ville refici et reparari, quum indigebant, per consules. Vidit custodiri de die et de nocte, cum armis et sine armis, villam Nobiliaci et nundinas dicte ville per consules... et poni custodes de die et nocte per dictos consules... et dictis custodibus tradi arma communia. (Léonard Goudelli, 1288).

D°. — 28. Consules faciunt refici muros, portalitia et fortalicia ; et scit quia quinquaginta anni sunt et a quinquaginta annis circa, quod ipse vidit predicta refici per consules... Vidit, quum jacebat in dicta villa, quod quum ipse exiebat de villa summo mane, quod illi qui custodiebant claves portarum dicte ex parte consulum, apperiebant sibi portas... Quadraginta sunt anni, iste qui loquitur vidit quod dictus Natebloie, clericus, imposuit ligna domus sue in muris dicte : que domus est prope portale de Campo Magno. Propter quod ipse solvit consulibus quinque solidos. (Pierre Tutonis, 1288).

(Voir nᵒˢ 14 et 15 ci-dessus).

Garde et entretien des murs et attributs divers de l'autorité des consuls. — 29. Consules habent carcerem, furchas... precones, bannum, claves portarum, turres, muros et portalia, et fortalicia, et custodiam dictarum rerum a tempore quo se recolit. Vidit pluries refici muros et fortalicia per dictos consules, et poni precones et custodem portarum... Consules tradiderunt claves portarum dicte ville ad custodiendum quibusdam hominibus dicte ville, videlicet magis ydoneo de vico in quo erat portale (Fr. Vincent, templier)... De nominibus illorum quibus dicte claves tradebantur custodiendum per dictos consules, dicit quod Petrus Albucon, qui morabatur ad portam de Campo Magno, et Girardus Fabri, qui morabatur ad portam de Bancheram. (Léonard Godeau, 1288)... Guillermus de Bousou custodiebat portam de Bousou et dictus Joli (?) custodiebat claves seu portam Elemosinariam. (Martin Le Tourneur).

D° — 30. Consules... faciebant tallias ad reficiendum muros et alia necessaria ville. (P. Joubert, curé de Saint-Etienne, 1288)... Vidit capi in dicta villa per consules Johannem Ademari, burgensem, in domo sua, pro eo quod nolebat solvere talliam impositam super ipsum ex parte consulum. (Pierre Tutonis).

D°. — 31. Et reficiebant... muros, et sic faciebant diebus feriatis. (P. Velade).

D°. — 32. Consules custodiebant claves et faciebant custodire dictam villam per noctem. (P. Vigier, 1280).

Maison commune, sceau, caisse commune, archives, armes, bannières. — 33 Dicti consules et communitas habent domum, sigillum; archam communem, papirum (1), armaturas et bancrias, et alia spectancia ad communitatem. (Fr. Vincent, chevalier du Temple).

D°. — 34. Usi sunt burgenses habere in dicta villa domum communem, archam pauperum (*sic*)(2), sigillum, armaturas communes et vexilla et ban-

---

(1) Par *papirum*, il faut entendre les archives en général, mais plus spécialement les registres du greffe.

(2) Nous avons parlé ailleurs des œuvres charitables ayant un caractère communal, et spécialement de la confrérie des Trépassés du Consulat.

nerias... et vidit eos ita uti predictis a tempore suo memorie. (Pierre Jouaus, quatre-vingts ans, 1288).

D°. — 35. De domo communi, dicit quod vidit a triginta quinque annis citra, habent dictam domum communem que modo est, et continue. (Étienne Vigier, 1288).

D°. — 36. Ipsi consules habent ab antiquo archam, sigillum et domum communes, et communitatem et consulatum. (Bordas, curé de La Chapelle-d'Excideuil, 1288).

D°. — 37. Consules vidit habere... domum communem, archam, sigillum, armaturas et vexillum et papirum... septuaginta sunt anni et a septuaginta annis. (P. Velade).

D°. — 38. Bene est triginta annis quod non habebant domum communem ; nam erat vacua platea in qua construxerunt, a dicto tempore citra, domum quam notant communem... et quum construxeruut istam domum, a dicto tempore citra, construxerunt archam, quia antea, ut credit, non habebant. (Pierre Joubert, curé de Saint-Etienne).

(Hôtel-de-Ville, n°s 13, 14, 15, 17, 18, 19, 38, 39, 40, 52, 71, 72, 73, etc.).

D°. — 39. Vidit custodibus (de la ville) tradi arma communia que sunt in domo communi. (Léonard Goudelli).

D°. — 40. Claves portarum ponebantur in domo communi. (Id.)

D°. — 41. Consules dixerunt quod ipsi (les bourgeois) sequerentur gentes Regis apud Leucat (?) cum armis, et qui non haberet arma, quod acciperet arma que erant communia in domo predicta (l'hôtel-de-ville) secundum quod indigeret. (Pierre Tutonis.)

(Armes communes, n° 27 ci-dessus et 53.)

D°. — 42. Ab antiquo habent sigillum ; sed in illo sigillo erat scriptum : *Sigillum Burgensium Sancti Leonardi ;* modo, a duodecim annis citra, fecerunt novum sigillum, in quo scribi fecerunt : *Sigillum consulum et communitatis ville Nobiliaci.* (Pierre Joubert, 1288).

IV. — *Les consuls tiennent la ville du roi de France. — La commune doit à celui-ci le serment de fidélité, le service militaire et les autres prestations féodales.*

Le Roi est seigneur direct de la ville. — 43. Consules ville Nobiliaci tenent predictam villam a domino Rege. (Martin Le Tourneur, 1288.)

Les consuls et la commune prêtent le serment de fidélité au Roi. — 44. Bene sunt quinquaginta anni, quod Johannes Pauta et Petrus Bouzogle, consules ville Nobiliaci... portaverunt claves ville predicte apud Rupellam in Pictavia, prout vidit testis ipsos deferentes dictas claves ; et eas reddiderunt et tradiderunt ibi regi Ludovico, qui dictas claves gratanter recepit... Et audivit dici ab ipsis quod Rex tradiderat dictas claves ipsis consulibus ut custodirent nomine suo. (Etienne Philippe, bourgeois de la Cité de Limoges, 1288.)

D°.— 45. Quadraginta anni sunt, audivit dici a Guillermo Relier, milite (1), quod consules et communitas ville Nobiliaci fecerunt sacramentum fidelitatis ipso domino Guillermo, nomine domini Regis Francie; qui dominus Guillermus missus erat ad hoc a domino Theobaldo de Blazon, milite, senescallo Pictavensi-et Lemovicensi. (Le même.)

D°. — 46. Sexaginta sunt anni, quod iste qui loquitur vidit... tempore quo dominus rex Ludovicus habuit guerram contra comitem Marchie... quod pater istius et alii de dicta villa fecerunt... in dicta aula (de l'évêque) sacramentum fidelitatis dicto domino regi Ludovico... Credit quod Theobaldus de Blesis recepit dictum sacramentum, qui fuerat senescallus Lemovicensis eo tempore quo regina Blancha custodiebat regnum... sexaginta anni sunt. (Autre témoin.)

D°. — 47. Dicti homines tenent villam a domino Rege Francie. Eo tempore quo bone memorie rex Ludovicus ivit apud Damietam, iste qui loquitur et homines dicte ville fecerunt sacramentum fidelitatis dicto domino Regi Ludovico, in aula quam episcopus Lemovicensis habet in dicta villa. (Pierre d'Arfeuille.)

Serment, service militaire et autres services dus au Roi.— 48. Faciunt (les bourgeois) juramentum fidelitatis Regi Francie, cavalcatam et exercitum et servicia consueta. (Fr. Vincent, templier.)

Ost et chevauchée. — 49. Commorantes in dicta villa faciunt exercitum et cavalcatam domini Regis. (Martin Le Tourneur.)

D°: — 50. Dicit quod dicti burgenses usi sunt et fuerunt ab antiquo eundo ad mandatum domini [Regis] in exercitu et cavalcata. Vidit preconizari in dicta villa, ex parte domini Regis, quod burgenses exirent cum armis et sequerentur gentes dicti Regis. (Pierre Jouaus.)

D°. — 51. Triginta quinque anni sunt... vidit quod fecerunt cavalcatam domino Regi (2)... apud Larche (3), prope Bergereat (4), prout vidit eos ire et redire. (Fr. Vincent, templier.)

D°. — 52. Communitas ville Nobiliaci sequta fuit dominum regem Carolum, tunc comitem Andegavie, cum armis et vexillo, apud castrum de Archa; et erant bene quatuor centum homines vel circa, de communitate dicte ville... Et ibi diu steterunt, et postmodum vidit eos reverti. (Pierre de Roc Amadour.)

D°. — 53. Trescentum homines ville Nobiliaci secuti fuerunt, cum armis et vexillo, Karolum, comitem Andegavie, de mandato Regis... et erat senescallus Lemovicensis pro domino Rege Petrus Serviens... Et dictum comitem secuti sunt a Larche. Petrus Perier, Johannes Paroti et quidam alii erant consules. Preceperunt in domo communi hominibus ville ibidem congregatis ex parte domini regis et consulum... quod ipsi sequerentur cum armis dictum comitem, fratrem Regis... et consules tradiderunt arma communia qui erant in dicta domo quibusdam hominibus, qui iverunt in dictum exercitum. (Pierre Tutonis.)

---

(1) Voir ci-dessus, Appendice A, n° 4.

(2) Nous avons plus haut, chap. V, donné quelques renseignements sur cette expédition et les suivanntes.

(3) Larche, chef-lieu de canton, arrond. de Brive.

(4) Bergerac, chef-lieu d'arrond. de la Dordogne.

D^. — 54. Triginta sunt anni... homines ville Nobiliaci sccuti fuerunt dominum Karolum, quondam regem Sicilie et tunc comitem Andegavie, apud Larche. (Pierre d'Arfeuille.)

D°. — 55. Triginta quinque anni sunt elapsi, consules et communitas Nobiliaci iverunt...... Arcbam, portantes vexillum suum, ubi erant depicta domini Regis signacula, una cum Beato Leonardo... contra Heliam Reidelli (Rudelli?), dominum castri Arche. (Autre témoin.)

D°. — 56. Vidit, viginti quinque anni sunt, consules et communitatem sequi cum armis et vexillo Petrum Servientem, senescallum Pictavensem et Lemovicensem pro domino Rege, in exercitum apud Bruzac, contra dominum Heliam Flamancum, dominum de Brunzac... Et erat iste presens in dicto exercitu una cum ipsis, et aliis communitatibus Lemovicensis [patrie] (Autre témoin).

D°. — 57. Et vidit eas (les bannières avec les léopards d'Angleterre) defferri per dictos homines, ex parte domini Regis Francie, cum vexillo domini Regis Francie, apud Brucat (?). (Id.)

D°. — 58. Vidit burgenses ire, cum armis et banneriis suis, in exercitum domini Regis apud Brunzac, bene sunt quadraginta quinque anni, et apud Salvam terram, bene sunt quadraginta anni. (Pierre Jouaus, 1288.)

D°. — 59. Bene sunt quinquaginta anni vel circa, quod vidit iste qui loquitur, burgenses dicte ville, bene quinquaginta aut sexaginta homines vel circa, ad preconizationem factam ex parte dicti domini Regis in dicta villa, ire cum armis et banneria sua in exercitu domini Regis apud Challuz Chebreu (1) (Pierre Jouaus).... Consules et communitas dicti loci iverunt Chalus cum domino Petro de Sallicibus, milite, senescallo Pictavensi et Lemovicensi. (Autre témoin.)

D°. — 60. Iste qui loquitur... viginti quatuor anni sunt, et bene trescentum homines de Nobiliaco sequti fuerunt, cum armis et vexillo, senescallum Lemovicensem pro Rege apud Chalup Chevroc; et interfuerunt iste et isti ante dictum castrum per tres dies, cum armis et vexillo; et postmodum reversi fuerunt. Fuit preconizatum apud Nobiliacum ex parte dicti Regis, episcopi Lemovicensis et communitatis dicti loci, quod illi de communitate sequerentur dictum senescallum, cum armis et vexillo, usque ad dictum locum; et sic fecerunt. (Pierre de Roc Amadour.)

D°. — 61. Burgenses... iverunt apud Chaluz Chevrol; defferebant vexillum de armis domini Regis : ibi steterunt eundo et redeundo per quatuordecim dies. (Martin Le Tourneur.)

D°. — 62. Quindecim anni sunt quod iste vidit et audivit quod consules preceperunt eis in vim sacramenti quo tenebantur eis, quod sequerentur gentes domini Regis ad Chalut Chevrol. (Pierre Tutonis.)

D°. — 63. Vidit communitatem Nobiliaci sequi dominum Regem apud Fois, quum comes dicti loci captus fuit et ductus in Franciam... communitas predicta misit xl vel l homines armatos, cum vexillo, ad dictum locum, pro communitate sua. (Léonard Goudelli.)

---

(1) Châlus-Chabrol, aujourd'hui chef-lieu de canton de l'arrondissement de Saint-Yrieix (Haute-Vienne). Richard Cœur-de-Lion avait été blessé mortellement sous les murs de Châlus en 1199.

D⁰. — 64. Vidit, apud Lcloram, centum homines de villa Nobiliaci ire cum armis in Navaram... Portabant vexilla domini Regis et dicte ville, prout vidit. (Maître Gautier, de Lectoùre, 1288.)

D⁰. — 65. Item communitas misit apud Pampelune, duodecim anni sunt elapsi, plures homines armatos pro communitate sua, de mandato Regis. (Léonard Goudelli).

D⁰.— 66. Vidit, duodecim anni sunt, homines de Nobiliaco facere transitum per villam Ruppis Amatoris, qui ibant cum armis in Navariam pro communitate Nobiliaci, de mandato domini Regis. (Pierre de Roc Amadour.)

D⁰. — 67. Homines et communitas ville Nobiliaci dederunt domino Regi ducentas libras turonenses eo quod non irent in exercitu Arragonensi... Vidit eas solvi domino Philippo de Bello Manerio, milite, tunc senescallo Lemovicensi et Pictavensi. (Etienne Philippe, bourgeois de la Cité de Limoges, 1288.)

V. — *Les consuls assemblent la commune en armes pour protéger les bourgeois et punir les seigneurs qui ont attenté à leurs personnes ou à leurs biens.*

68. Bene sunt sexaginta anni, imponebatur domino Guillermo de Podio, milite, quod ipse ceperat tres mercatores de dicta villa et curia ipsorum (des consuls), extra locum contenciosum, inter villam Nobiliaci et civitatem Lemovicarum, et quod eos et eorum bona duxerat captos per nemora et forestas... In crastinum consules et communitas dicte ville qui tunc erant, iverunt cum armis et vexillo ad domum dicti militis apud villam Sancti Martini (1); que quidem villa distat per duas leucas a villa Nobiliaci... Et omnia bona que erant in dicta domo ceperunt et ea secum apportaverunt, et domum dicti militis funditus destruxerunt... Ipsi ceperunt tres homines de hominibus dicti militis et secum adduxerunt captos in villam de Nobiliaco, et eos posuerunt in prissione. Audivit evocari ter... diebus mercati, dictum militem ex parte consulum et communitatis... Cum non compareret, dictus miles et ejus heredes in perpetuum fuerunt banniti, ex parte consulum et communitatis, de dicta villa. Et filius dicti militis adhuc vivit, et modo non est ausus intrare dictam villam. Vidit multociens quod, cum habebat aliqua expedire cum burgensibus dicte ville, quod ipse veniebat usque prope dictam villam, et mandabat pro burgensibus dicte ville cum quibus habebat aliqua expedire; et loquebatur cum ipsis; et postmodum reçedebat (Pierre Tutonis, 1288)

D⁰.—69. Ademarus Marches, miles, cepit quemdam burgensem ville Nobiliaci et eum secum duxit captum in domum suam... Audivit preconizare cum trompis per villam Nobiliaci, ex parte consulum et communitatis... quod omnes sequerentur dictos consules, cum armis, ad domum dicti

---

(1) Saint-Martin-Terressus, aujourd'hui commune du canton de Saint-Léonard, arrondissement de Limoges.

militis... Et iverunt... Vidit (le témoin) eos reverti, et adducebant dictum
militem captum et ejus fratrem, Bernardum Marches, et Petrum Noualle,
domicellum, et filium dicti militis. Et dictum Petrum posuerunt in prissionem de Fonte-Pinon ; et dictum militem posuerunt in prissionem in
dicta villa, in domo Helye Ademari... Et postmodum fuit deliberatus, sed
nescit qualiter. Domus dicti militis est extra locum contenciosum... et
hoc scit quia ostensioni interfuit... Et adduxerunt burgensem qui dicebatur fuisse captus : de nomine burgensis, dicit quod dictus Pomier. (Pierre
Tutonis.)

D°. — ٠C. Quinquaginta quinque anni sunt, consules et communitas dicte
ville iveruntcum armis apud Aquam Sparsam (1) in Lemovicinio, et ibi ceperunt Petrum Noualle, domicellum, et postmodum iverunt apud quamdam
villam Heboulevi (2) vocatam, et ibi ceperunt dominum Ademarum Marches
et Bernardum, ejus filium, prout vidit eos adduci captos ... et dictos
domicellos posuerunt in prisione consulum, et dictum militem in quadam
domo cujusdam burgensis. Et eos ceperant pro eo quod imponebatur eis
quod ipsi verberaverant quemdam burgensem dicte ville in chemino
domini Regis, et merces ipsius eidem austulerant... Post modo, domini
Giustinus Marches et Constantinus, milites, venerunt in platea communi,
ante mensuras ad bladum, coram consulibus, et juraverunt ad sancta
Dei evangelia, in presencia dictorum consulum, quod dicti miles et domicelli predicti starent super hoc voluntati consulum... Ipsi fuerunt deli-
berati. Ibidem fuit judicatum per dictos consules quod miles predictus
banniretur de villa ex parte ipsorum et communitatis per annum, et dicti
duo domicelli in perpetuum... Audivit eos banniri de villa ex parte consulum et communitatis. (Pierre Velade, 1288.)

VI. — *Dépositions attestant que, durant tout le cours du siècle,
les consuls ont exercé la justice dans la ville, y ont jugé les
causes civiles et les procès criminels, y ont tenu gibet, pilori,
prison, chambre de question, qu'ils ont eu la police de la voirie,
des poids et mesures, des métiers, des foires et marchés.*

Les consuls sont en possession de la justice. — 71. Vidit, sexaginta
anni sunt, consules ville tenere assisias et placita sua in domo communi
dicte ville, in plateis communibus et subtus portale Campi Magni, inter
homines dicte ville et alios quorum nominibus (*sic*) non recolit. (Pierre
Tutonis, 1288).

Audiences civiles. — 72. In illo tempore quo solebat (le témoin)
morari in villa Nobiliaci, vidit quod... consules audiebant causas ipsorum
(des habitants) ter in septimana, in domo communi dicte ville. (Pierre de
Roc Amadour, 1288.)

(2) Il s'agit d'Aigueperse, commune de Saint-Paul-d'Eyjeaux.
(3) Eybouleuf, aujourd'hui commune du canton de Saint-Léonard.

D°. — 73. Homines dicte ville litigant inter se super debitis, verbera-
tionibus et hereditatibus... coram consulibus... Consules iu talibus actio-
nibus tenent assisias suas bis in septimana, videlicet die martis et die
veneris, in domo consolatus; et hoc faciunt soli, sine vigeriis. (Fr. Vincent,
templier.)

D°. — 74. Consules audiebant causas pecuniarias et hereditarias in
domo communi. Triginta quinque sunt anni... contencio erat inter
Matheum de Molendino et Giraudum Symonis, de villa predicta, super
quodam gradu qui erat inter domos ipsorum... Tunc vidit (le témoin)
quod consules venerunt ad dictum locum, prout vidit, et mensurati fuerunt
locum contenciosum cum quadam corda, et assignaverunt cuilibet partem
suam de gradu de quo erat contencio. (Pierre de Roc Amadour.)

D°. — 75. Contestatio erat inter Giraudum Symonis et Matheum de
Molendinis, burgenses, super limitatione cujusdam muri... Consules...
venerunt ad dictum locum et murum predictum limitaverunt; et dicti
consules posuerunt metas lapidum in capite dicti muri. (Témoignage de
l'enquête.)

D°. — 76. Viginti quatuor anni bene sunt, fecit (le témoin) citari coram
consulibus... Robertum, factorem ciforum, avunculum suum ; et petebat ab
eodem quandam pecunie quantitatem, quam ejus avunculus amoverat
de societate quam ipse habebat cum ipso. Et negavit ejus avunculus se
dictam pecuniam amovisse de societate : quod probavit iste coram dictis
consulibus per octo testes. Et tunc fecerunt, ei solvi dictam pecuniam.
Requisitus si gentes Episcopi interfuerant, respondit quod non, quod
sciat (Gautier de Lectoure). — Non satisfecit (la partie qui avait perdu le
procès), infra tempus predictum... Iste (le témoin) conquestus fuit consulibus, et tunc dicti consules fecerunt ipsum gagiari de pennis que erant
in domo sua, et amoverunt portas domus (1) in qua morabatur. (Martin Le
Tourneur.)

D°. — 77. Vidit pluries quod quum homines extranei veniebant ad villam
Nobiliaci et vendebant ligna vel bladum suum vel alia hominibus commorantibus in dicta villa, et dicti emptores nolebant satisfacere dictis vendi-
toribus de eo in quo sibi tenebantur, quod dicti consules precipiebant
dictis hominibus commorantibus in dicta villa quod satisfacerent dictis ven-
ditoribus. (Pierre Velade.)

Fourches de la commune. — 78. Quadraginta sunt anni et a quadraginta annis, vidit quod consules habent furchas ad quas suspendunt malefactores. (Pierre de Roc Amadour.)

D°. — 79. Sexaginta et septem bene anni sunt... quidam homines
venerunt ad nemus de Queneu et ibi tres arbores sciderunt (*sic*), et...
fecerunt quasdam furchas, quas elevaverunt juxta dictum locum, prope
crucem de Courepere ; et habebant dicti homines duas secures cum quibus fecerunt dictas furchas... Plantaverunt dictas furchas cum quadam
scala... Statim post, ipse vidit quemdam latronem suspendi ad dictas
furchas, pro eo quod crepuerat quamdam ecclesiam et ibi subripuerat

(1) Ce procédé est souvent employé à l'égard des payeurs récalcitrants. Les consuls de
Limoges et leurs officiers en usent encore au xviie siècle.

vestimenta ipsius (1), de quibus fecerat vestes... Illi qui dictas furchas erexerunt et qui dictum latrōnem suspenderunt, erant de dicta villa... Ante illud tempus, homines dicte ville suspendebant latrones ad quamdam arborem... Et in suspensione erant plures homines armati et sine armis. (Pierre Velade, 1288.)

D°. — 80. Sexaginta anni sunt, vidit fieri quasdam furchas per consules et communitatem... et eas erigi fecerunt in loco qui dicitur *La Courpeire,* prout vidit... Audivit dici quod, ante illud tempus, dicti consules suspendebant latrones et malefactores suos ad quandam arborem sitam in loco qui dicitur *a l'Ort Bonissam.* Ipse vidit scindi per consules et communitatem predictos arbores, de quibus facte fuerunt dicte furche, in bosco de Quenevi. (Pierre Tutonis.)

(Fourches, n°ˢ 84, 87, etc.).

Pilori de la commune. — 81. Vidit capi... quemdam hominem pro eo quod furaverat bladum; vidit ipsum poni, quodam die sabbati, per dictos consules, in scala, in platea communi dicte ville in qua sunt mensure ad bladum... Cum ibi fuisset per unum diem... vidit eum fustigari per dictam villam. (Pierre Velade, 1288).—Ipse vidit judicari dictum Petrum in domo communi dicte ville, per dictos consules, ad ponendum in scala per unum diem .. et quod in perpetuum banniretur de dicta villa. (Pierre Tutonis, 1288.)

Les consuls font donner la question. — 82. Consules fecerant... poni eum in prisione dictorum consulum, in portali de Fonte Pinon, pro eo quod imponebatur ei quod ipse invenerat thesaurum in quodam campo, quod consules volebant habere.., Vidit (le témoin) ipsum poni in questionibus et tormentis in dicta prisione, ut ab eo extorqueretur veritas... Fuit in dicta prisione bene per annum. (Pierre Velade.)

D°. — 83. Viginti anni sunt vel circa... quidam... super pecunia subrepta... conquesti sunt consulibus et vigeriis dicte ville, qui ceperunt servientem domus predicte, et... addixerunt questionibus et tormentis. (Fr. Vincent, templier.)

Prison des consuls. — 84. Consules habent carcerem, furchas... (Le même).

D°. — 85. Et dictum Stephanum vidit poni in prisionem de Malo Pertuisio per eosdem (les sergents du consulat) et dicta prisio est consulum. (Martin Le Tourneur.)

D°. — 86. Vidit, sexaginta anni sunt, quemdam hominem in prissione consulum in portalicio de Fonte Pinon, pro eo quod imponebatur quod invenerat thesaurum absconditum in terra; et fuit bene per duos annos... Post... vidit deliberatum in platea in qua sunt mensure ad bladum, per judicium consulum, ita quod redeceret quitus et immunis super dicto facto. (Jean du Bois, prêtre, 1288.)

Causes criminelles jugées par les consuls. — 87. Vidit adduci in dictam villam per consules, sexaginta anni sunt... quemdam latronem pro eo quod subripuerat in quadam ecclesia vestimenta dicte ecclesie et de

---

(1) *Ipsius ecclesie* — de cette église.

dictis vestimentis fecerat camisiam et brachas, et de stola bracharium...
Vidit dictum latronem judicari ad suspendendum per dictos consules in
quadam platea in qua sunt mensure ad bladum... Et preconizatum fuit
cum trompis... ex parte dictorum consulum et communitatis tantum, quod
omnes venirent visuri fieri justiciam de dicto latrone... Vidit dictum latronem duci ad suspendendum per dictos consules et communitatem... Vidit
ipsum suspensum ad quasdam furchas que fuerant facte de novo per consules inter boscum de Mortescigne et crucem de Courtpeire. (Jean du
Bois, prêtre de Peyrat.)

D°. — 88. Quinquaginta anni sunt, quidam... furaverat forpices (*sic*)
sive *cisailes*. Consules judicaverunt eum ad hoc quod tonderetur super
caput, ita quod seugis exiret de capite... Et duxerunt ad quamdam portam dicte ville, vocatam Blancheram, et ibi amputaverunt ei capillos et
aliquantulum de corio capitis; et inhibuerunt ei de cetero quod intraret
villam. (*Id.*)

D°. — 89. Vidit capi, quadraginta duo anni sunt, in mercato ville Nobiliaci,
Stephanum Dresseres, pro eo quod furatus fuerat duos boves versus Sub-
terianeam, quos volebat vendere in mercato dicte ville... et vidit ipsum
poni in prisione consulum de Malo Pertusio; et ibi stetit per duos dies.
Vidit ipsum adduci in platea communi dicte ville, ante mensuras ad
bladum... et judicari ad suspendendum. Dicti boves fuerunt redditi homini
cujus erant per consules. (Pierre Velade.)

D°. — 90. Quadraginta anni sunt, vidit capi per consules quemdam hominem
dictum Ribautum et eum poni in prissione consulum, in quadam archa.
In crastinum ipse vidit dictum Ribaldum judicatum, in domo commun
dicte ville, ad suspendendum per dictos consules, eo quod... combusserat
quandam domum et septem tam homines quam mulieres in eadem; et quod
interfecerat quandam mulierem prenantem (*sic*). Audivit preconizari cum
trumpis, ex parte consulum et communitatis tantum, quod omnes venirent
visuri fieri justiciam. Et venerunt, et duxerunt ipsum ad dictas furchas.
Erant ibi bene trescentum homines armati. (Le même.)

D°. — 91. Triginta octo sunt anni quod iste vidit capi per consules
ville... ante ecclesiam Sancti Leonardi, tres garciones... pro eo quod
scindebant bursas peregrinorum. Et ducti fuerunt in domum communem
consulum, et ibi judicati fuerunt, duo ex eis ad admictendum auriculas
propter latrocinium... Et tercius ex ipsis fuit judicatus ibidem per dictos
consules quod scinderet auriculas aliorum duorum, pro eo quod erat
juvenis. Ipse vidit eos duci per dictos consules ad portam Elemosinariam,
et dictus parvus garcio amputavit aliis duobus aures. (Martin Le Tourneur.)

D°. — 92. Triginta septem anni sunt, vidit tres pueros captos in domo
consulum... et fuerunt capti pro eo quod scindebant bursas peregrinorum...
Statim consules dicte ville judicaverunt duos majores ad perdendum auriculas; et quod tercius ex eisdem eas amputaret. Et fuerunt eis amputate
ad portam Elemosinariam. Et fuerunt tres pueri banniti de villa cum trompis, ex parte Regis et consulum. (Maître Gaulier, de Lectoure.)

D°. — 93. Triginta septem anni sunt, vidit capi et duci in prisionem
consulum per consules Petrum Baudrit, Bernardum Pazani et Petrum

Salviac, pro eo quod subripuerant angullas salsatas in quadam domo dicte
ville. Petrus Baudrit fregit prisionem consulum et fugiit (*sic*)... Amici
illorum duorum qui non fregerant prisionem, concordaverunt cum consulibus... quod dicti homines reverterentur in villa, ita quod ipsi acciperent
burdones et peras, et quod incontinenti exirent de dicta villa et quod
irent in perpetuum ultra mare. Et sic fecerunt. (Pierre Velade.)

D°. — 94. Triginta tres sunt anni quod ipse vidit capi in dicta villa
Stephanum Pailarteu... cum uno sextario bladi quem ibidem furatus fuerat.
Et fuit adductus in domo consulum per consules qui tunc erant; et statim
ipsum fecerunt fustigare per dictam villam, portando dictum bladum super
humeros, et banniverunt eumdem cum trumpis, ex parte domini Regis et
Consulum. Requisitus si gentes Episcopi ibi interfuerant, dicit quod non,
quod sciat. — Bene sunt triginta anni, vidit et audivit banniri, ex parte
domini Regis et consulum de dicta villa, Guionetum, dictum Bat-Sausse,
pro eo quod interfecerat quemdam hominem de dicta villa. (Maître Gautier,
de Lectoure, 1288.)— Et cum fuisset ejectus de dicta villa, consules qui erant
ibidem, inhibuerunt dicto Stephano ne de cetero intraret dictam villam.
Quod si intraret dictam villam, quod suspenderetur. (Martin Le Tourneur.)

D°. — 95. Triginta anni sunt quod vidit capi in villa Nobiliaci... dictum Metadier per consules et eorum servientes... Ipsum ducebant verssus
prissionem de Malo Pertuisio... Postmodum vidit adduci dictum Metadier
ante ecclesiam Beate Marie, subtus ulmum; et vidit quod dictus Metadier
fuit judicatus per dictos consules ad admissionem (*sic*) pedis... Ductus fuit
ad portam Elemosinariam cum trumpis, et ibidem fuit pes amputatus. Pro
judicio et amputacioni intererant bene mille persone. (Martin Le Tourneur.)

D° — 96. Triginta quinque anni sunt, vidit dictum Stephanum poni in
prisione... pro racemis quos dicebatur subripuisse; et vidit ipsum judicari
in platea communi dicte ville, ante mensuras ad bladum; et vidit eum
fustigari per dictam villam, ex parte consulum, quadam die sabbati post
dictam captionem. Et portabat racemos super collum suum... Et audivit
ipsum forbanniri cum trumpis, ex parte consulum, per annum. (P. Velade.)

D°. — 97. Vidit capi, viginti septem anni sunt, dictum Blanchart in
domo sua per consules... et duci in prissionem in domum communem
consulum... Et ibi stetit per tres dies. Et cum nichil posset probari
contra dictum Blanchart, iste vidit quod consules fecerunt abjurare dictum
Blanchart dictam villam (1) in perpetuum; et non fuit bannitus... Imponebatur quod ipse interfecerat uxorem Jacelmi Jauberti de quadam lapide...
Abjuravit in domo communi. (Martin Le Tourneur.)

D°. — 98. Iste vidit capi, viginti quinque anni sunt, Stephanum Pailart
in quodam domo, pro eo quod furatus fuerat bladum, et captus fuit per
servientes consulum... Et vidit dictum Stephanum judicari per dictos
consules ad fustigandum per villam, et eum judicaverunt in domo communi... Et vidit ipsum fustigari per villam cum trompis; et defferebat
super collum suum, bladum quod dicebatur subripuisse. Et dicit quod,

---

(1) Faut-il comprendre que Blanchard jura de ne plus habiter la ville, — ou bien qu'il
déclara s'exclure lui-même de la commune : son *abjuratio* ayant pour effet d'annuler le serment qui solidarisait entre eux les membres du corps de bourgeoisie ?

cum fuisset ejectus de dicta villa, consules qui erant ibidem, inhibuerunt dicto Stephano ne de cetero intraret dictam villam. (*Id.*)

D°. — 99. Viginti sunt anni quod iste vidit Giraudum de Arverniha (?) apud Nobiliacum, subtus ulmum, ante ecclesiam Beate Marie, captum coram consulibus, pro furto... Et judicaverunt dicti consules dictum Giraudum ad suspendendum propter furtum... Et vidit ipsum duci ad suspendendum, et audivit preconizari apud Nobiliacum, ex parte consulum et communitatis quod omnes irent visuri fieri justiciam de dicto Giraudo ; et sic fecerunt, prout dictum est. (Léonard Goudelli, clerc.)

Contumaces. — 100. Imponebatur... triginta quatuor anni sunt elapsi... Johanni Coulon quod interfecerat quemdam hominem inter villam Nobiliaci et pontem dicte ville ; et fugit. Et vidit (le témoin) tunc quod communitas dicti loci sequta est cum armis dictum Johannem ; et cum ipsum dicta communitas non posset invenire, ipsa reversa fuit ad domum dicti Johannis in qua morabatur, prope pontem et ultra dictum pontem... et dictam domum funditus diruerunt... Postmodum fuit preconizatum ter, ex parte Episcopi, consulum et communitatis, quod dictus Johannes veniret coram consulibus stare juri super dicto facto, et cum non venisset, fuit bannitus ex parte consulum et communitatis. (Pierre de Roc Amadour).

D°. — 101. Audivit trompari per dictam villam quod omnis venisset... ad plateam que est ante ecclesiam Beate Marie, subtus quemdam arborem. Et cum omnes venissent ad dictum locum, vidit judicari, per judicium dictorum consulum qui tunc erant, quod domus dicti Guillermi funditus destrueretur, et, facto judicio, iste vidit quod consules predicti et communitas iverunt ad dictam domum cum armis, lanceis, securis (*sic*) et crocis, et dictam domum funditus destruxerunt... Et postmodum vidit ter vocari dictum Guillermum cum trompis per dictam villam, ex parte consulum... et cum non veniret, iste vidit... quadam die mercati, quod dicti consules banniverunt in perpetuum dictum Guillermum de dicta villa per judicium omnium ipsorum : et dictum judicium fecerunt subtus dictam arborem, ad dictam ecclesiam... et postmodum, fuit bannitus de dicta villa in perpetuum cum trompis, ex parte Episcopi Lemovicensis, consulum et communitatis. (Pierre Tutonis.)

D°.—102. Petrus dictus de Gai interfecit Guillermum Latrovomite (?) in villa Nobiliaci, de quodam castello (1), et fugiit in ecclesiam Sancti Leonardi... Illa nocte qua confugerat ad ecclesiam, consules dicte ville fecerunt custodiri cum armis dictam ecclesiam ; et non obstante, ipse fugiit... Consules qui tunc erant fecerunt ipsum ter vocari per dictam villam cum trumpis, ex parte ipsorum et communitatis, et stare juri coram ipsis super dicto facto... Et cum non compareret, ipse (le témoin) vidit et audivit dictum De Gai banniri de dicta villa ex parte consulum et communitatis tantum, cum trumpis (2). (Pierre Velade).

Voirie ; alignements. — 103. Sexaginta anni sunt, Bernardus Helie, miles, faciebat edificari sex domos in dicta villa prope muros ville... et dimittebat parvum spacium inter dictas domos et muros... Consules venerunt ad dictum locum, et preceperunt dicto militi quod ipse magis elonguaret domos suas a muris predictis, et quod dimitteretur magnum spacium inter muros et domos predictas. Et sic fecit, prout vidit. (Pierre d'Arfeuille.)

Do. — 104. Quadraginta sunt anni et plus... Stephanus Fabri faciebat edificari quamdam domum in dicta villa, nimis prope viam publicam. Et tunc consules venerunt ad dictam domum, et mensurati fuerunt dictam domum et viam; et quoniam ipsi viderunt quod dictus Stephanus edificabat nimis prope viam, ipsi preceperunt dicto Stephano quod illud quod edificaverat, traheret magis retro in domum suam. (Pierre Velade.)

Do. — 105. Triginta sunt anni, vidit [quod] Petrus Ademari, burgensis de Nobiliaco, vellet quandam domum suam, sitam apud Nobiliacum, facere corrui ut in meliori modo reedificaret eam. Venerunt ibi consules de Nobiliaco et cum ipsis plures quos ad hoc vocabant, et mensuraverunt vicum in quo sita erat domus predicta, ne dictus Petrus Ademari predictam domum suam reedificaret super vicum, vel caperet de terra vicini sui... Et dicti consules, accepta ab ipsis dicta mensura, dederunt licenciam dicto Petro Ayemari reedificandi. (Pierre de Billax, tailleur de pierres aux Allois, 1288.)

Do. — 106. Triginta sunt anni, vidit mensurari per consules et plures burgenses ville quandam plateam Jocelini de Latere, burgensis, que sita erat extra muros ville, et est immediate prope dictos muros. Et per mensuram vidit licenciam dari ab ipsis consulibus ipsi Jocelino edificandi ibidem. (Id.)

Poids et mesures. — 107. De mensuris vero et cubitis et alnis, ipse vidit capi in nundinis, per consules ville, falsas alnas et eas frangi... De mensuris vini, vidit eas multotiens capi per consules, et eas portari ad domum consolatus. (Maître Gautier.)

Do. — 108. Giraudus Perucho conquestus fuit coram consulibus, dicendo quod Johannes de Subterranea, de dicta villa, habebat falsam mensuram ad vinum... Consules iverunt ad domum in qua morabatur dictus Johannes, et fecerunt portari mensuram suam cupream ad dictam domum et ibi adjustaverunt mensuram dicti Johannis, etc. (P. Velade.)

Do. — 109. Ipse vidit capi mensuras ad vinum, in domibus illorum qui vendebant vinum, per consules... et fecerunt eas adportari ante ecclesiam Beate Marie, subtus ulmum, et eas adjustaverunt, prout vidit. (Martin Le Tourneur.)

Do. — 110. A tempore quo se recolit, vidit mensuras lapideas ad bladum in platea communi Nobiliaci, et adhuc sunt in dicta platea... Burgenses Nobiliaci habent mensuras ad bladum in domo sua, et dictas mensuras... ad mensuras lapideas [adjustant], et si reperiatur quod aliquis habeat parvas mensuras ad bladum in domo sua, consules ipsum puniunt pro falsa mensura. (Léonard Goudelli.)

Do. — 111. Dicit quod nunquam vidit dictum episcopum uti justicia mensure bladi. (Elie Panabeus, témoin de l'évêque, 1288.)

Police du commerce et des métiers. — 112. Vidit, triginta anni sunt, in quadam platea dicte ville, per consules... comburi duos porcos salsatos, qui mortui fuerant malo morbo, ut dicebant carnifices... Et erant dicti porci Audoini Lefourt, tunc carnificis de dicta villa... Cum dicti consules combussissent dictos porcos... ipsi fecerunt banniri in perpetuum de dicta villa cum trompis, ex parte ipsorum et communitatis, dictum Audoinum. (Pierre Tutonis.)

D°. — 113. Vidit pluries consules capere panem, et cum erat nimis parvus, fregebant (*sic*), et panem fractum mittebant ad Domum Dei dicti loci. (Léonard Goudelli, clerc.)

D°. — 114. Bene triginta anni sunt, vidit in domo consulum... pannum de lana falsum quod (*sic*) dictus Balindon de dicta villa fecerat, et quod judicatus fuit quod erat falsus... Postmodum consules dicte ville fecerunt comburi dictum pannum in quadam platea communi. Requisitus si dicte combustioni interfuerunt gentes Episcopi, dicit quod non, quod sciat. (Maître Gautier de Lectoure).

D°. — 115. Viginti et quinque anni sunt, consules fecerunt adportare quemdam pannum laneum in quadam platea communi dicte ville, et judicaverunt quod dictus pannus non erat sufficiens, et eum judicaverunt ad comburendum ; et, eo judicato, ipse (le témoin) vidit quod ipsi fecerunt dictum pannum in dicta platea comburi. (Pierre de Roc Amadour.)

D°. — 116. Septemdecim anni sunt, consules Nobiliaci ceperunt pannos cujusdam mulieris de Joncheria... pro eo quod vendebat pannos suos apud Nobiliacum ad parvam alnam, et dictos pannos fecerunt dicti consules secum portari. (Léonard Goudelli.)

D°. — 117. Vidit comburi quemdam pannum falsum in quadam platea communi dicte ville per consules dicte ville qui tunc erant ; et fuerat factus dictus pannus de pilis caprarum, et dictum pannum fecerat fieri Giustinus Belauds (1), burgensis dicte ville... et panno combusto, dictus Giustinus fuit bannitus de villa per annum, ex parte consulum. (Autre témoin).

Police des foires. — 118. Dicit quod, sexaginta sunt anni et a sexaginta annis, vidit custodiri per consules mercata et nundinas Sancti Leonardi de die et nocte, cum armis et sine armis ;... quod predicta custodiebant juvenes homines dicte ville ; et quum aliquis veniebat de extra villam et defferebat ensem, quod illi qui custodiebant nundinas auferebant eis enses suos et custodiebant... quousque illi quorum erant enses revertebantur ad domos suas, et postmodum eos reddebant. Requisitus de nominibus illorum quibus vidit auferri enses in introitu dicte ville et eis reddi in exitu... dicit quod... Baro de Castro novo et Petrus de Domnyon (2) et plures alii nobiles. (Pierre Tutonis.)

---

(1) Il s'agit probablement du bourgeois nommé Balindon au n° 114.

(2) Le Dognon, très ancienne châtellenie qui comprenait une partie du canton actuel de Saint-Léonard. — Châteauneuf, aujourd'hui chef-lieu de canton, arrondissement de Limoges. Les barons de Châteauneuf sont souvent mentionnés dans les documents relatifs à l'histoire de Saint-Léonard.

D°. — 119. Quum aliquis deferebat ensem quum intrabat in villam, ipsi (les consuls et les gardiens) auferebant ei ensem suam, et postmodum, quum recedebat de villa, ipsi reddebant.... De nominibus illorum quibus vidit auferri enses suos,... dicit quod domino Petro de Petra Buferia (1) et aliis tribus militibus qui erant cum ipso. Et dictos enses amoverunt isto Giraudus Lafcille et ejus frater, et quatuor alii... subtus portale porte Eleemosinarie. (Pierre d'Arfeuille.)

Perception de deux setiers de vin sur les tavernes. — 120. Vidit taxar apud Nobiliacum dicta duo sextaria vini per consules ville Nobiliaci... et ipsemet qui loquitur dicta duo sextaria solvit... eo quod erat tabernarius. (Adémar Bordes, 1288.)

Crieurs du consulat.— 121. Vidit eos (les consuls) habere precones qui faciebant cridas et banna. (Pierre d'Arfeuille.)

D°. — 121 *bis.* A tempore quo se recolit, ipse vidit quod consules Nobiliaci qui pro tempore fuerunt, habuerunt precones seu tubicinatores qui vocantur *les Boucaus.* (Léonard Goudelli.) Dicit quod dicti burgenses et consules usi sunt et fuerunt ab antiquo preconibus et huchiis, clamatoribus bannum et banno. (P. Jouaus.)

VII. — *Dépositions affirmant que l'Évêque est seigneur direct de la ville comme du château de Noblat, que les bourgeois lui doivent et lui ont toujours prêté le serment de fidélité et qu'ils lui ont fourni le service militaire.*

L'Evêque est seigneur de Saint-Léonard. - 122. Castrum Nobiliaci esse Episcopi in parte, et alia parte tenetur ab eo; et dicta villa est pars dicti castri. (Pierre Vigier, 1280 et 1288.)

D°. — 123. Villa Nobiliaci sita est infra castellaniam castri de Nobiliaco et de castellania; que castellania tenetur ab Episcopo in feodum; et tunc dictus episcopus habet ibi sextam decimam partem, et residuum tenetur ab eo in feodum... Vidit dominos dicti castri ibi explectantes justiciam et levare emendas. Et Episcopus emit a dictis dominis quidquid tenebant in villa Nobiliaci; et vidit episcopos Lemovicenses explectare in dicta villa et pertinenciis tanquam domini, omnimoda justicia, a quinquaginta annis, etc. (Elie Panabeus, prévôt du château de Noblat, 1280-1288.)

D°. — 124. Episcopus est dominus pro parte castri et castellanie Nobiliacensium, et alii domini qui habent partem in dicto castro, tenent suam partem ab Episcopo... Dicta villa est in castellania et de castellania dicti castri, et circumquaque castellania circuit dictam villam et monstram, et se extendit ultra bene per leucam... Tota justicia, alta, media et bassa,

---

(1) Les barons de Pierrebuffière (aujourd'hui chef-lieu de canton de l'arrondissement de Limoges) comptaient parmi les seigneurs les plus puissants du pays.

pertinet ad Episcopum. (Constantin Marchès, chevalier du château de Noblat, 1280-1288.)

D°. — 125. Episcopus et predecessores sui sunt et fuerunt domini dicte ville, quia castrum de Nobiliaco, quod est juxta villam de Nobiliaco, aqua media, est ipsius Episcopi et fuit predecessorum suorum; et dicti episcopi fuerunt semper domini dicti castri et pertinenciarum ejusdem. Et de dicta et in dicta castellania, aliqui, qui sunt porcionarii dicti castri, tenent partem suam a dicto Episcopo. Et vidit ipsos facere homagium ipso Episcopo, quilibet pro parte sua... Jocealmum et Helyam Bruni, Helyam et Petrum de Nobiliaco, fratres. (Pierre Bernard, sergent du Roi de France à Eymoutiers, 1288.)

Les habitants de la ville, à partir de l'âge de quinze ans, doivent le serment de fidélité à l'Evêque. — 126. Homines ville faciunt ei (à l'évêque) juramentum fidelitatis singulariter ex quo veniunt ad etatem quindecim annorum. (Elie Panabeus, prévôt du château de Noblat.)

Les bourgeois ont prêté le serment à l'évêque Gui de Clusel (1226-1235). — 127. Sexaginta anni sunt, vidit quod... omnes burgenses ibant in aulam episcopalem de dicta villa, et dicebant quod ibant ut redderent sacramentum fidelitatis Episcopo. Et vocabatur Guido. (Pierre Bernard, d'Eymoutiers.)

Ils l'ont prêté à l'évêque Durand (1236-1245). — 128. Vidit burgenses omnes... prestantes et facientes juramentum fidelitatis episcopo Durando, in aula episcopali ville Nobiliaci. (Guillaume de Razès, chevalier, homme lige de l'évêque, 1288.)

D°. — 128 *bis*... Vidit episcopum Durandum, qui recepit ab hominibus dicte ville dictum sacramentum retro altare Sancti Leonardi (Pierre Fabri, 1280.)

Ils l'ont prêté à l'évêque Aimeric (1245-1272.) — 129. Vidit, bene sunt quadraginta anni... dictos burgenses omnis communitatis facientes dictum sacramentum Aymerico episcopo in aula episcopali ; postea episcopo Gilberto qui nunc est, vidit fieri ab eisdem bene sunt quinque vel sex anni, juxta dictam aulam ; sed fuerunt compulsi... per judicium curie domini Regis, quod vidit scriptum et sigillo domini Regis cera viridi sigillatum. (Audoin, prieur de Châtelus-le-Marcheix.)

D°. — 130. Ipso teste presente, vidente et audiente, consules et majores ville, usque ad quinquaginta, pro se et aliis hominibus ville, fecerunt juramentum fidelitatis Aymerico, predecessori ipsius episcopi, triginta quatuor sunt anni. (Martin Jornet, clerc marié, 1280.)

Voir plus loin, n° 132.

D°. — 130 *bis*. Aymericus, predecessor dicti Episcopi, recepit juramentum... a dictis hominibus valentibus... triginta anni sunt vel circa, in aula sua de Nobiliaco. (Constantin Marchès, chevalier; Foulques de Royère, même déposition, 1280.)

Ils l'ont prêté à l'évêque Gilbert de Malemort (1273-1294). — 131. Duodecim anni sunt, vidit dictos homines singulariter facientes homagium et sacramentum fidelitatis episcopo Lemovicensi qui nunc est. Et erant bene septem centum... et erant de dicto numero majores et gerentes se pro

consulibus dicte villé... Tunc audivit clamari per villam ex parte Episcopi
et consulum, quod omnes de villa qui quindecimum annum adimpleverant, irent ad aulam Episcopi, prestituri sacramentum fidelitatis Episcopo.
(Pierre Joubert, curé de Saint-Etienne de Noblat, 1288.)

D°. — 132. Ducenti homines dicte ville fecerunt dictum sacramentum
Episcopo qui nunc est, bene sunt duodecim anni vel circa, in aula episcopali ville Nobiliaci. Postea idem Episcopus litiguavit contra residuum
hominum dicte ville in curia domini Regis, quia nolebant dictum sacramentum facere... et fuerunt compulsi seu condempnati ad faciendum...
Et ipsemet qui loquitur, vidit quod fecerunt et reddiderunt dictum sacramentum dicto episcopo in dicta aula, bene sunt quatuor anni. (Hugues,
prieur de Saint-Léonard, 1288.)

D°.— 133. Vidit, quum ipse Episcopus qui nunc est Lemovicis fuit crea-
tus, quod homines dicte ville fecerunt sibi homagium in villa Nobiliacensi, in domo sua episcopali, omnis communitas et consules. Audivit
dici quod ad hoc fuerunt compulsi per judicium curie Regis. Nec vidit
quod predecessoribus dicti Episcopi fecissent homagium. Tamen audivit
dici quod Aymerico, quondam episcopo Lemovicensi, triginta homines
dicte ville, pro tota communitate, fecerunt homagium, quum fuit crea-
tus episcopus. (Etienne, sous-prieur de Saint-Léonard, 1288.)

D°. — 134. Vidit dictos homines singulariter facientes homagium et
sacramentum fidelitatis episcopo Lemovicensi qui nunc est, et erant bene
septem centum, quos vidit sibi prestantes dictum sacramentum in aula
episcopali... Tunc audivit clamari per dictam villam, ex parte Episcopi et
consulum, quod omnes de villa qui quindecimum annum adimpleverant,
irent in aulam Episcopi, prestituri juramentum fidelitatis Episcopo. (Pierre
Joubert, curé de Saint-Etienne de Noblat.)

D°. — 135. Vidit, duo anni sunt, burgenses facere juramentum fidelitatis
Episcopo. De forma juramenti, dicit quod jurabant quod servarent corpus
suum et honorem et secretum, si revelaret eis, et jus suum et dominium.
(Olivier de Noblat, 1280.)

La commune a fourni le service militaire à l'Evéque. — 136. Audivit
clamari in villa... ex parte dominorum consulum et communitatis ville
Nobiliaci, quod omnes irent cum armis ad adjuvandum et liberandum
Hemerycum, episcopum Lemovicensem, qui erat detentus apud Pontem
de Teryon (?); et vidit quod gentes dicte ville venerant cum armis et
trompis... Et cum venirent ad locum, invenerunt eum liberatum... de
mandato senescalli domini Bertrandi de Vasynaco, tunc gerentis vices
episcopi (P. Vigier.)

D°. — 136 *bis*. Vidit... burgenses ville Nobiliaci, bene usque ad mille,
euntes apud pontem Arion et dicentes : Nos imus apud pontem Arion pro
deliberando dominum nostrum, quem gentes comitis Marchie tenent ibidem captum. (Audoin Marchès, curé de Châtelus).

D°. — 137. Bertrandus de Vassinhaco, qui custodiebat regalia... fecit
clamari in dicta villa ex parte custodis regalium, quod burgenses dicte
ville sequerentur istum testem et irent cum eo ad persequendum murtra-
rios qui erant, ut dicebatur, in nemore Castri Novi. Et dicti burgenses

venerunt, tam armati quam inhermes, bene usque ad centum, et iverunt ad dictum locum cum isto teste, sexdecim anni sunt. (Pierre Raymond, sergent — *valletus* — de la châtellenie de Guéret, 1288.)

D°. — 137 *bis*. Homines de villa Nobiliaci, bene usque ad quadraginta armatos, pedites et equites... iverunt in auxilium domini de Castro Novo, ad capiendum bannitos qui erant in terra sua... quatuordecim anni. (Autre témoin, 1280.)

VIII.— *Témoignages attestant que l'Évêque est justicier dans la ville de Saint-Léonard, et qu'il y a de tout temps exercé la juridiction civile et criminelle.*

L'Evêque est justicier de la ville et y rend ou fait rendre la justice. — 138. Homines dicte ville sunt justiciabiles et subditi Episcopi Lemovicensis. (Pierre Jaubert, curé de Saint-Etienne de Noblat, 1280-1288.)

D°. — 139. Dicit quod Episcopus habet omnem justiciam, altam et bassam, in villa et monstra predictis. (Guillaume de Razès, chevalier, homme lige de l'évêque, ancien gardien des Régales, 1280-1288.)

D°. — 140. Pluries et publice vidit allocatos Episcopi tenentes assisias in dicto castro... et placita de militibus et aliis hominibus dicte castellanie. Non vidit quod burgenses irent ad assisias... De loco [interrogatus]... dicit in aula Episcopi et in porticu Beate Marie de Nobiliaco. (Etienne, sous-prieur de Saint-Léonard, 1288.)

D°. — 141. Vidit, viginti quinque anni sunt, Helyam de Lemovicis, cujus iste testis erat tunc clericus, tenentem assisias et placita, nomine Episcopi, in aula episcopali, et aliquociens in domo Petri Astais dicte ville, et aliquociens in porticu Beate Marie. (Pierre Latere, chanoine du Moûtier-Roseille, 1288.)

D°. — 142. Vidit allocatos domini Episcopi... Helyam de Lemovicis, militem, Stephanum Fabri et Girardum Audoyni, vicissim tenentes assisias in villa de Nobiliaco, in platea seu *porche* Beate Marie et in aula Episcopi, pro episcopo et nomine ejusdem. (Elie Panabeus, prévôt.)

D°. — 143. Vidit episcopos Lemovicenses, a quinquaginta annis, habentes suos senescallos, prepositos et sirvientes vel allocatos in dicta villa. (Audoin, prieur de Châtelus-le-Marcheix.)

D°. — 144. Nunquam audivit quod alius (que l'Évêque) faceret ibi aliquem suspendi, vel quod explectaret aliquis justiciam, nisi Episcopus Lemovicensis, nisi a tempore litis mote inter Episcopum et communitatem ville de Nobiliaco; quo tempore dicta communitas incepit explectare et facere ibi justiciam. (Etienne, sous-prieur.)

L'Evêque ou son prévôt jugent les causes civiles. — 145. Vidit pluries, a quinquaginta annis vel circa, plus quam centies, homines dicte ville litigare inter se, agendo et respondendo, et gagiando emendas, in aula episcopali et coram suo gente... in causis pecuniariis, injuriarum, fundo (*sic*) terre et aliis multis causis. (Vigier, ancien sergent de Jocelin de Châteauneuf.)

D°. — 146. Vidit, quadraginta et octo sunt anni, duos domicellos, scilicet Aymericum Bruni et Gasealinum de Rocria, captos et detentos in dicta aula episcopali Nobiliacensi coram episcopo Durando… qui eos faciebat detineri propter hoc quod habebant guerram insimul; et erant vassalli ipsius episcopi, commorantes in castro de Nobiliaco ; et vidit quod dictus Aymericus recessit a presencia Episcopi, et exivit aulam. Tunc Episcopus bis clamavit : *Ad Arma*, et jussit claudi portas ville, et dictum Aymericum capi ; et incontinenter burgenses, plus quam centum, armaverunt se et secuti fuerunt dictum Aymericum ; et cucurrerunt ad portas ville, quas iste vidit tunc firmatas, et burgenses armatos eas custodire … Aliqui de dictis burgensibus obviaverunt ipsi Aymerico ante monasterium Sancti Leonardi dicte ville; et ceperunt eum, et captum adduxerunt domino Episcopo in dictam aulam … Episcopus conpulit per verba vel induxit ad concordiam cum dicto Guasealino, adversario suo, et fuit facta inter eos concordia. (Audoin, curé de Châtelus-le-Marcheix.)

D". — 147. Viginti quinque sunt anni, vidit quamdam mulierem, que petebat porcionem a fratre suo, de omnibus bonis suis mobilibus et immobilibus existentibus in dicta villa, coram domino Bernardo, tunc allocato Episcopi, tenente placitum inter dictos fratres et sororem in porticu ecclesie B. Marie. (Bernard Bordas.)

D°. — 148. Vidit quemdam … quod percusserat alium cum pugno super oculum … judicari in aula Episcopi et in dicto porticu (de Notre-Dame). (Le même.)

D°. — 149. Viginti duo anni sunt, confratres confratrie sutorum de dicta villa agebant contra Petrum de Paeu, de dicta villa, coram Helya de Lemovicis, milite, tunc senescallo episcopi Lemovicensis… Et petebant tres denarios redditus quos sibi debebat, ut dicebant ; et ipse negabat. Postea vidit ipse testis, qui erat advocatus pro dictis sutoribus in dicta causa, quod unus dictorum sutorum dixit dicto Petro, coram dicto senescallo, in aula episcopali … quod tanquam falso (?) retinebat et negabat dictum redditum, et offerebat ibi guagium belli (1). Senescallus respondit quod non erat talis casus in quo deberet admittere guagium belli ; et recusavit admittere. Dicti sutores ex hoc appellaverunt ad senescallum domini Regis, prout iste testis vidit. Postea vidit quod dicte partes litiguaverunt de dicta causa coram eodem senescallo Episcopi, in dicta aula Episcopi. Et dicebatur quod senescallus domini Regis reddiderat curiam dictarum parcium predicto Episcopo. (Etienne Vigier, sergent.)

D°. — 150. Joccalmus Davierus, burgensis dicte ville, agebat contra Petrum Jornet, comburgensem, super hoc quod vineam suam extirpari fecerat et arbores suos scindi, ut dicebat, de nocte, per quosdam gentes… Dicti extirpatores redderunt (*sic*) dicto senescallo (au sénéchal de l'Évêque), instrumenta cum quibus extirpaverant et scinderant vineam et arbores. In dicta lite, septem de consulibus dicte ville fovebant partem, et erant advocati seu consiliarii dicti Jocealmi. Octavus vero fovebat partem dicti Petri. (Audoin Marchès, prieur de Châtelus-le-Marcheix.)

---

(1) Ce témoignage est un des rares documents limousins de la seconde moitié du XIII° siècle où se retrouve la trace de l'usage du combat judiciaire.

Dᵒ. — 151. Sexdecim anni sunt, quidam insultus fuit cum armis de nocte in villa predicta, inter Matheum et Nicholaum de Molendinis ex una parte, et Jocellum et Guillermum Danielis ex altera ... super hoc fuit lis inter eos in aula Episcopi predicta, coram domino Bernardo de Porcheria, senescallo; et tandem fuit pacificatum inter partes coram dicto episcopo, presentibus Guidone, viscecomite Lemovicensi et Bernardo de Ventadore, cantore Xanctonensi. Et vidit quod gatgiaverunt emendam ... et quod reddiderunt arma que dicebantur portasse; et vidit ea deportari in aulam Episcopi. (Elie Panabeus).

Dᵒ. — 152. Dicit quod in assisiis suis, quas tenebat in aula episcopali dicte ville, sexdecim anni sunt, audivit multas causas civiles inter burgenses, quarum numerus estimat centum vel plus. (Jean Gay, juriste de La Souterraine, 1288.)

L'Évêque ou son prévôt jugent les causes criminelles. — 153. Quadraginta quinque sunt anni, vidit gentes seu allocatos episcopi Lemovicenses ducentes quemdam hominem captum et liguatum in aulam predictam dicte ville, propter hoc quod interfecerat hominem ... vidit postea ipsum trahinari per dictam villam cum quadam equa et duci ad furchas; vidit eum suspensum. (Audoin Marchès, curé de Châtelus.)

Dᵒ. — 154. Triginta anni sunt, Helyas Males, tunc senescallus Hemeryci episcopi ... fecit suspendi ad furchas, per judicium, quemdam latronem qui fuit captus in dicta villa per gentes domini Episcopi. Vidit, triginta anni sunt elapsi, quod quidam latro fuit captus... per gentes domini Episcopi pro eo quod furatus fuerat vestes lancas, et vidit quod serviens Episcopi fecit sibi amputari manum ad dictam portam (Aumonière). Interfuit judicio in aula Episcopi, et consules ville et plures alii. (Elie Panabeus.)

Dᵒ. — 155. Quadraginta sunt anni, allocati Episcopi judicaverunt quemdam latronem ad suspendendum. (Bernard Bordas, 1288.)

Dᵒ. — 156. Vidit, triginta anni sunt, captum dictum Metadier, burgensem de Nobiliaco, in dicta villa, et duci in prisione episcopi per senescallum, et vidit eum judicari per dictum senescallum, et vidit eidem pedem amputari ad portam Elemosine. (P. Vigier.)

Dᵒ. — 157. Bernardus de Porcherya fecit suspendi per judicium curie Episcopi quemdam burgensem dicte ville Nobiliaci pro furtis ... vidit eum extrahi de prisione Episcopi. De astantibus judicio, dicit quod consules, sed non tanquam conjudices, et plures alii de villa. (Autre témoin de 1288.)

Dᵒ. — 158. Viginti quinque anni sunt, quod senescallus Episcopi condempnavit duos latrones in aula Episcopi pro furto ... Unus ex eis fuit suspensus ad furcas ville Nobiliaci, et alter amisit aurem per judicium dicti senescalli; et habebant quilibet mulierem, que forbannite sunt de dicta villa per dictum senescallum. De astantibus, dicit quod burgenses de villa, et milites, et multi alii. Vidit eos capi per gentes Episcopi et duci in prisione Episcopi, in dicta villa. (P. Vigier.)

Dᵒ. — 159. Triginta anni sunt, imponebatur dicto Jornetau quod ipse de corticaverat arbores vergerii Guillermi Danielis, burgensis. Judicatus fuit ... coram dicto Bernardo, senescallo Episcopi. (*Id.*)

Dᵒ. — 160. Jacquetus ... qui custodiebat regalia, judicavit duos jocu-

latores ad *Botencoraye* .. ad suspendendum. Et fuerant capti, ut dicebatur, in dicta villa, in nundinis Sancti Leonardi, et eos vidit ipse testis
adduci ad aulam dicti Episcopi de dicta villa. Et dicebatur quod decipe-
rant (*sic*) gentes per ludum suum de Boteencoraye. (Constantin Marchès.)
... Deceperant unum hominem in mutacione monete plombi pro mo-
neta argentea. (Pierre Faure.)

D°. — 161. Vidit servientes dicti senescalli (de l'Évêque), ducentes
quamdam vetulam cujus nomen ignorat, captam ad prisionem dicti episcopi, pro latrocinio pannorum lancorum ... Postea vidit ipsam duci ad
portam Aumoniere, per dictos servientes, et fecerunt sibi scindi aurem.
(Pierre Latere, chanoine de Moûtier-Rozeille.)

D°. — 162. Iste ... cum custodiret regalia ... Cepit quamdam mulierem
defferentem pulverem, unde habebat eam suspectam ne vellet interficere
seu empresonare (*sic*) gentes; et de dicta pulvere fecit eam comedere ;
et postea bannivit ipsam usque ad revocationem suam. (Guillaume de
Razès, chevalier, homme lige de l'évêque.)

D°. — 163. Ipse ... tenuit in prisione, per mensem vel circa, in manerio episcopali dicte ville, quandam mulierem vocatam de *Balletreis*, propter
suspectionem venenorum. Et ipsa confessata fuit coram isto teste, in
judicio, quod properaverat Podium Amatoris ad dandum cuidam sacerdoti
[venenum?]. Propter hoc iste bannivit eam de dicta villa per judicium,
in assisia quam tenebat in aula episcopali ... Propter suspectionem illius
facti, ceperat duas mulieres ... et postea deliberavit per judicium, quia
non invenit eas culpabiles. (Jean *Jocosi*, *al.* Gay, juriste à La Souterraine,
juge pendant la Régale.)

D°. — 164. Quinquaginta homines dicte ville iverunt ad nemus de L'Artige et scinderunt arbores de nocte et verberaverunt usque ad sanguinis
effusionem monachos de L'Artige, quorum erat illud nemus ... Retinuit
dictos arbores iste testis ; item retinuit dictos homines quousque gagiave-
rint emendam. (*Id.*)

D°. — 165. Viginti anni sunt, Bernardus, ejus (de l'Evêque) senescallus,
apud Nobiliacum fecit suspendi ad furcas quemdam hominem, quia extir-
paverat quandam vineam ... Iste (le témoin) interfuit judicio, in aula
episcopali, in dicta villa.— Requisitus de adstantibus, dicit quod dominus
senescallus et plures milites et consules. — Requisitus si dicti consules
erant ibi juri suo ad judicandum cum senescallo, tanquam conjudices,
dicit quod non scit ... Vidit tamen pluries, in causa sanguinis (?), quod
quum senescallus volebat aliquem malefactorem condempnare vel absolvere, petebat a dictis consulibus et a dictis militibus et ab aliis : « Quid
vobis videtur? Ego talem malefactorem hic presentem pro tali delicto
commisso propono condempnare vel absolvere? Quid vobis videtur? Si
videtur quod sit addendum vel retrahendum(1), ego addam vel retraham. »
Et sic faciebat judicium de consilio eorum. (Fr. Vincent, templier.)

D°. — 166. Vidit, quatuordecim anni sunt, quemdam vocatum Maeuvores (?) in prisione Episcopi apud villam Nobiliaci captum propter latrocinium. De qua prisione exivit et intravit monasterium sancti Leonardi,

____

(1) Ajouter à la peine ou en retrancher.

et fuit per duos dies... Postea iste conduxit ipsum latronem de monasterio extra villam ; et ipse latro, reversus ad villam... fuit captus, et custodes regalium fecerunt suspendi. (Etienne, sous-prieur de Saint-Léonard.)

Dº. — 167. Ipse... cum custodiret regalia, judicavit et condempnavit ad mortem quendam latronem qui erat de dicta villa, et in dicta villa furatus fuerat bladum, et de nocte scinderat arbores fructiferas infra monstram... et fecit eum suspendi ad furchas.. Presentibus ad dictum judicium Constantino Marcheis, Oliverio de Nollac, Fulcone de Rozers, militibus ; Jocealmo Daniele, Petro Jouet, Johanne Paute, burgensibus, et pluribus aliis. (Pierre Raymond, sergent de la châtellenie de Guéret.)

Dº. — 168. Fecit, juxta portam de Banchereau, scindi aurem cujusdam latronis qui... furatus fuerat quosdam sotulares, caseos et unam peciam lardi, per judicium factum ab ipso teste... in aula episcopali, presentibus militibus quo supra et Johanne Paute et Petro Jouet. (*Id.*)

Les consuls ont été condamnés, par le gardien des Régales, à l'amende pour avoir reçu une plainte en matière de coups et blessures. — 169. Consules receperunt quemdam clamorem verberacionis... et quum iste testis scivit quod receperant, ivit ad domum consulatus, et adjornavit dominos consules, super dicta recepcione clamoris, coram Bertrando de Vassiniaco, custode tunc regualium, cujus ipse testis erat allocatus, in aula episcopali dicte ville. Qui ibidem venerunt coram dicto Bertrando, et guaiaverunt sibi emendam propter hoc quod receperant clamorem, quia non poterant recipere... Et reddiderunt eidem Bertrando dictum clamorem. (Pierre Raymond, sergent de la châtellenie de Guéret, 1288.)

Les consuls ont eux-mêmes appelé les officiers de l'Evêque en matière criminelle. — 170. Quedam mulier fuit inventa mortua in quodam puteo, undecim anni sunt... et dicebatur quod consules et burgenses dicte ville qui eam invenerunt, non fuerunt ausi extrahere eam a puteo quousque allocati Episcopi quos, ut audivit dici, propter hoc adiverunt, essent presentes et facerent extrahere eam. (Audoin, prieur de Châtelus-le-Marcheix.)

Les consuls ont assisté à des procédures du juge épiscopal et ont même recommandé des coupables à son indulgence. — 171. Judicavit in platea communi quemdam hominem... presentibus consulibus dicte ville et pluribus aliis, bene ducentis hominibus, et non contradicentibus, immo ipsi testi supplicantibus quod misericorditer se haberet erga dictum hominem, qui tunc erat mansionarius dicte ville... Et judicavit ad fustigandum, et fecit fustigari per villam, cum fabis suspensis ad collum quas furatus fuerat... Postea eum bannivit et emisit extra portas. (Audier Normand.)

L'Evêque a exercé la police de la voirie. — 171 *bis.* Stephanus Fabri volebat edifficare domum suam juxta dictam villam, infra monstram. Et iste testis non permisit quousque fecisset mensurari plateam a chemino. Et fecit mensurari, et postea dedit licenciam edifficandi. (Audier Normand, 1288.)

Dº. — 171 *ter.* Bene sunt duodecim anni et plus, quod Jordanus Lefevre volebat edifficare domum in dicta villa. Iste testis non permittebat ei donec mensuraret plateam a vico. Consules dicte ville, scilicet Marcialis Martini et Guillelmus seu Jocealmus Danielis... et alii... rogaverunt ipsum testem ut mensuraret plateam ; et mensuravit ; et ad rogationem eorum dedit dicto Jordano licenciam edificandi. (Autre témoin.)

L'Évêque ou ses officiers ont exercé la juridiction en ce qui concerne les poids et mesures. — 172. Vidit, quinquaginta anni sunt, Nanterium, qui custodiebat regalia... admensurare alnam et cubitum dicte ville ad quod-dam pilarium monasterii Sancti Leonardi; et dicta admensuratio adhuc est in dicto pilario. (Audoin, prieur de Châtelus.)

D°. — 173. Triginta sunt anni, dictus Vingnaud... gatgiavit emendam gentibus Episcopi pro quadam mensura falsa vini, quam habebat in domo sua, sita in vigeria dicte ville... Viginti anni sunt, Petrus de Monasterio, morans in dicta villa, extra vigeriam, gatgiavit emendam gentibus Episcopi pro quadam falsa mensura vini quam habebat in domo sua. (Elie Panabeus.)

D°. — 174. Viginti sex sunt anni, Johannes Pauta, tunc allocatus Episcopi, tradidit alnas et cubitos mercatoribus qui venerant ad nundinas, pacifice. (*Id*)

D°. — 175. Viginti quinque sunt anni, Hemerycus Brito, draperius de Castro Radulphi (1), solvit preposito Episcopi viginti solidos pro falsa alna quam habebat in nundinis. (P. Vigier.)

D°. — 176. Bernardus Viviani, tabernarius, promisit dicto preposito sex solidos cum duobus denariis pro duobus falsis mensuris quas habebat (*Id.*).

D°. — 177. Senescallus (de l'Evêque) faciebat capi per servientes et allocatos suos alnas et cubitus in nundinis Sancti Leonardi dicte ville, tam a mercatoribus dicte ville, quam ab illis qui de extra villam veniebant. (Pierre Latere.)

Les Consuls ont sollicité de l'évêque Durand (1240-1245) la réduction des amendes pour fausses mesures et ils l'ont obtenue moyennant finance. — 178. Audivit dici a Petro Terade, presbitero, nuper clerico consulum dicte ville, quod vidit et legit litteras scriptas et sigillo episcopi Durandi sigillatas, super quadam pactione quam burgenses dicte ville fecerunt cum ipso episcopo, quod emendam falsarum mensurarum et cubituum, que erat de sexaginta solidis et uno denario, abreviaret dictus episcopus dictis burgensibus usque ad tres solidos cum uno denario; et de hoc dicti consules habent litteras, pro quibus dederunt ipsi episcopo centum libras. (P. Joubert, curé de Saint-Etienne de Noblat.)

L'évêque a seul le droit de percevoir deux setiers de vin sur chaque taverne. — 179. Consules posuerunt se injuste in saesina taxandi, una cum preposito Episcopi, dicta duo sextaria vini. Ipse testis, viginti anni sunt, recepit et taxavit per tres annos continuos dicta duo sextaria vini in qualibet taberna dicte ville pro episcopo... consulibus non presentibus nec vocatis... et si ipsi venissent, non admisisset eos. — Quindecim anni sunt, Reginaldus de Subterranea, nomine custodis regualium, taxavit una cum isto teste presente, dicta duo sexteria in omnibus tabernis... Et aliquociens taxabat in denariis, et aliquociens accipiebat vinum, dum esset clarum et sanum. Nec erant consules presentes. (Martial Joubert, clerc, 1280.)

L'Evêque seul est en possession de la garde et de la police des foires. — 180. Triginta anni sunt, vidit Helyam de Lemovicis, militem, Bertrandum de Vossiniac et servientes suos armatos custodientes nundinas

---

(1) Châteauroux, dont les draps se vendaient déjà dans le pays.

dicte ville, et bene vidit per tres annos, vel per quatuor, pro dicto episcopo Lemovicensi. (Pierre Boutineau, chevalier.)

D° — 181. Senescallus Episcopi precepit ex parte Episcopi quod iste testis caperetur et sibi duceretur captus, propter hoc quod traxerat ensem suam pro percutiendo quemdam hominem de Petrabufferia in nundinis Sancti Leonardi. Ad quod preceptum quidam serviens, una cum pluribus gentibus dicte ville secuti fuerunt istum et ceperunt in prisionem Episcopi, scilicet in aulam episcopalem. (Ernaud de *Bordelose*, de La Jonchère, 1288.)

D° — 182. Vidit Guillermum Maument, de dicta villa Nobiliaci, captum et arrestatum in aula episcopali dicte ville, ubi prepositus (le prévôt de l'Evêque) tenebat eum, pro denariis quos debebat, ut dicebatur, in nundinis Campanie. Postea vidit ipsum liberatum quia, ut dicebatur, solvit dictos denarios. (Rigaud de Quercu, curé de la Porcherie.) — Arrestavit Guillermum Maument... ad instanciam consulum dicte ville, Guillermi Danielis, Jocealmi et fratris Johannis Joberti, Petri Jovet et aliorum drappariorum de dicta villa, qui dicebant isti testi quod, nisi caperet eum, ipsi arrestarentur cum irent ad nundinas Campanie. (Audier Normand, prévôt.)

Le ban des foires est publié au nom de l'Évêque, des consuls et de la commune. — 183. Quum nundine Sancti Leonardi debent esse, tunc preconizatur in dicta villa, per septem dies vel octo, quod omnes venientes ad dictas nundinas habeant salvum et securum venire et reverti ad dictas nundinas per septem dies in veniendo ad dictas nundinas, et per septem post in redeundo... Et tunc fit bannum in dicta villa seu preconizatur cum trumpis ex parte Episcopi Lemovicensis, consulum et communitatis, quod omnes habeant salvum venire ad dictas nundinas per septem dies ante ipsas nundinas et per septem dies post. (Pierre d'Arfeuille.)

IX. — *Droits des seigneurs portionnaires du château de Noblat et de leurs vigiers sur la justice de la ville, et droits accessoires.*

Intervention des vigiers dans les causes criminelles. — 184. Quadraginta quinque anni sunt, quod vidit quemdam latronem, dictum Ribaut, in prissioue in dicta villa, in domo patris sui, tunc consulis, in compedibus et in quadam archa, pro eo quod fregerat quoddam molendinum et bladum dicti molendini furaverat, et quod haberet rem per vim cum quadam muliere... et a domo patris istius translatus in prissionem de *Maupertuis* que est consulum et communitatis... Abinde vidit ipsum duci ad suspendendum per consules dicte ville et per vigerios... Requisitus quis judicavit, dicit quod consules et vigerii. (Fr. Vincent, templier.)

D°. — 185. Quidam Theutonici, qui erant hospitati in domo Helie Ademari... super pecunia subrepta conquesti sunt consulibus et vigeriis... qui ceperunt servientem domus predicte, et eum submiserunt questionibus et tormentis... Postmodum, ille qui subripuerat dictam pecuniam, fuit suspensus apud Lemovicas... Erant autem vigerii... Johannes Pauta et

Giraudus Audoini qui erat vigerius pro Episcopo, qui tenebat partem vigerie in gageria. (*Id.*)

, (Voir 83 et 165.)

D°. — 186. Quadraginta sunt anni, vidit Stephanum dictum Pailort fustigari per villam predictam per consules et vigerios dicte ville... Portabat unum saccum plenum bladi super humeros suos... Erant vigerii... Johannes Pauta et Stephanus Fabri pro Episcopo, qui tenebat partem vigerie in gageria. (Le même.)

D°. — 187. Quidam latro fuit condemnatus ad mortem per dominos castri et per dictum Burrillon, servientem domini Regis, custodientem sibi regalia pro Rege, sede vacante, et suspensus ad furcas, eo quod... molendina fregerat de nocte et quia robabat peregrinos. (Elie Panabeus, prévôt.)

D°. — 188. Frequenter veniebat requirere curiam de hominibus castri Nobiliaci ad villam Nobiliaci, qui erant ibi citati vel detenti per gentes Episcopi. (Le même.)

D°. — 189. Quidam latro de castellania castri... fuit captus per gentes Episcopi, qui furatus fuerat ibidem unam rasam avene. Bernardus de Porcherya, tunc senescallus Episcopi, fecit cidem amputari auriculam ad dictam portam. Ipse (le témoin), tanquam prepositus castri Nobiliaci, venit ad dictum locum, ad requirendum eum, et antequam pervenisset ad locum, vidit quod auricula erat jam amputata. (Le même).

Les vigiers interviennent dans les causes criminelles, mais non dans les affaires civiles. — 190. Requisitus si Johannes Pauta, burgensis dicte ville, intererat judiciis et explectis... tanquam vigerius dominorum castri de Nobiliaco, vel tanquam unus de consulibus Nobiliaci, dicit quod erat tanquam vigerius in criminalibus causis que tractabantur in platea communi; sed in civilibus causis que tractantur in domo communi non intererat, et in dictis causis nullus intererat, nisi consules, et illi qui erant de consilio ipsorum. Requisitus si emende criminales dividebantur per consules et vigerium insimul, dicit quod de hoc nichil scit, quia non vidit aliquam emendam levari nec aliqua bona confiscari que per ipsos consules et vigerios dividerentur. (Léonard Goudelli, clerc.)

Participation des vigiers à la police - des poids et mesures. — 191. Consules mittebant questum Johannem Pauta, tunc vigerium. Si veniebat, capiebant alnas et mensuras insimul... Si non veniret, consules accipiebant dictas alnas et mensuras, eo absente, prout vidit. (Léonard Goudelli, clerc.)

D°. — 192. De mensuris, alnis, cubitis et ponderibus, dicit quod consules tradiderunt mensuras... consules et vigerii eas justificant... et consules habent emendam falsarum mensurarum, prout audivit. (Fr. Vincent, templier.)

D°. — 193. Vidit in nundinis et mercatis, quod consules et vigerii dicte ville accipiebant alnas et eas adjustabant, et cum inveniebant alnam bonam, eam reddebant ei cujus erat. (*Id.*)

Les bans sont publiés d'ordinaire dans la ville au nom de l'Évêque, de la seigneurie et de la commune. — 194. Requisitus quomodo preconizatur bannum in dicta villa, dicit quod ex parte Episcopi, seigneurie et communitatis, et hoc per precones dicte ville: ita vidit et audivit fieri communiter. (Fr. Vincent, templier.)

D°. — 195. Clamabatur bannum publice, ex parte Episcopi et dominorum et communitatis. (Elie Panabeus, prévôt du château de Noblat.)

D°. — 196. Preconizatur bannum... ex parte Episcopi, seigneurie et communitatis. (Autre témoin.)

D°. — 197. Preconizatur per hac verba : « Ex parte Episcopi, dominii et communitatis. » (Fr. Etienne, sous-prieur de Saint-Léonard.)

D°. — 198. Audivit, a quadraginta annis citra, plus quam per ducentas vices, clamari et preconizari, tam in casibus alte quam basse justicie, ex parte Episcopi, dominii et communitatis. (Pierre Faure, prêtre, 1280-1288.)

Quand le ban n'a trait qu'aux affaires du Consulat, il est publié seulement au nom des consuls et de la commune. — 199. Bannum preconizabatur ex parte Episcopi, dominii et communitatis; sed quum preconizatur quod burgenses congregent se vel quod eant quesitum lapides pro reedificatione murorum ville et aliis spectantibus ad consolatum suum, quod preconizatur tunc ex parte consulum et communitatis tantum. (Autre témoin.)

Le vigier a droit aux têtes des bœufs et des vaches vendus à la foire de la Noël. — 200. Nunquam vidit quod prepositus Episcopi Lemovicensis aut ejus vigerius faceret aliquid explectamentum justicie in dicta villa... Sed audivit dici quod vigerius recipit capita boum et vaccarum in Nativitate Domini a vendentibus carnes in dicta villa. (Pierre Velade.)

D.

Lettres et documents divers extraits des procédures

1. — *Lettres de Mathieu, abbé de Saint-Denis, et du seigneur de Nesle, lieutenants du Roi de France (1), notifiant l'arrêt du Parlement intervenu dans le procès entre l'évêque de Limoges et la commune de Saint-Léonard* (Paris, août 1285).

Matheus, miseratione divina ecclesie Beati Dyonisii in Francia abbas humilis, et Symon, dominus Nigelle, locum tenentes domini Regis Fran-

(1) Mathieu de Vendôme, abbé de Saint-Denis, et le « bon seigneur » Simon de Nesle étaient lieutenants généraux du royaume, lorsque Philippe III mourut à Perpignan, au retour de sa malheureuse expédition d'Aragon. Quinze ans auparavant, en 1270, Saint-Louis, se préparant à partir pour Tunis, avait déjà remis l'administration de ses états à ces deux hommes dévoués et leur avait fait prêter serment de fidélité, comme à lui-même, par tous les membres de son conseil.

corum, universis presentes litteras inspecturis salutem. Notum facimus
quod, cum in curia domini Regis moveretur discordia inter consules et
communitatem Sancti Leonardi Nobiliacensis ex una parte, et episcopum
Lemovicensem ex altera, super eo quod dicebant dicti consules et communitas quod Episcopus, turbando possessionem eorum et in jurisdictionis
domini Regis prejudicium, per violenciam spiritualis (?) jurisdictionis, a
quibusdam hominibus dicte ville extorsit juramentum fidelitatis, cum jus
non haberet habendi dictum juramentum, maxime cum dicti consules sint
in saesina percipiendi juramentum fidelitatis ab omnibus hominibus dicte
ville singulis annis : dicto episcopo protestante quod non intendit eos pro
consulibus vel pro communitate habere, nec sigillum in eorum procura-
torio appositum in aliquo approbare, et in contrarium dicente quod non
extorsit juramentum predictum, sed ab ipsis volentibus recepit, et quod
tam ipse quam predecessores sui fuerunt in possessione et saisina continua recipiendi juramentum fidelitatis ab hominibus dicte ville per decem,
per viginti, per triginta annos et per tantum temporis quod sufficit ad ac-
quirendum jus super ipso juramento ; — item, super eo quod dicebant quod
dictus episcopus qui nunc est, arrestavit consulatus precones et ab ipsis
violenter, indebite, et de novo, in prejudicium domini Regis et suum, juramentum fidelitatis extorsit, turbando possessionem consulum predictorum, quibus solis dictum juramentum a tempore a quo non extat memoria, fieri consuevit; et de hoc erant in possessione sive saisina consules
antedicti : — dicto episcopo asserente quod ab ipsis volentibus recepit
juramentum fidelitatis, sicut a ceteris hominibus dicte ville, et quod eos
arrestavit non occasione juramenti, sed quia adjornati in curia Episcopi
et certa causa, noluerunt cavere de stando juri, secundum usum et
consuetudinem patrie. Item, super eo quod episcopus fecit preconizari per
villam, nomine suo tantum, homines dicte ville venirent eidem facturi juramentum fidelitatis, in prejudicium Regis, et consulum, et communitatis,
contra libertates et consuetudines eorum, cum soli Regi teneantur facere
juramentum fidelitatis, et sunt in saesina faciendi preconizari per villam,
et indicunt et ordinant preconizationem : Episcopo dicente se nichil fecisse
in prejudicium Regis vel hominum de Nobiliaco, sed continuando possessionem predecessorum suorum, recepit juramentum fidelitatis ab hominibus antedictis, et non virtute alicujus preconizationis ; — item, super eo
quod dicebant quod episcopus duxit in villam Geraudum de Petrabuferia,
iminicum ville, qui quemdam burgensem dicte ville in strata publica ceperat et diu captum per nemora detinuit contra libertatem dicte ville, cum
jus non haberet faciendi hoc : episcopo dicente quod dictus Geraudus, qui
est canonicus ecclesie Dauratensis, cum dicto episcopo venit ad dictam
villam, nec credente aliquod prejudicium in hoc fuisse; — item. super eo
quod dicebant quod episcopus misit in dictam villam Audrerium Norman-
num, et Audrerium, fratrem suum, forenses, ad explectandum et morandum ibidem pro eo, cum alias nullus fuerit ibi allocatus residens ab
episcopo, vel predecessoribus suis ; et hoc fecit contra mandatum Regis,
et senescalli Petragoricensis, qui prohibuerant ibi non fieri aliquas novitates : Episcopo dicente nichil fecisse contra mandatum Regis vel senescalli, sed continuando possessionem predecessorum suorum qui, suis

temporibus, exercuerant tam per se quam per alios, in dicta villa, altam, mediam et bassam justiciam, et omnimodam jurisdictionem, posuit dictum Audrerium in officio prepositure dicte ville, qui, in casibus ibidem emergentibus, explectavit palam et publice;

Item, super eo quod dicebant quod, cum sint in saisina taxandi, una cum Johanne Paute, bailivo in dicta villa pro dominis Castri Nobiliacensis, duo sexteria vini, que dicti domini dicunt se habere de facto, cum de jure non possint, in qualibet taberna dicte ville, mense augusti; et dictus Audrerius pro episcopo taxaverit dictum vinum, qui nullum jus habebat in taxatione predicta ultra forum competens, consulibus non vocatis, turbando possessionem eorum in prejudicium Regis et suum : Episcopo dicente quod, continuando possessionem suam et predecessorum suorum, taxavit per se vel per suos, vel tantum habentes ab eo dictum vinum;

Item, super eo quod, cum sint in saisina, a quadraginta annis et citra, et fuerunt, resecandi et percipiendi ligna et arbores de foresta de qua agitur, pro voluntate sua, et excolendi et explectandi eandem, et hanc tenent a Rege, una cum aliis bonis communitatis predicte : Episcopo negante et asserente quod dictam forestam tenet saisitam, et erat in possessione ejus, tempore litis mote, et antea, per annum; et quod erat de feodo suo; et eam posuit ad manum, tanquam feodum alienatum preter consensum suum, maxime a manu nobili in (?) non nobilem; et de hiis asserebat famam esse in patria;

Que omnia petebant dicti consules revocari et emendari, et episcopum compelli ad desistendum : Episcopo, in contrarium, asserente et dicente se non teneri ad predicta, et se esse in possessione predictorum.

Tandem super premissis facta inquesta et visa, visis et racionibus parcium, judicatum fuit dictum episcopum esse in saisina et habere jus recipiendi juramentum fidelitatis ab hominibus dicte ville, et quod illud recepit ab eis volentibus, et sponte, et eciam a preconibus; et quod eos arrestavit non racione preconizacionis, sed quare nolebant cavere de stando juri secundum consuetudinem et usum patrie. Item judicatum fuit dictos consules esse in saisina faciendi preconizari per villam nomine dicti Episcopi et dominorum ville et communitatis. De facto Geraldi de Petrabuferia nichil dicunt testes. Item, judicatum fuit dictum episcopum nichil fecisse contra mandatum Regis sive senescalli, nec tamen fecisse aliquas novitates ponendo ibidem prepositum foraneum ad explectandum in dicta villa et morandum nomine Episcopi; et quod petunt consules, totum illud quod in articulo continetur, ad nichilum reduci non fiet (sic). Item, adjudicata fuit saisina dictis consulibus taxandi dicta duo sexteria vini, mense augusti, una cum preposito episcopi, et ballivo in dicta villa. Item, judicatum fuit dictos consules et communitatem esse in saisina explectandi dictam forestam, et quod dictus episcopus tenebat eam saisitam tempore litis mote et ante, et quod posuit eam ad manum suam tanquam feodum suum alienatum de manu nobilis in non nobilem, et quod hoc poterat facere salva saisina usus explectandi predictorum. Item, inquesta facta quis erat in saisina justiciandi malefactores et incarcerandi in villa de Nobiliaco, quum duo homines ibi ultimo per senescallum Petragoricensem, vel ejus mandatum, capti fuerunt, inventum fuit et judicatum quod consules, una cum preposito Episcopi et vigeriis dominorum, erant in saisina justiciandi et incarcerandi malefactores in villa Nobiliaci, quanquam (?) dicti duo homines capti fuerunt per dictum senescallum vel ejus mandatum. In cujus rei testimonium presentes litteras sigillo Regis, quo utimur, fecimus sigillari. Actum Parisius, anno Domini m° cc° octogesimo quinto, mense augusto (1).

II. — *Lettres de Philippe IV : Addition au premier arrêt du Parlement touchant la justice de Saint-Léonard* (mars 1286, v. st. : 1287).

Philippus, Dei gracia Francorum Rex, universis presentes litteras inspecturis salutem. Notum facimus quod cum in judicio per curiam nostram facto inter dilectum et fidelem nostrum Episcopum Lemovicensem, ex una parte, et consules et communitatem Sancti Leonardi Nobiliaci ex altera, super duabus causulis (*sic*) in dicto judicato contentis que tales sunt : « Judicatum fuit dictum Episcopum nichil fecisse contra mandatum Domini Regis sive senescalli, nec eciam fecisse aliquas novitates, ponendo ibidem prepositum foraneum ad explectandum in dicta villa et morandum nomine Episcopi, et quod petunt consules, illud totum quod in articulo continetur, ad nichilum reduci non fiet » ; alia causula talis est : « Item, inquesta facta quis erat in saisina justiciandi malefactores et incarcerandi in villa de Nobiliaco, quum duo homines ibi ultimo per senescallum Petragoricensis, vel ejus mandatum, capti fuerint, inventum fuit et judicatum quod consules, una cum preposito Episcopi et vigeriis dominorum, erant in saisina justiciandi et incarcerandi malefactores in villa de Nobiliaco, quum illi duo homines capti fuerunt per dictum senescallum vel ejus mandatum », — peteretur declaratio, declaratum fuit per curiam nostram quod Episcopus Lemovicensis uteretur judicato prout ibi continetur, et habebit prepositum foraneum apud Nobiliacum, qui explectabit et judicabit quemadmodum prepositi episcoporum qui non erant foranei, explectare et justiciare consueverunt ; et consules, prout continetur in judicato ; nec impedient predicti consules quin prepositus Episcopi foraneus capiat malefactores, et adjornet coram se et justiciet cum ipsis ; nec prepositus similiter impediet dictos consules quin capiant per se et justicient malefactores cum preposito Episcopi et vigeriis dominorum. Et fiet incarceratio de captis ab utraque parte, ubi ab antiquo extitit consuetum. Nec fient super hoc alique novitates. In cujus rei testimonium, presentibus litteris nos-

______

(1) C'est à l'arrêt du Parlement reproduit dans ces lettres, et mal interprété par le copiste, que se rapporte le passage suivant d'un manuscrit de D. Estiennot :

« Concordata inter consules Nobiliacenses, canonicos et Episcopi Lemovicensis officiarios, anno MCCLXXXV, leges in litteris Mathæi, abbatis Sandyonisiani, et Symonis Nigellensis, quarum originale inspexi in scriniis Nobiliacensibus et transcriptum accepi ab humanissimis DD. Veyrier aliisque consulibus, quod leges parte IIa fragmentorum nostrorum historiæ Aquitanicæ (Bibl. nationale, man. lat. 12747, p. 128).

On voit qu'il ne s'agit nullement d'une transaction ni d'un accord, mais d'un premier arrêt du Parlement sur un procès introduit par les Consuls et la commune.

trum fecimus apponi sigillum. Actum Parisius, anno Domini m° cc° octogesimo sexto, mense marcio.

III. — *Lettres de Philippe IV chargeant Philippe Suard, chanoine de
Laon, et Jean de Morancy, clercs du Roi de France, de procéder à
une nouvelle enquête (29 août 1287).*

Philippus, Dei gracia Francie Rex, dilectis suis magistro Philippo
Suardi, canonico Landunensi, et Johanni de Morenciis, clericis nostris, salutem et dilectionem. Mandamus vobis quatinus in causa que vertitur in
curia nostra inter dilectum et fidelem nostrum Episcopum Lemovicensem,
ex una parte, et gerentes se pro consulibus et communitate ville de Nobiliaco ex altera, recipiatis probationes sub prima productione et quas utraque pars producere voluerit, secundum articulos vobis sub contrasigillo
nostro missos, et testes utriusque partis examinetis super ipsis articulis
de notorio et fama, et quod inde feceritis, nobis ad proximum pallamen-
tum remittatis sub sigillis vestris inclusum. Actum Parisius, die veneris
in festo Decollationis Beati Johannis Baptiste, anno Domini m° cc° octogesimo septimo.

IV. — *Les consuls et la commune de Saint-Léonard constituent
pour leurs procureurs spéciaux au cours de l'enquête, Etienne
Faure et Nicolas Desmoulins (10 mai 1288).*

Viris venerabilibus et discretis reverendis dominis suis magistris
Philippo Suardi, canonico Landunensi, et Johanni de Morenceiis, clericis
Domini Regis Francie, Consules et communitas Sancti Leonardi de Nobiliaco,
salutem cum omni reverencia et honore. Noveritis quod nos facimus et
constituimus procuratores nostros Stephanum Fabri et Nicholaum de Molendinis, comburgenses nostros, exhibitores presencium litterarum, et
quemlibet eorum in solidum, ita quod non sit melior conditio occupantis
ad procedendum coram vobis in inquestis per vos faciendis, auctoritate
dicti Domini Regis commissis, super causa que vertitur in curia ipsius
domini Regis inter nos, ex parte una, et reverendum patrem Episcopum
Lemovicensem ex altera, dantes et concedentes, dictis procuratoribus nostris
et cuilibet eorum in solidum, potestatem et speciale mandatum procedendi
coram vobis in dictis inquestis per vos faciendis auctoritate dicti Domini
Regis in dic'a causa quantum erit de jure, et jurandi in animas nostras et
eorumdem, et omnia faciendi que veri debent et possunt facere procuratores, ratum et firmum habentes et habituri quecunique per ipsos vel
eorum alterum coram vobis super premissis actum fuerit seu .... procuratum, obligantes nos et nostra, si necesse fuerit, pro judicato solvendo.
Et hec vobis et omnibus quorum interest significamns per has presentes

litteras, sigillatas sigillo nostro. Datum die lune post Ascensionem Domini, anno ejusdem mᵒ ccᵒ octogesimo septimo (1).

V. — *Certificats de bonnes vie et mœurs produits par divers témoins (1280-1287).*

Sequitur littera testimonialis dicti Petri de Ruppe Amatoria, producta ex parte burgensium ville Nobiliaci, ad probandum quod dictus Petrus sit bone fame, sigillata sigillo quo utuntur consules Montis Albani, ut prima facie apparebat, cujus tenor sequitur in hec verba :

« Universis presentes litteras inspecturis, Consules Montis Albani, dyocecis Caturcensis, salutem in Domino. Notum facimus universis et singulis quod Petrus de Rocamador, et Petrus de Olfelha, et Geraldus Pareu, et Philippus de Salviac, cohabitatores nostri, sunt homines boni et legales, et eciam bone fame. In cujus rei testimonium presentibus litteris sigillum nostrum duximus apponendum. Datum apud Montem Albanum, die lune post festum Beate Marie Virginis, in Annunciacione. Anno Domini mᵒ ccᵒ lxxxᵒ. »

...Ad probandum quod illi quorum nomina continentur in littera cujus transcriptum sequitur, sunt bone fame, produsserunt (*sic*) consules ville Nobiliaci quamdam litteram, [sub] sigillo consulum et communitatis Montis Albani, cujus tenor sequitur in hec verba :

« Universis presentes litteras inspecturis, Consules Montis Albani, dyocesis Caturcensis, salutem in Domino. Notum facimus universis et singulis quod Petrus Daorfulha, Petrus Bordi, Petrus Bacherii, Geraldus Procha, Giustinius Bossurchel, cohabitatores nostri, sunt homines bone fame, et sunt et fuerunt temporibus inter nos laudabiliter conversati. In cujus rei testimonium, presentes litteras sigillo nostro fecimus sigillari. Datum apud Montem Albanum, die lune post festum apostolorum Philippi et Jacobi, anno Domini mᵒ ccᵒ lxxxᵒ viiᵒ.

VI. — *Permission donnée par Hugues, prieur du monastère de Saint-Léonard, au sous-prieur Etienne, de comparaître comme témoin à l'enquête (22 mai 1288) (2).*

Viris venerabilibus, providis et discretis dominis et amicis suis, magistris Philippo Suardi, canonico Laudunensi, et Johanni de Morenciis, clericis domini Regis Francie, auditoribus datis in causa que vertitur inter Reve-

---

(1) Pour *octavo*. Il y a là encore une erreur évidente. Les enquêteurs n'ont été désignés qu'au mois d'août 1287. La procuration donnée par l'évêque porte la date du 24 mai 1288 et rectifie celle de la pièce ci-dessus.

(2) La date du 22 mai 1287 que portent ces lettres est certainement erronée, puisque la commission des enquêteurs est du 29 août 1287.

rendum Patrem Dominum Lemovicensem Episcopum, et se gerentes pro consulibus et communitate ville de Nobiliaco, — Hugo, humilis prior de Nobiliaco, salutem in Domino. Noveritis quod nos Stephano subpriori monasterii nostri, damus licentiam et auctoritatem perhibendi in dicta causa testimonium veritati. Datum XI kalendas junii, anno Domini m° cc° octogesimo septimo.

VII. — *Articulations des procureurs de l'évêque contre un des témoins des consuls.*

Dicit et proponit excipiendo procurator episcopi Lemovicensis contra Leonardum Godelli, qui dicit se esse clericum (2), testem productum a gerentibus se pro consulibus et communitate ville Nobiliaci contra eundem episcopum, quod idem Leonardus est excommunicatus majori excommunicatione et multipliciter aggravatus et publice nunciatus auctoritate officialis Lemovicensis ad instanciam Audierii Normanni.

Item, dicit quod idem Leonardus est persona vilis et infamis, utpote qui contraxit cum Valeria de Paolhac matrimonium et ex ea prolem suscepit ; ac post modo, cadem Valeria adhuc vivente, contraxit cum Marieta, filia Stephani de Monasterio, et deinde transferens se ad villam de Maystat (?), Xanctonensis dyocesis, contraxit cum tertia, aliis duabus viventibus.

Item dicit quod Leonardus est oriundus de dicta villa et habet ibi possessiones et bona, et quod ipse contribuit ad prosccutionem dicte cause, et commodum et incommodum ipsius spectat ad eum sicut ad unum de dicta villa.

VIII. — *Mention d'un usage particulier pour la prestation du serment en justice.*

Circa sexdecim anni sunt, sede vacante per mortem dicti episcopi Aymerici (3)... dicto tempore aliqui burgenses dicte ville fuerunt producti in testimonium coram isto teste, qui non jurabant : qui nolebant ponere manum supra librum. Immo dicebant quod semper consueverant, coram senescallo et allocatis episcoporum Lemovicensium, ponere manus ad pectus et jurare in animam suam. Iste testis inquisivit de hoc cum Stephano Fabri, Johanne Jouberti, Stephano Vigerii et cum pluribus aliis burgensibus dicte ville, qui deposuerunt quod ab antiquo consueverant coram senescallis Episcopi qui producebantur in testimonium, ponere manus ad pectus et jurare in animam suam, ut premittitur. (Témoignage d'Ernaud de Bordelose, de La Jonchère, ancien garde de la Régale, enquête de 1288.)

(1) Ajoutons que Léonard *Godelli* était alors ou avait été directeur des écoles —*rector scolarum* — de la ville de Saint-Léonard.
(2) D'Eymoutiers.
(3) D'Aymeric de Serre, mort en 1272.

IX. — *Articles proposés au Parlement par le procureur du Roi,
au nom de la Couronne et des consuls de Saint-Léonard.*

A ceste fin que notre sires li Rois et li consols ou nom de la ville et
commune de Noeillat, soient absols de la demande (?) que li evesques de
Limoiges a fait ou plet qui pen'en la Cour de ceanz,

Entent aprouver le procurateur notre Seigneur le Roy, pour le Roy et
pour les consols ou nom dessus dit, contre l'Evesque de Limoiges, les
choses qui s'en suient :

Premierement, que li consols et la commune de Saint Lienart de Noellac
ont Consulat, cors et commune ;

Item, que il ont les choses dessus dites par titre et otroy de donaison
des Rois de Angleterre, au temps que la terre et li pais estoit au Roy de
Angleterre, devant que elle venist en la main et seignorie dou Roy de
France, senz moyen (1) ;

Item, que des choses dessus dites il usent et ont use, et font et ont
este en saisine de si lonc temps qu'il n'est memoire dou contraire, et que il
souffist a droit avoir acquis quant aus choses dessus dites, se autre droit
n'i avoient ;

Item, que le Consulat, le Cors et la Commune et la dite ville sont
subgiez au Roy comme a seigneur et soverain senz maien ;

Item, que au Roy, comme a seigneur et soverain senz maien, ou a son
commandement, li consols et les homes lays de ladite ville qui sont de
l'aage de XV ans et par dessus font serement de feaute toutes foiz qu'il a
novel Roy en France ;

Item, que, chacun an, chacun home lay de l'aage de XV anz font serement de feaute aus diz consolz ;

Item, que, avant que il facent ledit serement, les consols baillent et
rendent aus genz le Roy en signe de obeissance et de subjection, comme
envers seigneur et soverain senz maien, les cles des portes, des forte-
reces et dou Consulat, des prisons et des tours de la ville ;

Item, que apres le serement fet, les consols, ou nom dou Consulat,
Cors et Commune, les dites cles reprannent et receivent des genz le Roy,
qui les leur baillent de par le Roy ;

Item, que li Rois et ses predecesseurs, li consolz et la Commune de
la dite ville de ce sont et ont este en bone saisine par tant de temps qu'il
n'est memoire dou contraire, et que il leur souffist a droit avoir acquis
quans aus choses dessus dites ;

Item, que li Rois, comme seigneur soverain et senz maien, a en ladite
ville, sus les consols et la Commune, ost et chevauchee, et les services qui
sont acoustumez ;

Item, que de ce est li Rois et si predecesseur sont et ont este en bone
saisine par tant de temps qu'il n'est memoire dou contraire, et que il

(1) Sans seigneur intermédiaire : le Roi de France est seigneur direct et immédiat de la
ville.

soufist a droit avoir acquis quant aus choses dessus dites, se autre droit n'i avoit ;

Item, que li diz consols et commune ont, en la dite ville, la joustice haute et la moienne et la basse ;

Item, que il ont, en ladite ville, la congnoissance des causes civilles et criminaus, le jugement et l'exequcion de la joustice haute, moienne et basse ;

Item, que il ont chartre et prison, et forches de anciennete, prise et enprisonnement en leur prison propre, et pugnissement des mauffaiteurs ; leurs hucheurs ; le ban et la criee de la ville et cognoissance des causes, et ce qui appartient a toute joustice haute, moienne et basse ;

Item, que ces choses ont-il et tiennent souz le Roy et deu Roy, comme de seigneur et soverain senz maien ;

Item, que il mesurent l'one et le coude, et les mesures dou ble et dou vin, et en lievent les amandes quant il i treuvent fausete ;

Item, que de ces choses est li Rois en bone saisine et ont este (1) si predecesseur par tant de temps que il n'est memoire dou contraire ;

Item, que li Consols, par reson de la commune, ont et a us (*sic*) appartient les cles des portes de la ville, et a aus appartient faire et refaire les tours, les murs, les portaus et les portes, les forteresces de la ville et la guarde d'icelles ; et la guarde des feires et des marchez, de nuit et de jour, a armes et senz armes ;

Item, que il lievent la taille chascun an, et taillent de touz les heritaiges de la dite ville et des genz de la dite ville ;

Item, que li diz Consols, pour reson dou Consulat et de la Commune, ont meson commune, arche, papier ouquel tout li bien de la Commune sont escrit ; seel et armeures communes, et banieres pour armes porter toutes les foiz que mestier en a este ou seroit ;

Item, que li Rois s'en aide et s'en est aidie, et peut aidier, toutes foiz que il li plaist, a pleu et plaira, comme seigneur soverain et senz maien ;

Item, que des choses dessus dites sont li consols et la Commune et ont este en bone saisine par tant de temps que il n'est memoire dou contraire ;

Item, que ces choses il tiennent et ont tenu dou Roy de si lonc temps que il n'est memoire dou contraire ;

Item, que il baillent les mesures des batissemenz de la ville et des apartenances, et ont le pugnissement de elles, et de ce sont et ont este en bone saisine par tant de temps, etc. (*sic*) ;

Item, que il ont les esplaiz des places de la ville, et de ce sont et ont este en bone saisine, etc. ;

Item, que les choses dessus dites il tiennent et ont souz le Roy et dou Roy comme de seigneur et soverain senz maien, par reson dou Consulat et Cors et Commune de la dite ville, avecques les autres choses dessus dites ;

Item, que li Rois et si predecesseur de ce est et ont este en bone saisine par tant de temps, etc.

Item, que ausdiz Consols et Commune appartiennent l'usage et les

_____

(1) Sous-entendu : en bonne saisine.

espleiz de la forest, de quoy li plet pent et a este entre l'Evesque et les consols, par reson de la dite ville;

Item, que ce tiennent et ont les Consols par reson de Consulat et de la communaute, dou Roy et souz le Roy, comme de seigneur soverain senz moien, avecques les autres choses dessus dites;

Item, que li Rois et si predecesseur est et ont este de ce en bone saisine par tant, etc.;

Item, que se li Evesque ou d'aucun pour lui ont esploitie en la ville d'esploiz, ce a este par reson de une vigerie que li Evesques, ou temps que li plet commenca entre lui et les Consuls de ladite ville, tenoit en guage d'aucuns qui disoient qu'il avoient vigerie en la dite ville;

Item, que li plet pendant et de novel eu reguart au plait, au debat et a la pleinte des causes contre l'evesque, li diz evesque a achete le droit que cil disoient que il avoient en la dite vigerie;

Item, que des choses dessus dites et de chacunne par soy est voiz et commune renommee en la dite ville, et es villes voisines et ou pais;

Et des choses dessus dites offre le procureur notre seigneur le Roy, eu nom dou Roy et pour le Roy, a prouver et fere savoir : ce que li soufira tant seulement, et le fait de l'adverse partie en tant comme il est contraires au sien, li Procureur le Roy le mest en ni (?) (1) ;

Et fait retenue et protestation de toutes ses bonnes resons de fet et de droit, en leu et en temps.

X. — *Intendit de l'évêque de Limoges* (vers 1306).

Dicit et probare intendit Episcopus Lemovicensis contra gerentes se pro consulibus ville de Nobiliaco, et contra gerentes se pro consulibus civitatis Lemovicensis (2), — et primo contra illos (?) de Nobiliaco :

Quod, per arrestum curie dictum fuit quod Episcopus Lemovicensis vel ejus prepositus foraneus explectabat (3) in villa Nobiliaci de cognitione causarum civilium;

Item, quod dictus Episcopus vel ejus prepositus, una cum gerentibus se pro consulibus dicte ville, incarcerebunt et justiciabunt malefactores ;

Item, quod, per arrestum, manus regia posita in causis civilibus dicte ville de Nobiliaco fuit amota, et datum in mandatis episcopo quod ipse vel ejus prepositus foraneus exp[l]ectaret de causis predictis;

Item, quod per arrestum curie, dictum fuit et per curiam declaratum quod dictus Episcopus habebit apud Nobiliacum prepositum foraneum qui explectabit et justiciabit ibidem, et quod gerentes se pro consulibus non impedient quin prepositus predictus malefactores capiat et ajornet coram

---

(1) La dénie.

(2) Ce qui concerne la cause entre l'Evêque et les consuls de la cité de Limoges n'a malheureusement pas été conservé. Presque tous les documents relatifs à ce procès ont disparu, même dans les Archives de l'Evêché.

(3) *Explectabat* et non *explectaret* : le Parlement a constaté la situation, le droit actuel résultant de la coutume.

se, et justiciet cum ipsis, nec prepositus similiter impediet dictos consules quin capiant per se et justicient malefactores cum preposito Episcopi et vigeri(o?) dominorum ;

Item, quod ratione et virtute predictorum judicatorum et arrestorum, idem episcopus fuit et est in possessione cognoscendi de causis civilibus secundum tenorem dictorum judicatorum et arrestorum ;

Item, quod fuit in possessione incarcerandi et puniendi malefactores in villa predicta de Nobiliaco, una cum dictis gerentibus se, secundum tenorem judicati ;

Item, quod erat eo tempore quo Rex dedit articulos suos contra episcopum predictum (1) ;

Item, quod post judicata et arresta predicta, dicti gerentes se pro consulibus multipliciter nisi sunt dictum episcopum impedire in cognitione causarum civilium predictarum, et tacite de judicatis et arrestis predictis, asserentes se esse in saisina cognoscendi de causis civilibus motis coram eis, et quod impediebantur per Episcopum in premissis, obtinuerunt quamdam informationem fieri per senescallum Pictavensem, cui informationi dictus Episcopus se opposuit, dicens quod premissa commissio tacita veritate de dictis arrestis et judicatis fuerat impetrata ; et tandem, auditis rationibus utriusque partis, quodam alio impetrato mandato per consules super consimili informatione facienda per senescallum predictum, cum per eos prima informatio assereretur esse amissa, per judicium curie fuerunt omnia cassata et penitus annullata ;

Item, quod postea datum fuit senescallo Pictavensi per curiam in mandatis quod predicta arresta et judicata et mandata faceret cum diligentia observari, et impedimenta per predictos homines apposita et omnia attemptata de plano faceret amoveri ;

Iem, adhuc dicti gerentes se pro consulibus, in sua malicia persistentes, a curia quoddam aliud impetraverunt mandatum, tacito de premissis, ad dictum senescallum, quod fieret inquesta super eo quod ipsi dicebant dictum episcopum eos impedire in cognitione causarum civilium ville Nobiliaci, cum ipsi, ut dicebant, essent in possessione cognitionis causarum civilium dicte ville ;

Item, quod per curiam declaratum fuit non esse intentionis curie inquestam fieri mandare contra tenorem arrestorum et judicatorum curie predicte, et datum dicto senescallo in mandatis, pro occasione dicti mandati, nullam faceret (2), et si quam fecerat, penitus anullaret, et ipsos de tanta malicia puniret, et dictum episcopum dedampnificari ;

Item, cum dicti gerentes se pro consulibus assererent quod cognitio et punitio utencium falsis alnis non comprehendebatur sub cognitione causarum civilium, per senescallum qui tunc temporis erat fuit declaratum in plena assisia, adhibito consilio sapientum, cognitionem et punitionem hujusmodi (?) ad cognitionem causarum civilium pertinere, cum tales pena pecuniaria puniantur secundum consuetudinem patrie ;

___

(1) C'est-à-dire au moment où le Roi est intervenu au procès et s'est joint aux consuls contre l'Evêque.

(2) Sous-entendu : *inquestam*.

Item, cum dicti gerentes se pro consulibus, hoc non obstante, dictum episcopum impedirent in cognitione et punitione premissorum, per curiam datum fuit in mandatis quod ipsi compellerentur ad desistendum a premissis;

Item, cum adhuc dicti gerentes se eundem episcopum in judicatis et arrestis suis multipliciter impedirent, idem episcopus a predicta curia semel, secundo, tercio, quarto et pluries obtinuit mandari senescallo predicto dicta judicata, arresta et mandata servari de puncto ad punctum, et attemptata revocari et attemptantes puniri;

Item, quod predicta mandata fuerunt senescallo Pictavensi exhibita et ostensa;

Item, quod ipse mandavit predicta judicata, arresta et mandata inviolabiliter observari;

Item, quod dictis gerentibus se pro consilibus expresse inhiberi mandavit per Johannem de Compendio, ne ipsi de causis civilibus cognoscerent, nec prepositum in cognitione dictarum causarum civilium impedirent, et si eos cognoscentes inveniret, puniret eos, cum hoc esset facere contra judicatum curie;

Item, et quod dictum mandatum fuit eis per dictum Johannem de Compendio factum;

Item, et quod, non obstantibus predictis mandatis et inhibitionibus sibi factis, ipsi eundem episcopum in predictis judicatis et arrestis impediverunt et adhuc impedire nituntur ipsum episcopum et ejus prepositum, et in cognitione contentorum in eisdem;

Item, quod idem Episcopus et ejus gentes eundem Episcopum (*sic*) (1) et ejus locumtenentem pluries et frequenter requisiverunt ut predicta impedimenta contra arresta et judicata predicta apposita faceret revocari; que (*sic*) idem senescallus, licet sibi constaret de predictis judicatis, arrestis et mandatis, facere recusavit;

Item, quod Episcopus vel ejus mandatum, eundem senescallum pluries requisivit ut attemptata per eos contra judicata et arresta predicta, de quibus obtulit se facere promptam fidem, faceret revocari et ipsos condigne puniri; que omnia dictus senescallus contempsit et facere recusavit;

Item, quod occasione dictorum articulorum per dominum regem datorum, de quibus commissa est cognitio facienda, dicti gerentes se nisi fuerunt se impossessionare de contentis in articulis predictis, per Regem datis, non admittendo prepositum Episcopi, sed per se solum explectando et cognitionem causarum civilium usurpando contra tenorem arrestorum et judicatorum predictorum;

Item, quod per curiam dictum fuit et declaratum quod, non obstantibus predictis articulis, judicata et arresta, et contenta in eis servarentur, et quod Episcopus servaretur, non obstantibus predictis articulis, in possessione in qua erat, tempore dationis dictorum articulorum, et ante;

Item, quod, occasione cujusdam clausule in dicta declaratione contente, qua cavetur quod dicti gerentes se in saisina, si quam obtinebant ante

---

(1) Lapsus évident : Il faut lire *senescallum*.

dationem articulorum, serventur, dicti gerentes se de hiis que attemptave-
runt contra dicta judicata et arresta et eorum contenta, et contra inhibitiones et mandata curie, asserunt se esse in possessione, et petunt se in
ea servari, cum de hoc pocius debeant puniri;

Item, quod idem Episcopus seu ejus mandatum eundem senescallum
requisivit in assisia Lemovicensi proximo preterita, et alias pluries, quod
predicta judicata et arresta faceret observari et attemptata predicta faceret
revocari; idem vero senescallus, dubitans, ut dixit, an premissa facta post
et contra judicata et arresta predicta dici debeant attemptata vel possessio, omnia posuit ad manum suam sub colore quod volebat consulere curiam super premissis antequam aliud expediret, quanquam Episcopus
diceret premissa censeri debere attemptata et non possessio, pro eo quod
si ipsi unquam aliquam possessionem habuerunt de contentis in judicatis
et arrestis predictis pro dicto episcopo redditis, ab ea fuerunt exclusi per
judicata predicta, nec post ea sibi potuerunt acquisivisse veniendo contra
judicata predicta, presertim cum idem Episcopus semper conquestus fuerit et inhibitiones a curia impetraverit contra attemptata predicta, prout
potest apparere per litteras curie;

Item, quod tandem ad requestam dicti episcopi, idem senescallus, juxta
mandatum per curiam sibi factum, de attemptatis predictis mandavit
inquiri per Guidonem de Huysi, coram quo dictus Episcopus plures testes
etiam de dicta villa Nobiliaci produxit ad informandum dictum Guidonem
super dictis attemptatis; et dicti gerentes se vel eorum mandatum, predictam informationem impediendo, inhibuerunt testibus quod non deponerent
super premissis attemptatis, et etiam aliquos qui juraverant ab ejus presencia per violenciam amoverunt nec eos deponere permiserunt, non sine
dicti Episcopi prejudicio et Domini Regis contemptu;

Item, quod licet de hoc dicto senescallo constaret per relacionem dicti Guidonis in assisia publice sibi factam, ipsos, per dictum Episcopum pluries
requisitus, punire noluit;

Item, quod idem Episcopus eidem senescallo plures casus qui contra
predicta judicata et arresta fuerant attemptata exposuit et in scriptis sibi
tradidit, et de eis obtulit facere promptam fidem, inter quos specialiter
continebatur quod quemdam notorium homicidam, oriundum de dicta
villa, per gentes Episcopi captum in recenti delicto, per violenciam abs-
tulerunt eisdem et ipsum per se solos deliberaverunt et impune abire
permiserunt; item, et quod de pluribus aliis malefactoribus dicto senescallo in scriptis traditis fecerant hoc idem, de quibus idem senescallus
noluit veritatem inquirere nec ipsos punire;

Item, quod judicatum vinagii noluit facere observari prout continetur
in ipso judicato, pluries requisitus, sed per suum servientem levari precepit;

Item, mandatum sibi factum de mensuris combustis per dictos gerentes
se, adimplere negligit et neglexit.

(*La fin manque*).

XI. — *Extraits d'un mémoire de l'Evêque de Limoges postérieur à l'intervention du Roi (1306 ou 1307).*

... Episcopus Lemovicensis... non intendit recedere a causa et processu habitis in curià domini nostri Regis... Imo vult stare et insistere dicto processui.

Protestatur quod arrestis et judicatis per curiam dicto pro ipso episcopo datis non intendit in aliquo renuntiare, imo juvare se de eis, suo loco et tempore ;

.:. Quod homines Nobiliaci sunt justiciarii ejusdem Episçopi, et faciunt ipsi juramentum fidelitatis... et ipse habet justiciam altam, mediam et bassam, et juridictionem omnimodam ;

Quod pro hiis et aliis que tenet ab eodem domino Rege, idem Episcopus solus, ut baro et dominus immediatus, est in fide et homagio ipsius domini Regis, et sui predecessores fuerunt ab antiquo ;

Quod dicti homines a brevi tempore fecerunt sigillum et domum in dicta villa, nomine consulatus et communitatis que se dicebant habere, et non nomine Regis ;

Item, quod predicta tales persone de jure, racionc et consuetudine usurpare non possunt nec sibi acquirere per aliqua sine speciali privilegio vel justo titulo sibi concesso sive dato a domino suo immediato ; quod dicti homines usurpant et usurpaverunt... predicta contra voluntatem Episcopi Lemovicensis, sui domini immediati et predecessorum suorum, quibus juramentum fidelitatis faciunt et facere consueverunt ab antiquo...

Item, quod premissa contra juramentum suum fidelitatis per eos usurpata falso et indebite advoaverunt et advoant se tenere a Domino Rege, licet jus non habeant advoandi vel faciendi premissa ; — et quod dictus Rex non habet jus recipiendi ab eis aliquam advoacionem ;

Quod si Dominus Rex, jure regio et ut superior et racione superioritatis et regie majestatis, in novitate sua habeat et percipiat juramentum ab hominibus cujuslibet ville senescalliarum Pictavensis, Lemovicensis et Petragoricensis, hoc juramentum est de pace observanda, et sic fuit a principio inceptum et introductum, et sic fit in aliis pluribus villis regni sui... quod per receptionem talis vel cujuslibet alterius juramenti, non fit prejudicium nec fieri debet dominis proximis et immediatis tenentibus a domino Rege, quominus habeant in hominibus dictarum villarum et recipiant suum juramentum fidelitatis, et quin in ipsis villis et hominibus earumdem plene utantur dominio suo ;

In regno Francie sunt multe ville et specialiter in senescallia Pictavensi, in qua villa de Nobiliaco sita est, et in senescallia Petragoricensi sibi contigua et adjacente, longe meliores et nobiliores quam sit villa Nobiliaci, habentes statum (1) ; et tamen non habent justitiam nec altam, nec mediam, nec aliquam jurisdictionem ; nec scabini nec consules ipsarum

---

(1) Ayant l'état (de Commune), ce que nous appellerions une existence légale.

villarum habent ibi aliquam potestatem nisi in quantum et prout est ipsis concessum per dominos ipsarum villarum et per punctum carte (1) : Immo domini ipsarum utuntur in eis alta, media et bassa justicia, et omnimoda juridictione, non obstante quod ipsi habeant consulatum.

Rex non habet, nec habere consuevit, in partibus illis ubi dicta villa existit, vel in locis circumvicinis, aliquam proprietatem seu domagnium nec aliquam justiciam seu juridictionem, nisi ut dominus superior et mediatus, et nisi in casu ressorti, nisi de novo emerit (2), vel aliquo titulo, acquisiverit... de premissis est publica vox et fama. in patria et locis circumvicinis.

Item procurator Episcopi... dicit quod procurator domini Regis dixit quod ipse non articularet nec daret articulos pro Domino Rege super alta, bassa et media justicia et omnimoda juridictione dicte ville Nobiliaci, nisi ipsi (3) recognoscerent et dicerent, seu eorum procuratores, quod alta, bassa et media justicia et omnimoda juridictio dicte ville et emolumentum proveniens ex premissis erat ipsius domini Regis, ut domaignium ipsius et ipsi tanquam ministri ejusdem domini Regis et pro ipso administraverant et exercuerant premissa.

Dicit idem Episcopus quod inauditum est quod alias vocaverint se ministros Domini Regis in dicta villa... dicti gerentes se : domino Regi vel ejus mandato de aliquo emolumento dicte ville nunquam responderunt, nec reperietur per aliquam senescalliam nec in camera computorum, nunquam dicti gerentes se pro Domino Rege vel ejus nomine aliquod actum alte, basse vel medie justicie explectaverunt ibidem.

E

Procuration donnée par les consuls et la commune de Saint-Léonard à leurs députés aux États généraux de Tours (1ᵉʳ mai 1308).

———

Excellentissimo domino suo, domino Philippo, Dei gracia Regi Francie illustri, fideles sui consules et communitas ville Sancti Leonardi de Nobiliaco, Lemovicensis dyocesis, se ad pedes sue celsitudinis inclinatos, et omni

———

(1) Par les termes mêmes, par un article de leur charte.

(2) L'Evêque fait avec raison cette réserve : peut-être pense-t-il à la ville franche de Masléon, établie en 1289, et aux projets d'acquisition, par le Roi, des châteaux laissés par le chanoine Gérald de Maumont à ses neveux, projets réalisés dès 1306, mais devenus définitifs en 1313 seulement.

(3) Les Consuls.

subjectione debita et devota. Noverit vestra regia Celsitudo quod nos facimus et constituimus procuratores nostros generales et speciales Geraldum Fabri, Petrum Albilhanges, Stephanum de Fraes, Petrum Bugadat, Stephanum Fabri et Petrum Vincencii juniorem, et eorum quemlibet in solidum, ita quod non sit condicio melior occupantis, ad presentandum se pro nobis et communitate nostra coram regia magestate Turonis, ad diem dominicam ad tres septimanas Pasche instantis et ad dies sequentes, continuandas a dicta die, voluntatem regiam et mandatum audituros, et facturos ea que nos faceremus et deberemus si presentes essemus, promittentes ratum habituri et firmum quicquid per ipsos procuratores nostros vel eorum alterum seu alteros actum fuerit sive gestum seu eciam procuratum. Et hoc significamus per presentes litteras, sigillo dicti consulatus dicte ville sigillatas. Datum die mercurii in festo apostolorum Philippi et Jacobi (1), anno Domini m° ccc° octavo.

(Archives nationales, J 415, B n° 207. La pièce avait été autrefois classée par erreur dans le dossier de la sénéchaussée de Beaucaire).

(1) Cette date n'est-elle point mise par erreur ? La fête de Saint-Jacques et de Saint-Philippe se célèbre le 1er mai, et la fête de Pâques, qui semble indiquée ici comme prochaine, non encore passée — *instans* — était tombée, en 1308, le 14 avril. Notons toutefois que cette année-là, le 1er mai était bien un mercredi.

ERRATA

P. 31, ligne 16 : Sainte-Anne, *lisez* Sainte-Luce.

P. 36, ligne 24 : fussent construites, *lisez* ne fussent construites.

P. 38, lignes 3 et 4 : *Vialle* vient de *villa* et non de *vallis*.

P. 52, note 1, ligne 3 : *prenominaus*, lisez *prenominatis*.

P. 63, note 2, ligne 2 : a consulibus consiliariis, *lisez* consulibus, consiliariis.

P. 97, note 3, ligne 1 . ad domnus, *lisez* ad domum.

P. 105, lignes 1 à 6. Les témoignages dont il s'agit ici se rapportent à l'enquête de 1287-88 et non à celle de 1280-82.

P. 113, note 2, lignes 5-6 : foranens, *lisez* foraneus.

P. 144, ligne 20 : les sénéchaux, *lisez* ses sénéchaux.

P. 153, ligne 13 : Jean d'Auxay, *lisez* d'Auxay ou d'Auxois.

P. 160, ligne 35 : Datrum, *lisez* Datum.

P. 164, note 6, et 175, n° 36, ligne 3 : Excideuil. Il s'agit peut-être ici d'Excidioux, aujourd'hui hameau de la commune de Neuvic, canton de Châteauneuf-la-Forêt (Haute-Vienne), où il existait autrefois une église.

P. 175, n° 38, ligne 1 : triginta annis, *lisez* triginta anni.

P. 178, n° 68, ligne 2 : milite, *lisez* militi.

P. 181, n° 86, ligne 5 : redeceret, *lisez* recederet.

P. 187, n° 119, ligne 5 : isto, *lisez* isti.

P. 187, n° 120, ligne 1 : taxar, *lisez* taxari.

P. 187, n° 122, lignes 1 et 2 : castrum, etc., *lisez* ... Castrum Nobiliaci esse Episcopi in parte..., et, etc.

P. 188, n° 130 *bis*, ligne 2 : Valentibus, *lisez* Volentibus.

P. 190, n° 137 *bis*, ligne 3 : Quatuordecim anni, *lisez* Quatuordecim anni sunt.

P. 204, n° VII, ligne 2 : clericum (2), *lisez* clericum (1).

P. 204, *ibid*, ligne 10 : de Monasterio, *lisez* de Monasterio (2).

P. 209, ligne 14 : consilibus, *lisez* consulibus.

P. 212, ligne 16 : domaignium ipsius et, *lisez* domaignium ipsius, et.

TABLE ALPHABÉTIQUE

164, 166, 188, 189, 191, 192, 194, 195.

Audoin de Noblat, 18, 23, 41, 42, 44.

Audoin de Royère, 49.

Audoine de Royère, 86, 108.

Audoin. V. Girard ou Giraud.

Augustin (chanoines de Saint). V. Saint-Léonard, chanoines.

Aula (de). V. Gilles de La Cour.

Aumônes, V. Château de Limoges *et* Saint-Léonard : aumônes municipales.

Aumônière (porte et rue). V. Saint-Léonard : topographie.

Aureil, prieuré et village, auj. commune du canton sud de Limoges (Haute-Vienne), 18, 44.

Aureil (cartulaire d'), 18, 43, 44, 47, 49, 50, 51, 56.

Aurial, bourg, auj. commune du canton et arrondissement de Bourganeuf (Creuse), 169.

Aurifolio (de). V. Jaucelm.

Auxay, Auxois. V. Jean d'Auxois.

Auxerre. V. Naude d'Auxerre.

Avignon, ville de France, auj. chef-lieu du département de Vaucluse, 13.

Axia. V. Aixe.

Ayceline Brun, 46, 108.

Ayen, château et bourg, auj. chef-lieu de canton, arrondissement de Brive (Corrèze), 9.

Aymeric Breton ou Lebreton, marchand drapier de Châteauroux, 195.

Aymeric Brun, chevalier, 46, 51, 52, 81, 90, 91, 93, 99, 107, 108, 131, 191.

Aymeric Marchès, 49, 53.

Aymeric de Niçul, 41.

Aymeric de Noblat, 44, 108.

Aymeric de La Roche, sénéchal du Limousin pour le Roi d'Angleterre, 57.

Aymeric de Royère, 49.

Aymeric de Serre de Malemort, évêque de Limoges, 19, 20, 52, 53, 60, 84, 86, 87, 89, 91, 92, 93, 95, 101, 102, 109, 113, 117, 188, 189.

Aymeric Vigier, 47.

Aymeric Vigier, chevalier de Solignac, 48, 50.

Aymerigot Marchès, 49.

B. du Puy, sénéchal du Roi d'Angleterre, 57.

B. Vigers, 47.

Bacherii. V. Pierre.

Bachet, notaire, 22, 26.

Bajulus. V. Gérald.

Bailli. V. Bourges, Limoges.

Bailliage, 169. V. Bourges, Limoges.

Baillis royaux, 69, 147.

Baillis seigneuriaux, 165, 169, 200.

Balindon (le nommé), 186.

Balletreis (la nommée), 193.

BALUZE, 15, 16.

Banchereau, Bancherain, Bancheram, Boucheriau. V. Saint-Léonard : Topographie.

Bannières, 147, 152, 171.

Bannis du Roi, 7, 189, 193.

Bannissements, 71, 179, 181, 182, 183, 184, 186, 193 ; prononcés par les communes contre des seigneurs, 70, 71.

Bans et criées, 105, 119, 181, 182, 183, 184, 187, 197, 198, 199, 200.

Barodier, Barondier. V. Jourdain Barodier.

Barsanges, auj. commune du canton de Bugeat, arrondissement d'Ussel (Corrèze), 167.

Barsanges (curé de), 167.

Bastides royales, 139, 145, 212 ; v. Masléon, Tauriac.

Bat-Sausse. V. Guionnet Bat-Sausse.

Bauzon. V. Jean Bauzon.

Bazonis. V. Thibaud.

Beaucaire (sénéchaussée de), 213.

Beaufort. V. Raoul de Beaufort.

Beaujeu, famille, 40.

Beaulieu, abbaye et ville en Bas-Limousin, auj. chef-lieu de canton, arrondissement de Brive (Corrèze), 128.

Beaulieu (abbé de), 128.

Beaumanoir. V. Philippe de Beaumanoir.

Béchade, famille, chevaliers de Lastours 51.

Belauds. V. Justin Belauds.

Belialdis de Royère. V. Blanche.

Bellefage, château, auj. commune de Soumans, canton de Boussac (Creuse), 40.

Bergerac, ville, auj. chef-lieu d'arrondissement de la Dordogne, 176.

Léonard, 180 ; V. Gérald, Giraud. *Goudelli.* V. Léonard Goudelli.

Gouffier de Lage-au-Mont, curé de la Chapelle de Noblat, 19, 32.

Gouffier Tizon, sénéchal anglais du Périgord, 57.

Grandmont, monastère, chef d'ordre, prieuré puis abbaye, auj. village de la commune de Saint-Sylvestre, canton de Laurière (Haute-Vienne), 8.

Grandmont (prieur de), 11, 128.

Grandmont : la communauté adhère à l'appel au Concile général, 128.

Guéret, ville, auj. chef lieu du département de la Creuse, 167.

Guéret (châtellenie de), 167.

Guet (droit de) perçu par les vigiers, 51, 110, 130, 131.

Gui V, vicomte de Limoges, 7, 9, 11 ; un des chefs, avec l'évêque de Limoges, du parti du Roi de France en Aquitaine, 5, 7 ; contraint de jurer fidélité à Jean-sans-Terre, 9 ; dépouillé de la justice du Château de Limoges, 10 ; retenu en captivité par le Roi d'Angleterre, 7 ; marié à Sara de Cornouailles, 12.

Gui VI, vicomte de Limoges, 14, 16, 93, 192 ; lui, puis sa veuve en lutte avec la commune du Château de Limoges, 156, 157.

Gui, fils de Gérald de Lastours, 52.

Gui Brun, chevalier, 46, 52, 53.

Gui de Clusel, évêque de Limoges, 82, 84, 85, 125, 188.

Gui de Huys, enquêteur commis par le sénéchal, 142, 210.

Gui de Laron, évêque de Limoges, 40.

Gui de Noblat, 43, 44, 45.

Gui de Noblat, le Brun ou de Montbrun, 45, 81 ; V. Gui Brun.

Gui de Royère, 49, 50.

Gui de Royère, damoiseau de Châlucet, 50.

Gui de Senziliac, envoyé du Roi d'Angleterre, 9.

Guillaume V, comte de Poitiers, 41.

Guillaume, curé du Château de Noblat, 19.

Guillaume de Bouso, bourgeois, garde-porte, 174.

Guillaume Buschet, bourgeois de Saint-Léonard, 58.

Guillaume Chambellan, bourgeois de Brive, 163.

Guillaume de Châtellerault, prieur de Sainte-Radegonde de Poitiers, commissaire enquêteur, 104, 107, 163, 165.

Guillaume Daniel, chevalier, 21.

Guillaume Daniel, bourgeois de Saint-Léonard, 94, 98, 192, 196.

Guillaume ou Joceaume Daniel, consul, 194.

Guillaume de *Fonte-Pinay*, prêtre, témoin aux enquêtes, 164.

Guillaume *Latrovomite*, 184.

Guillaume de Magnac, chevalier, témoin aux enquêtes, 163.

Guillaume de Magnac, prévôt épiscopal, 89.

Guillaume Maument, bourgeois de Saint-Léonard, 196.

Guillaume de Noblat, chanoine d'Aureil, 41.

Guillaume de Nogaret, 146.

Guillaume Paparet, sergent royal, 141.

Guillaume du Puy, évêque de Limoges, 84, 89,

Guillaume du Puy, chevalier, 70, 178.

Guillaume de Razès, garde des régales, 125.

Guillaume de Razès, témoin aux enquêtes, 166, 188, 193.

Guillaume Relhier, chevalier, 68, 159, 176.

Guillaume de Royère, 49.

Guillaume Simon, bourgeois de Saint-Léonard, 97.

Guillaume Vigier, damoiseau du château de Limoges, 48, 102.

H

Haelis. V. Aelis.

Halle (rue de la). V. Saint-Léonard : Topographie.

Harblay. V. Jean d'Harblay.

Heboulevi. V. Eybouleuf.

Hélie. V. Elie.

Hélie. V. Bernard Hélie.

Henri, duc d'Anjou, puis duc d'Aquitaine et roi d'Angleterre, 3, 5, 6, 61, 68, 159, 171.

Henri III, roi d'Angleterre, 11, 12, 15, 62, 81, 85.

Henri-le-Jeune, fils de Henri II d'Angleterre, 3.

Henri de La Martonie, évêque de Limoges, 54.

Henri de Quessance, sénéchal du roi de France, 92.

Hildegarde, fille de Ramnulfe de Royère, 49.

Hilduin, évêque de Limoges, 40.

Hilduin. V. Audoin.

Historiens de France, 7.

Hugues, prieur, de Saint-Léonard, 164, 166, 189, 203.

Hugues Botineau ou Boutineau, chevalier, témoin aux enquêtes, 167.

Hugues du Mazeau (deu Mazeu), 46.

Humbaud, évêque de Limoges, 57.

Huys. V. Gui de Huys.

I

Imbert Boise ou Boisse, témoin aux enquêtes, 170, 173.

Innocent III, pape, 7, 57.

Interdit ecclésiastique, 83, 85

Intervention du roi de France dans le procès entre l'évêque et les communes, 135, 136 et suiv.

Intervention du roi d'Angleterre en faveur des communes, 4, 5, 8, 9, 10, 11, 13, 14, 62, 67, 80, 81, 110, 111, 171, 172.

Inventaire de l'arsenal d'un château, 103.

Isle, château et bourg, auj. commune du canton nord de Limoges, 40.

Itier, fils de Gérald Bernard, 52.

Itier Chabot, évêque de Limoges, 28, 49, 56.

Itier de Châlus, évêque de Limoges, 40, 42.

J

Jacelme ou Joceaulme Joubert, bourgeois de Saint-Léonard, 183.

Jacques Alaraude, clerc, témoin à l'enquête, 165.

Jacques Gastard, clerc, procureur de l'évêque, 119.

Jacquetus, garde des Régales, 192.

Jamborteux (les), 131.

Jancau (maison de). V. Noblat.

Jardin du prieur. V. Saint-Léonard: Topographie.

Jarnac, auj. chef-lieu de canton, arrondissement de Cognac (Charente, 161.

Jaubert, dit Tranche-Serpent, chanoine de Saint-Léonard, témoin aux enquêtes, 161.

Jaubert. V. Jacelme, Pierre.

Jaubert de Noblat, 45.

Jaucelin *de Aneto*, témoin aux enquêtes, 164.

Jaucelin d'Orfeuille (*de Aurifolio*), témoin, 164.

Jaunhac, chevaliers de Pierrebuffière et seigneurs de Châlucet, 51.

Jean-Sans-Terre, roi d'Angleterre, 5, 6, 7, 8, 9, 12, 46, 57, 59, 61, 62, 67, 81. Son itinéraire en Limousin, 8.

Jean Adémar, bourgeois de Saint-Léonard, 174.

Jean Ardit, prêtre, témoin aux enquêtes, 165.

Jean d'Auxay ou d'Auxois, chantre d'Orléans, clerc du roi, 129, 153.

Jean Bauson, bourgeois de Saint-Léonard, 84.

Jean du Bois, prêtre, témoin aux enquêtes, 36, 37, 169, 172, 181, 182.

Jean Boisson, prêtre, témoin aux enquêtes, 163.

Jean Bussier, 33.

Jean Chauvet, clerc, commis à la justice de Saint-Léonard, 132.

Jean de Compiègne, sergent royal, 134, 200.

Jean Coulon, 184.

Jean Desmoulins, bourgeois de Saint-Léonard, 33, 110.

Jean Gay, juriste de La Souterraine, témoin aux enquêtes, 167, 192, 193.

Jean d'Harblay, sénéchal du Périgord, 132.

Jean Jaubert ou Jobert, ancien juge du pariage, 156.

Jean Jaubert, bourgeois de Saint-Léonard, témoin, 163, 196, 204. V. Martial Jaubert ou Jobert.

Jean de Lalinde, sénéchal du roi d'Angleterre, 15, 100.

Jean Massiot, bourgeois de Saint-Léonard, 36.

Jean Minuit, bailli de Limoges, 148.

Jean de Morancy, commissaire enquêteur, 119, 120, 161, 202, 203.

Jean Moreau, bailli de Foulques de

blat et des vigiers, 53, 85, 86, 102, 103, 107, 108, 109, 110, 130, 131 ; nient l'existence de la commune de Saint-Léonard , 101, 102, 118; réclament le serment des bourgeois, 83, 84, 95, 101, 103, 111, 118, 120 ; le service militaire, 120; la justice à tous degrés, 118, 120, 121, 190, 199, 200, 201, 207 ; le droit d'avoir à Saint-Léonard un prévôt et des officiers, 11, 87, 88, 118, 120, 121 ; des fourches, 89, 90; les bans et criées, 106, 118 ; l'enquête établit qu'ils ont reçu le serment des bourgeois, 101, 111, 112, 113, 114, 120, 188, 189, 190, 199 ; entretenu à Saint-Léonard des officiers, 11, 87, 88, 121, 190, 199, 200, 201, 207; qu'ils y ont rendu la justice, 120, 121, 206, 208 : dans la salle épiscopale, 190, 191 ; sous le porche de Notre-Dame, 190, 191 ; dans la maison de Pierre Astaix, 190 ; en prison, 192, 193, 200, 201 ; fourches, 192 ; tenu prévôts et sénéchaux, 89, 95, 105, 121, 163, 200, 201, 207; fait exécuter leurs jugements, 120, 121, 192, 193 ; fait pendre les malfaiteurs, 120, 192 ; couper la main, 121, 192 ; couper le pied, 121; l'oreille, 121, 192, 193; condamné au fouet, 121, 192 ; au bannissement, 191, 194; exercé la police des poids et mesures, 121, 195 ; de la voirie, 194 ; des foires, 118, 196, 197 ; fait crier les bans en leur nom, 106, 111, 118, 121, 148, 196, 199; perçu un droit sur la vente du vin, 118, 195, 199, 200 ; obtenu des bourgeois le service militaire, 120, 189, 190 ; jugé les causes civiles, 120, 190, 192, 209 ; premier arrêt à demi favorable à l'évêque, 111, 112 ; arrêt confirmatif, 113; l'évêque mis en possession de la justice civile, 133 ; des poids et mesures, 134 ; les droits de l'évêque sur la vigerie reconnus par les consuls, 130, 131 ; intervention du Roi au procès, 136, 137 ; mémoires et conclusions, 137 à 140, 205 à 212; mauvaise volonté du sénéchal, malgré les sommations répétées

de l'évêque, 135, 136, 140, 141, 142, 143 ; l'évêque se décide à traiter avec le Roi, 143 et suiv. (V. Pariage) ; victoire définitive de l'évêque sur les communes de Saint-Léonard et de la Cité, 153, 154, 155, 156, 157.

Limoges (évêque de), ses prévôts et sénéchaux. V. ces mots.

Limoges (évêque de), ses procureurs, 119.

Limoges (Frères prêcheurs de), 129.

Limoges (abbés de Saint-Martial de), 2, 4, 42, 49,

Limoges (prieur et communauté de Saint-Martial de), 122, 128. (*Chroniques de*), 8, 11, 12, 45.

Limoges (sénéchal de), 144, 159, 176, 178.

Limoges (lieutenant du sénéchal de), 147, 155.

Limoges, sénéchaussée, 137, 211.

Limoges (vicomtes de), 3, 4, 5, 6, 9, 12, 13, 14, 40, 81, 112, 163, 192; dévoués au roi de France, 4. V. Adémar, Gui V, Gui VI, Marguerite de Bourgogne.

Lon lo Mur (rue). V. Saint-Léonard: Topographie.

Londres (Tour de), 7, 9, 81.

Londres (Temple neuf de), 11.

Londres (traité de, *al.* de Paris, d'Abbeville, d'Amiens), 15.

Louis le Pieux, empereur, 18, 40.

Louis, fils de Philippe-Auguste, roi de France sous le nom de Louis VIII, 6, 8, 10, 12, 13, 62, 67, 112, 116, 158, 159, 161.

Louis IX, roi de France, 15, 68, 85, 106, 112, 149, 175, 176, 198.

Loumosnyere, Loumosnieyra (porte et rue). V. Saint-Léonard : Topographie.

Louvre (assemblées du), 128, 130, 153

Lusignan (famille de), 39, 45.

Maeuvores (le nommé), 193.

Magnac-Bourg, auj. commune du canton de Saint-Germain-les-Belles, arrondissement de Saint-Yrieix (Haute-Vienne), 10.

Magnac (famille). V. Guillaume de Magnac.

Main morte (biens possédés en), 91, 107.

Mairie (rue de la). V. Saint-Léonard : Topographie.

Malemort, château et bourg, auj.

commune du canton de Brive
(Corrèze). 3, 58, 112.

Malemort (famille de), 40, 112. V.
Gilbert de Malemort.

Malemort (bataille de), 3, 58.

Malès. V. Elie Malès.

MALEU (Pierre), chroniqueur, 13, 32,
59.

Malo Pertusio (de), Malpartut,
Maupertuis (porte et rue). V.
Saint-Léonard : Topographie.

Manichéens en Aquitaine, 82.

Maranzac. V. Libéral de Maranzac.

Marbode, gardien du sépulcre de
Saint-Léonard, 28.

Marbode, chevalier de Saint-Paul,
47.

Marbode Vigier, 47.

Marc, bourgeois de Saint-Léonard,
58.

Marche, province, 8.

Marche (comtes de la), 9, 11, 12, 40,
45, 68, 92, 117. 189.

Marché aux grains, aux porcs, aux
vaches. V. Saint-Léonard : Topographie.

Marchès (famille), 40, 42, 48, 53,
54. V. Adémar, Audoin, Aymeric, Aymerigot, Bernard, Constantin, Justin.

Marguerite, fille d'Adémar Salvaing,
44.

Marguerite de Bourgogne, veuve de
Gui VI, vicomte de Limoges, 16,
46, 93, 156.

Marie, vicomtesse de Limoges. 46, 93

Mariette, fille d'Etienne d'Eymoutiers, 204.

Martel, ville, auj. chef-lieu de canton, arrondissement de Gourdon
(Lot), 145.

MARTENNE (Dom), 127.

Martial (saint), premier évêque de
Limoges, 3.

Martial Jaubert ou Joubert, clerc,
témoin aux enquêtes, 94, 97, 98,
165, 195

Martial Martin, consul de Saint-
Léonard, 194 : bourgeois, un des
chefs de la résistance, 94, 97.

Martin Jornet, clerc, témoin aux
enquêtes, 164, 188.

Martin Le Tourneur, témoin, 37,
169, 174, 175, 176, 177, 180, 181,
182, 183, 185.

Masléon, bastide royale, auj. commune du canton de Châteauneuf,

arrondissement de Limoges (Hte-
Vienne), 139, 145, 212.

Massiot, famille de Saint-Léonard,
36, 77. V. Gérald, Jean.

Massiot (registre de comptes des),
23, 35, 38, 39, 55, 77.

Matha, ville, auj chef-lieu de canton, arrondissement de Saint-
Jean-d'Angely (Charente-Inférieure), 168, 204.

Mathieu Desmoulins, templier, témoin aux enquêtes, 83, 124, 171,
173.

Mathieu Desmoulins, bourgeois,
180. 192.

Mathieu *de Podio Albano*, prêtre,
témoin aux enquêtes, 165.

Mathieu de Vendôme, abbé de Saint-
Denis, lieutenant général du roi
de France, 167, 198.

Maument V. Guillaume Maument.

Maumont (famille de). V. Gérald de
Maumont.

Maupertuis (porte et rue). V. Saint-
Léonard : Topographie.

Maurel. V. Robert Maurel.

Maystat. V. Matha.

Mazeu. V. Hugues *du Mazeu.*

Meirans, chevaliers de Pierrebuffière, 51.

Mende (évêque de), 130.

Menot. V. Nicolas de Menot.

Mesure de longueur marquée sur
un pilier de l'église de Saint-Léonard, 76.

Métadier (le nommé), 183.

Michel Desmoulins, bourgeois de
Saint-Léonard, 94, 97, 98.

Michel Trespommes, 47, 97.

Minuit. V. Jean Minuit.

Moleres V. Durand Las Moleres.

Monasterium, de Monasterio. V.
Eymoutiers.

Monnaie (fausse), 193.

Monnaie clermontoise, 103 ; de Limoges, 50 ; tournoise, 141, 142,
154.

Montane, rivière du Bas-Limousin,
103.

Montbrun, château, auj. commune
de Dournazac, canton de Saint-
Mathieu (Haute-Vienne), 46.

Montfrabeuf. V. Pierre de Montfrabeuf.

MOLINIER (Em.), 42, 54.

Montauban, ville, auj. chef-lieu du

Saint-Hilaire de Poitiers (doyen de), 100.

Saint-Jean, église à Saint-Léonard. V. Saint-Léonard.

Saint-Jean-d'Angély, auj. chef-lieu d'arrondissement (Charente-Inférieure), 12; pris par le roi de France, 12.

Saint-Jérôme, église à Saint-Léonard. V. Saint-Léonard.

Saint-Junien, ville, auj. chef-lieu de canton, arrondissement de Rochechouart (Haute-Vienne), 8, 39, 57.

Saint-Junien (bourgeois de), 10, 128.

Saint-Junien (commune de), 1, 10, 11; soumise, 156; s'adresse au roi d'Angleterre pour obtenir la démolition d'une tour construite par l'évêque, 11.

Saint-Junien (consuls de), 11.

Saint-Junien (salle épiscopale de), 32.

Saint-Léonard de Noblat, ville, auj. chef-lieu de canton de l'arrondissement de Limoges, département de la Hte-Vienne. — Topographie ancienne de Saint-Léonard, 20 et suiv.: murs, tours, fossés, portes, 20, 34, 35, 171, 172, 173, 174, 205; enceinte construite au XIIe siècle, 35, 58; réparée sous Charles VI, 35; porte Aumônière, 24, 35, 36, 39, 74, 151, 182, 192; porte Banchereau al. Boucheriau, 35, 37, 174, 182, 194; porte Bouzou, 35, 37, 174; porte Champlepot, 35, 38, 77, 151; porte Champmain, 25, 35, 38, 64, 73, 79, 97, 151, 173, 174, 179; porte Fontpinou, 24, 35, 39, 84, 181; porte de Leyssay, 39; porte Maupertuis, al. Malpartut, 24, 35, 151, 181, 182, 183; porte du Pis, 35, 37. — Église de Notre-Dame-sous-les-Arbres, 21, 26, 30, 73, 121, 150, 183, 184, 185, 190, 191; église de Saint-Léonard et de Saint-Trophyme, al. Le Moûtier, 21, 23, 28, 29, 31, 33, 56, 99, 191, 193, 194, 195; monastère, prieuré, 21, 28, 29, 56, 99; cloître, 21, 26, 56; église de Champmain, 31; Saint-Étienne, 21, 24, 28, 30; Saint-Jean, 31; Saint-Jérôme, 31; Sainte-Made-

laine, 32; Saint-Michel, 24, 31; 165, cimetière, 32; sépulcre de Saint-Léonard, 28, 20; autel de Saint-Léonard, 28, 188; Filles de Notre-Dame, 34, 35: Récollets; 34; hôtel Dieu ou hôpital, 20, 23, 33, 34, 66, 186; maladrerie, 34, 66; hôtel de ville ou maison du consulat. V. plus loin: Institutions, prisons de Maupertuis, de Fontpinou, de l'hôtel-de-ville dans la maison de Jean Astaix, 75, 181, 182; salle épiscopale, 29, 32, 33, 57, 89, 176, 188, 190, 191, 193, 195, 196; tribunal et prison de l'évêque, 32, 192, 193, 200, 201; maison du prieur, 28, 29; chantrerie, 21; maison dite de l'Aigle, 21; hôtel de Laron, 21; maison de Guillaume Daniel, 21; hôtellerie de la Couronne, 25. — Grande Place, place commune, place de Noblat, al. du marché au blé, 20, 21, 22, 73, 181, 197; place Notre-Dame, 73; place de l'Abbaye (Denis Dussoubs), 24, 29; marché aux porcs (auj. pl. du Marché), 20, 22, 26, 64, 77; marché aux vaches (auj. place Noblat), 20, 22, 25, 37, 89, 90; place Gay-Lussac, 20, 30; carrefour ou rue A la bel-arbre, 24, 26, 29, 31; carrefour de Leyssay, 39; la Pierre Sabotière, 22; La Croix-au-Comte, 38; La Croix-Saint-Thibaut, 38; les mesures de blé, 185; rue Aumônière, 20, 23, 24; rue Banchereau, 25; rue de Bernard de Saint-Michel, 27; rue Boucherie, 21; rue Bouzou (auj. Pauvain), 22, 25; rue de Champmain, 25, 26, 38; rue de la Conja, 23, 43; rue Champlepot ou Challepa, 22, 25, 26; rue du Coudoureys, 26; rue des Ecoudières, 24, 26; rue des Etages ou d'Entre-les-Etages, 20, 21, 22; rue Font-à-la-Pierre, 28; rue Fontpinou, al. *Lon lo Mur*, 21, 24; rue du Four ou Mas, 27; rue de la Halle, 26, 27; rue du Jardin-du-Prieur, 28; rue de Lessay, de Leyssay, 27, 39; rue de la Mairie, 23, 27; rue Maupertuis, 23, 24; rue Notre-Dame, 22, 26, 30; rue Noire ou Nègre, 27, 33; rue Pauvain (V. ci-dessus Bouzou); rue de la Pialle, 27 ; rue de Las Peyras Mesuras, 28 ; rue des Pics, 25 ; rue du Pis, 24, 25 ; rue de la Poste, 24, 25, 37 ; rue du Puits-Molinier, 28 ; rue Saint-Éloi, 27 ; rue Saint-Léonard, 27, 30 ; rue Saint-Étienne, 22 ; rue Thomas Raveau, 27 ; rue Tour-four, Tourfoux, Four-Anglaret, 26 ; rue des Trois-Pigeons, 27 ; rue des Trois-Pommes, 27 ; route de Clermont, 20, 24, 37 ; le Pavé, 17, 35, 36 ; faubourgs : Banchereau, *al.* de Vieille-Vialle, 38 ; Bouzou, 37 ; Champlepot, 38 ; Font-Pinou, 35, 36 ; Paradis, 25, 37 ; des Pis, 37 ; de Vieille-Selle (?), 38.

Saint-Léonard : Histoire. — Origine de la ville, 54, 55 ; elle appartient à l'évêque, 56, 57 ; Henri II Plantagenet établit la commune, 60, 61 ; Richard Cœur-de-Lion à Saint-Léonard, 35, 58, 59 ; Jean-Sans-Terre à Saint-Léonard, 8, 19 ; Saint-Léonard pris par les Paillers, 58 ; par les Brabançons, 58, 59 ; l'évêque Jean de Veyrac chasse les Brabançons, 59 ; les bourgeois prêtent serment aux rois d'Angleterre, ducs d'Aquitaine, 5, 67 ; puis aux rois de France, 29, 67, 68, 119, 176, 199, 205 ; ils fournissent le service militaire à ces derniers, 68, 119, 176, 177, 178, 185 ; ils prêtent serment de fidélité aux évêques, 114, 188, 189 ; l'évêque met un prévôt ou un sénéchal à Saint-Léonard, 86, 95, 105, 121, 163, 200, 201, 207 ; excommunie les bourgeois, 9. ; l'évêque fait arrêter les crieurs du consulat, 100, 199, 200 ; les consuls introduisent le procès contre l'évêque devant le Parlement, 100 ; entente avec les consuls de la cité de Limoges, 117, 152, 153 ; l'évêque dénie tout droit à la commune, 101, 118 ; révoltes de la commune contre l'évêque et prises d'armes à diverses occasions, 70, 61, 81, 92, 96, 97, 107, 118, 141, 147, 149, 150 ; le roi d'Angleterre réclame en vain Saint-Léonard, 86, 87, 110 ; différend avec l'évêque au sujet de l'hôpital, 34 ; au sujet de la taille réclamée aux clercs, 126, 127 ; au sujet des droits acquis d'Aymeric Brun par les bourgeois sur la forêt de Noblat, 85, 90, 102, 105, 111, 112, 113, 115, 117, 119, 166, 200 ; enquêtes, 104, 117, 118, 119, 132, 133, 134, 142, 153, 162 et suiv., 171 et suiv.; témoignages contradictoires, 2, 17, 106, 107, 120, 121, 122, 123, 125, 171 et suiv.; divisions au sein de la commune, 94, 154 ; le Parlement reconnaît l'existence de la commune et ses droits de la justice en matière criminelle, 111, 112, 113, 115 ; ses droits d'usage dans la forêt, 111 ; son droit au produit de la taxe sur le vin, 111 ; prononce qu'elle doit le serment de fidélité à l'évêque, 111, 113 ; que l'évêque a le droit de tenir un prévôt à Saint-Léonard, 111 ; qu'il possède une part de la justice criminelle, 111, 113 ; qu'il possède la justice civile, 133 ; justice civile mise à la main du Roi, 132 ; rendue à l'évêque, 207 ; séquestrée de nouveau, 140, 141 ; intervention du procureur du Roi au nom de la couronne, 135, 136 ; amendes prononcées contre les bourgeois, 132, 141, 151, 154 ; traité de pariage, 143, 144, 145, 146 ; installation d'un prévôt et d'un juge communs, 146 et suiv.; protestations des bourgeois, 147, 149, 150 ; dernières résistances, 149, 150, 151, 153, 154 ; la commune soumise et dépouillée de la justice, 156, 157.

Saint-Léonard : Institutions municipales. — Établissement de la commune, 60, 61 ; confirmations, 60, 61, 138, 159, 160, 161, 171 ; consuls au nombre de huit, 62, 172 ; élus chaque année par les consuls sortants, 62, 172, 173 ; serment de la commune, 63, 171, 172, 173 ; assemblées de commune, 64, 171, 173 ; garde et réparation des fortifications, 64, 172, 173, 174 ; clés des portes, 61, 173, 174, 175, 205 ; garde-portes, 61, 173 ; conseil de ville, 63, 64, 77, 85, 160 ; clerc du consulat, 195 ; prud'hommes,

Sauvegarde à l'occasion des foires, 196.

Sceaux, 61, 65, 66, 101, 144, 149, 158, 171, 188, 195, 201, 213. V. Saint-Léonard.

Sébrand Chabot, évêque de Limoges, 3, 32.

Seguin de La Porcherie, chevalier, 52.

Sel (droit sur le), 83, 130, 155. V. Vigerie.

Sénéchaux anglais, 15, 57, 62, 100. V. Aimeric de La Roche, B. du Puy, Jean de Lalinde, Gouffier Tizon, Philippe d'Uletot.

Sénéchaux français, 17, 68, 69, 85, 92, 93, 98, 110, 112, 117, 131, 132, 133, 134, 135, 140, 142, 144, 147, 148, 149, 176, 177, 178, 191, 199, 201, 208, 209, 210, 211. V. Philippe de Beaumanoir, Pierre des Saulles, Pierre Servientis, Raoul de Trappes, Thibaut *de Bazonis.*

Sénéchaux de l'évêque, 190, 192, 195, 196, 197. V. Limoges, (prévôt de l'évêque de).

Sénéchaussée royale, 212, 213. V. Agen, Cahors, Limoges, Périgueux, Poitiers.

Seigneurie de Noblat, 101. V. Noblat.

SENNEVILLE (G. de), 43.

Sens. V. Denis de Sens.

Senziliac. V. Gui de Senziliac.

Serre (forêt de), 42.

Sequestre de la justice, 132, 140, 207.

Séquestre du temporel des évêques, 9, 13, 57, 59, 132, 141, 142.

Sergents du Roi de France, 97, 98, 124, 125, 131, 134, 141, 144, 147, 166, 167, 188.

Sergents des consuls, 91 ; de l'évêque, 90.

Serment de fidélité prêté par les communes au Roi d'Angleterre, 5, 106 ; au Roi de France, 29, 95, 106, 138, 158, 159, 160 ; au duc d'Aquitaine, 5, 95, 106 ; réclamé par l'évêque, 101, 105, 106. V. Limoges (évêque de). V. Saint-Léonard. — Serment prêté par les sénéchaux de Poitiers et de Limoges de respecter le traité de pariage, 144 ; signification et portée du serment demandé par le souverain aux communes, 138, 211.

Serment réclamé du prévôt de l'évêque par les consuls, 103, 104, 114, 115.

Sièges de villes et châteaux, 10, 11, 16, 68, 69. V. Aixe, Châlus, Châlucet, Larche, Royère, Saint-Léonard, etc.

SHIRLEY, 11, 16.

Sicile (Charles d'Anjou, Roi de), 176.

Silvain. V. Girard Silvain.

Simiria, femme d'Adémar Salvaing, 44, 49.

Simon, curé du château de Noblat, 19.

Simon de Paris, sergent royal, 119.

Simon *de Cubitis*, chevalier, 160.

Simon de Nesle, lieutenant général du Roi de France, 167, 198, 201.

Simon. V. Giraud, Guillaume Simon.

Solage, droit de place dans les foires, 109, 130, 131.

Solo. V. Gérald *de Solo.*

Solignac, abbaye et ville, auj. commune du canton sud de Limoges (Haute-Vienne), 15 ; maintenue sous la main du Roi de France, 86 ; (abbé de), 86 ; (chevaliers de), 48.

Solminhacum, de Solminhaco. V. Solignac.

Sommations de comparaître aux absents ou contumaces, 70, 75, 184.

Souterraine (La), ville, auj. chef-lieu de canton, arrondissement de Guéret (Creuse), 4, 167, 185, 193.

Souterraine (La), (bourgeois de), 4, 165, 167.

Souterraine (commune de La), 4.

Subterranea. V. Souterraine.

T

Taillebourg, auj. commune du canton de Saint-Savinien, arrondissement de Saint-Jean-d'Angély (Charente-Inférieure), 68.

Tard, cours d'eau, près Saint-Léonard, 34

Tauriac, bastide, auj. commune du canton de Brétenoux, arrondissement de Figeac (Lot), 145.

Tavernes (police des), 76, 77.

Tavernes (droit sur les), 76, 79.

TABLE MÉTHODIQUE DES MATIÈRES

APPENDICE.